além do perdão

reflexões sobre Atonement
curando o passado
fazendo reparações
e restaurando o equilíbrio
nas nossas vidas e no mundo

Phil Cousineau – organizador
Prefácio de Huston Smith

ALÉM DO PERDÃO

REFLEXÕES SOBRE ATONEMENT

Phil Cousineau – organizador
Huston Smith – prefácio

tradução de Dinah Azevedo

1a. edição

Editora

São Paulo

2015

Copyright 2011 © Phil Cousineau
Todos os direitos reservados
Publicado no Brasil conforme acordo com Willey and Sons
Título original: Beyond forgiveness - Reflections on Atonement

Nenhuma parte deste livro pode ser reproduzida ou transmitida em qualquer forma ou por qualquer meio, eletrônico ou mecânico, incluindo fotocópia, gravação ou qualquer armazenamento de informação, e sistema de cópia, sem permissão escrita do editor.

Direção editorial: Júlia Bárány
Tradução: Dinah Azevedo
Preparação: Barany Editora
Revisão: Barany Editora
Diagramação: Barany Editora
Capa: Barany Editora
Foto da Capa Dreamstime

Dados Internacionais de Catalogação na Publicação (CIP)
(Elaboração: Aglaé de Lima Fierli, CRB-9/412)

C893a   Cousineau, Phil, 1952 -
Além do Perdão : reflexões sobre Atonement/ Phil Cousineau; tradução de Dinah Azevedo- 1. ed.
São Paulo: Barany, 2015.
272p. ; 16 x 23
Título original: Beyond forgiveness : reflections on atonement
ISBN: 978-85-61080-52-5

1. Ética. 2.Solução não-violenta de conflitos. 3. Perdão e reparação. 4. Terapia espiritual. I. Título. II. Azevedo, Dinah, trad.

CDD 170

ÍNDICE PARA CATÁLOGO SISTEMÁTICO
Ética; Terapia Social   170
Saúde social : Psicologia Aplicada   158
Terapia espiritual   615.8
Perdão e reparação   234.5

 *Livro para ser Livre*

Todos os direitos desta publicação reservados à Barany Editora © 2015
contato@baranyeditora.com.br
www.baranyeditora.com.br

Perdoar é melhor do que se vingar.
   - Heráclito (535-475 a.C.)

Encontre uma pessoa como você. Encontre outras.
Jurem que nunca se abandonarão.
Compreenda que qualquer discórdia entre vocês
significa poder para aqueles que lhes querem mal....
Hoje é o dia do perdão[1]; mas será que as minhas pessoas vão me perdoar?
Se uma nuvem soubesse o que é solidão e medo, eu seria esta nuvem.
- Adrienne Rich, *Yom Kippur 1984*

---

1 N.T. No original, *atonement,* traduzido aqui por perdão por ser esse o termo usual para Yom Kippur em português. Mas todo este texto é um estudo tão exaustivo deste termo, com um leque tão grande de significados possíveis – todos importantes –, que achamos melhor não traduzir as ocorrências seguintes, mantendo-as no original e deixando que o texto fale por si – as exceções são relativas ao uso do verbo *to atone*, compreendido aqui como fazer reparações.

Nenhuma parte deste livro pode ser reproduzida, armazenada num sistema de recuperação de informações ou transmitida de qualquer forma ou por qualquer meio eletrônico ou mecânico, ou através de fotocópia, gravação, escaneamento ou outro, exceto quando estiver de acordo com a Seção 107 ou 108 da Lei de Direitos Autorais dos Estados Unidos e com a permissão por escrito do editor, ou autorização dada por meio de pagamento dos honorários cobrados por exemplar para o Copyright Clearance Center, Inc., 222 Rosewood Drive, Danvers, MA 01923, 978-750-8400, fax 978-646- 8600, ou feito via Internet no endereço www.copyright. com. Os pedidos de permissão feitos ao editor devem ser enviados para Permissions Department, John Wiley & Sons, Inc., 111 River Street, Hoboken, NJ 07030, 201-748-6011, fax 201-748-6008, ou online: http://www.wiley.com/go/permission.

Os leitores precisam se lembrar de que os sites da Internet apresentados como citações e/ou fonte de mais informações podem ter mudado ou desaparecido entre o momento em que esse texto foi escrito e o momento em que for lido.

Limites da responsabilidade: embora o editor e o autor tenham feito de tudo a seu alcance na preparação deste livro, não se responsabilizam pela precisão ou totalidade dos conteúdos deste volume e não assumem – especificamente – nenhuma garantia de comerciabilidade ou adequação para um propósito particular. Nenhuma garantia pode ser criada ou ampliada por representantes de vendas, nem por material escrito de vendas. Os conselhos e estratégias contidos aqui podem não ser apropriados para as suas atividades. Você deve procurar um profissional quando for o caso. Nem o editor, nem o autor podem ser responsabilizados por qualquer prejuízo financeiro ou outros danos comerciais, inclusive – mas sem se limitar a – danos especiais, incidentais, consequenciais e outros.

Como uma romancista poderia chegar ao *atonement* se, com seu poder absoluto de decisão sobre os fins, ela também é divina? Não há ninguém, nenhuma entidade ou forma superior para a qual apelar, ou com a qual se reconciliar, ou que possa perdoá-la. Não há nada fora dela... Esta sempre foi uma missão impossível e era este exatamente o x da questão. A tentativa era tudo.
– Ian McEwan, *Atonement*

Para Bob Schnekenburger,
meu chefe na Industrial & Automotive Fasteners de Detroit, cujas experiências e histórias de um Boina Verde no Vietnã foram as minhas primeiras lições penosas sobre a necessidade de chegar à verdade e à reconciliação em todas as nossas guerras.

Sumário

PREFÁCIO – Atonement – um caminho espiritual – Huston Smith - 11
INTRODUÇÃO – O próximo passo no caminho do perdão e da cura - Phil Cousineau - 15

APRESENTAÇÃO - O renascimento de uma consciência antiga - Richard J. Meyer - 31

PARTE UM – Perdão e Além - 37
1. *O perdão enquanto forma de liberação espiritual* – Michael Bernard Beckwith - 39
2. *A sabedoria do* atonement – Jacob Needleman - 55
3. *Temos condições de resolver o problema – coração, inteligência e ação na luta por* atonement – Michael N. Nagler - 71
4. *At-One-Ment: um processo de reintegração* – Diane Hennacy Powell - 87
5. *Pôr uma pedra em cima: rituais e cerimônias de* atonement – Kate Dahlstedt - 99
6. *O passo crucial: perdoar o outro e perdoar a si mesmo* – Katharine Dever - 111
7. *Os doze passos para chegar ao* atonement – autor desconhecido - 129

PARTE DOIS – Histórias de atonement - 141
8. *Lembranças de meu avô:* Atonement *à moda de Gandhi* – Arun Gandhi - 143
9. *A cura das feridas da guerra: práticas de* atonement *para veteranos* – Edward Tick - 155
10. *Depois da morte do meu filho: minha viagem de perdão e* atonement – Azim Noordin Khamisa - 177
11. *Dez dias de* atonement – Rabino Michael Lerner - 199
12. *A grande lei da paz dos iroqueses: atonement entre os haudenosaunee* – Douglas M. George-Kanentiio - 213
13. *Conversa sobre a minha geração: o novo rosto do* atonement – Stephanie

N. Van Hook - 223

14. *Reverências budistas e* atonement – Reverendo Heng Sure - 231

CONCLUSÃO – Atonement criativo em épocas de perigo – James O'Dea - 241

O organizador - 259
Os colaboradores - 261
O Projeto Além do Perdão - 267
Agradecimentos - 269
Comentários da mídia sobre Além do Perdão - 271

PREFÁCIO

Atonement: um caminho espiritual

Huston Smith

Chegar a se arrepender não significa apenas ficar consternado. É necessário dar marcha à ré – voltar a toda velocidade para reverter a tendência humana de cada um ficar na sua, como mostra a história apresentada a seguir sobre um monge zen do século XX.
Este monge vivia como recluso numa cabana na encosta de uma montanha. Seus únicos pertences eram o manto, as sandálias de palha e a tigela com que mendigava para comprar comida na aldeia que havia ali perto. Depois que um ladrão lhe roubou as sandálias e a tigela, à noite ele escreveu os seguintes versos:

> *A lua ainda brilha*
> *em minha janela,*
> *a salvo do ladrão.*

Seu desapego, demonstrado por este haicai, era um dos motivos para ele ser venerado pelos aldeões.
Certo dia, quando o monge fazia sua caminhada diária em busca de comida, uma mulher o convidou para almoçar com ela e com seu filho, no qual (explicou ela antes de entrarem) ela tinha esperança que o monge desse um jeito, pois o moço era um delinquente e era claro que estava procurando encrenca.

O filho foi chamado, mas parecia não ter se dado conta da presença do monge – ficou olhando fixamente para a mesa durante toda a refeição. O monge também ficou em silêncio enquanto todos eles comiam. Mas, quando o monge estava se preparando para ir embora, o filho concordou finalmente em cumprir o seu dever de anfitrião. Quando se abaixou para amarrar as sandálias de palha do monge, sentiu uma gota de água quente cair-lhe na cabeça. Erguendo os olhos, viu lágrimas escorrendo pelo rosto do visitante. A compaixão do monge pelo que o destino reservava ao jovem levou-o a se corrigir.

Essa história verídica é um belo exemplo do "poder que se torna perfeito na fraqueza", que São Paulo exaltou no Novo Testamento, e dá o diapasão para o significado de *atonement* que estou tentando apresentar. À parte de Deus, que é amor, o amor é uma resposta a um amor de que alguém foi alvo. E a demonstração mais cabal do amor primeiro é fazer o outro saber que sua pessoa sente a mesma dor que este outro sofre – no caso de Deus, infinitamente, pois Deus não faz nada pela metade.

Na história zen, quando a lágrima cai, o filho se dá conta – na verdade, sente – o sofrimento, a dor do monge. O choro do monge foi um ato redentor porque abriu o coração do filho e impediu-o de continuar girando única e exclusivamente à volta de si mesmo. As lágrimas do monge abriram o coração do filho para o sofrimento de outra pessoa.

Essa história ilustra a maneira pela qual a compaixão nos permite sentir o que o outro sente, o que, por sua vez, permite que o perdoemos, e que perdoemos a nós próprios enquanto percorremos o caminho espiritual.

O que as tradições de sabedoria nos dizem é que estamos em boas mãos. Por gratidão, somos chamados a aliviar a carga uns dos outros, e a nos perdoarmos uns aos outros, e é por isso que há uma ênfase no perdão e no *atonement* em todas as religiões do mundo.

Lembro-me de um ex-aluno meu, Douglas George-Kanentiio, membro da tribo iroquesa, dizer-me, durante o Parlamento das Religiões do Mundo de 1999, na Cidade do Cabo, África do Sul, que o grande presente que havia recebido de nossos momentos lá foi o seu encontro com a Comissão da Verdade e da Reconciliação, organizada pelo Bispo Desmond Tutu e por Nelson Mandela. Declarou ter se sentido tão inspirado pelo que os sul-africanos tinham conseguido com seus atos de perdão, reparação e compromisso com a não-violência, que ficou com vontade de tentar aplicar suas recomendações à situação de seu próprio povo. Os iroqueses haviam sofrido violência, discriminação e racismo semelhantes àqueles de que os sul-africanos negros tinham sido vítimas, e agora era importante que seu povo descobrisse novas formas de perdão e reparação, além de ressuscitar as formas tradicionais de justiça restaurativa. Reunir pessoas que precisam fazer as pazes é algo que exige o reconhecimento e a aceitação de nossos próprios defeitos, de nossas próprias falhas, de nossas próprias imperfeições. No âmago do *atonement*, que traz em suas raízes a ideia de *reconciliação*, está a restauração de nossa integridade.

O poder dos atos de perdão e *atonement* reside no reconhecimento de falhas em todos nós, sem exceção, bem como a percepção de nossa unidade fundamental. Quando estamos *at-one*, isto é, quando estamos em comunhão, em harmonia, estamos unidos, estamos lado a lado, estamos juntos. A percepção de nós próprios como criaturas distintas é ilusão, é aquilo que nossos sentidos nos dizem. Como afirmavam os antigos, os sentidos são testemunhas falsas. Numa versão poética, "A vida é real, a vida é pra valer/ e as coisas não são o que parecem."

É como se estivéssemos olhando para um céu sem nuvens através de uma claraboia na qual nove folhas de vidro são fixadas por duas barras verticais e duas horizontais. Olhando por essa claraboia, vemos o céu dividido em nove partes. Mas é claro que o céu propriamente dito não é dividido dessa maneira. Nem nós.

Bem vindo a esse livro importante de Phil Cousineau.

Introdução

O próximo passo no caminho do perdão e da cura

Phil Cousineau

Ao longo da história, as pessoas foram obrigadas a tomar decisões difíceis – e até trágicas – sobre a maneira de reagir aos sofrimentos pelos quais passaram nas mãos de outros seres humanos – ou àqueles que elas próprias infligiram a outros.
Muitas e muitas vezes nos deparamos com o dilema sobre a forma de responder à crueldade e ao sofrimento que impregnam a nossa vida. É caso de perdoar ou de nos vingar? Devemos fazer as pazes ou partir para uma represália? Temos condições de conviver com nossos inimigos ou devemos cobrar olho por olho e dente por dente? E quanto ao mal que nós fizemos? É possível desfazer ou compensar o mal que espalhamos pelo mundo?
Desde a aurora dos tempos, as diferentes culturas resolveram seus conflitos e fizeram justiça à sua própria moda. Tradicionalmente, houve dois caminhos profundamente divergentes – castigo ou reforma – cujas raízes estão na vingança e no perdão, respectivamente. A primeira implica antagonismo e oposição. A segunda, compaixão e cooperação. A diferença entre elas é dramática. Como diz um provérbio chinês, "Se você está decidido a se vingar, cave dois túmulos" – um para o seu inimigo e outro para você. A vingança enterra-nos na amargura; o ódio faz a gente mergulhar na raiva.

Embora a vingança tenha tido a parte do leão em termos de atenção ao longo dos séculos, medidas mais ponderadas a conflitos pessoais ou coletivos também têm sido praticadas. O instinto de vingança pode ser tão velho quanto o mundo, mas o impulso para a reconciliação corre como um antigo rio subterrâneo. E, assim como "água mole em pedra dura, tanto bate até que fura", atos de compaixão também podem dissolver o ódio, a demonstração do remorso pode induzir o perdão e as reparações podem aliviar a culpa.

Nenhum desses caminhos é fácil.

E, num mundo que enfrenta ciclos de violência aparentemente intermináveis, também não encontramos muito estímulo para pedir perdão, e muito menos dar o nosso a alguém que nos lesou. Mas, se perdermos o momento de uma reconciliação verdadeira, perdemos a chance de nos curarmos e de ir além da amargura e da culpa que podem asfixiar a nossa vida.

Apesar de todas as pressões para nos vingarmos – da força das crenças religiosas à violência da mídia, movida a testosterona – continua existindo um leque impressionante de alternativas. Muitos cientistas e filósofos ilustres questionam agora a ideia antiga de que os seres humanos foram programados para a violência, condenados pelo que o antropólogo Robert Ardrey chamou de "o imperativo territorial", expressão agora célebre, ou vitimados pelo que foi batizado de "o fenômeno da semente do diabo", ou paralisados pelos "genes egoístas" que, segundo dizem, determinam nosso destino.

Em vez dessas coisas, temos provas amplas e encorajadoras de que "Tendência não é destino", como concluiu ousadamente o eminente microbiólogo René Dubos em *A God Within* [Um Deus interior].

Antonio Damasio, professor de neurociência da University of Southern California e diretor de seu Instituto do Cérebro e da Criatividade, acredita que nossos primeiros ancestrais teriam muito mais chances de sobreviver se conseguissem socorrer um amigo que precisasse de ajuda, ou se tivessem compaixão por um inimigo que estava se contorcendo de dor. Susan Griffin também acredita que pesquisas sérias revelam que os seres humanos podem mudar – e mudam de fato – até mesmo posturas violentas e egoístas profundamente arraigadas. Em seu livro *A Chorus of*

Stones: The Private Life of War [Um coro de pedras: a vida privada da guerra] – que ganhou o Prêmio Pulitzer, ela diz que "Talvez seja uma opção que cada um de nós faz muitas e muitas vezes, e até mesmo muitas vezes durante um único dia: usar o que sabe como poder ou como intimidade." Na verdade, é cada vez mais volumosa a evidência de que a necessidade de agir de forma altruísta e de viver cooperativamente estava entre as forças transcendentes que ajudaram nossos ancestrais a se libertarem do poder da força bruta e a nos reunir em tribos e comunidades. Em nossa época, muitos políticos e líderes espirituais aconselharam-nos fervorosamente a praticar o perdão, pois ele ajuda a cultivar as faculdades da empatia que consolida nossas relações mútuas. Embora o ódio e a violência tenham feito correr muito mais tinta, dos épicos de Homero aos romances de Cormac McCarthy, práticas sofisticadas de perdão, baseadas na compaixão, na comutação da pena, na anistia, na clemência, na misericórdia, na absolvição, na reparação e na justiça restaurativa também chamaram muita atenção e exerceram uma influência enorme. Na Grécia antiga, *metanoia* designava uma mudança súbita de ideias, mas também podia significar *arrependimento*. O termo operacional é *mudança*, o núcleo do drama que revela a maneira pela qual podemos reagir à violência de forma criativa e misericordiosa.

Há 2.500 anos, o Buda disse que "O ódio nunca vai desaparecer enquanto a consciência alimentar ideias de vingança. O ódio vai desaparecer assim que as ideias de vingança forem esquecidas." "Perdoai-os, pois eles não sabem o que fazem", disse o Cristo ao morrer na cruz. O Corão afirma: "Pratique o perdão, exija o que é certo; mas afaste-se dos ignorantes." À Madre Teresa devemos a seguinte frase: "As pessoas são ilógicas e egoístas. Perdoe-as assim mesmo." Dag Hammarskjöld, que recebeu o Prêmio Nobel da Paz, disse: "O perdão é a resposta ao sonho infantil de um milagre, por meio do qual o que está quebrado fica inteiro de novo, o que está manchado fica limpo de novo". Na primavera de 2009, Zainab Salbi, um iraque-americano que trabalha com mulheres vítimas da guerra, declarou: "Acho que precisamos perdoar em nome de nossa própria saúde e de nossa própria recuperação. Sem o perdão, é difícil seguir em frente." Recentemente, Huston Smith, o ilustre historiador da religião, escreveu:

"Portanto, o poder do ato de perdoar é o reconhecimento do defeito de todos nós."

No entanto, não há como nos livrarmos de um sentimento incômodo. Perdoar é nobre; ser perdoado pode ser um alívio. Mas é claro que deve haver algo mais na reconciliação entre pessoas lesadas; caso contrário, indivíduos, famílias e culturas inteiras não teriam sido torturados por ciclos de violência ao longo da história. Tão indispensável quanto o perdão para o processo de cura, outra ação igualmente profunda é necessária para uma reconciliação verdadeira, que Arun Gandhi, neto de Mohandas Gandhi, chama de "o outro lado da moeda". Ao virar a moeda do perdão, descobrimos o *atonement*, a metade semiescondida e quase sempre ignorada do processo de reconciliação. *Atonement* é o ato que *demonstra* a profundidade de nosso desejo de sermos perdoados, ou de perdoar; é o processo de endireitar as coisas, a restauração de algo que se pareça com equilíbrio em nossa vida.

"Se alguém rouba a minha caneta e a usa durante um ano", disse o Arcebispo Desmond Tutu em 1987, "mas, estando arrependido, procura-me e devolve-me a caneta e pede perdão, minha resposta é pedir uma compensação pelo uso da minha caneta, pela tinta que gastou e como prova de contrição/arrependimento por parte do ladrão."

Parafraseando a célebre declaração de Tutu sobre a luta contra o apartheid, "O perdão possibilita o futuro", diríamos que o *atonement* possibilita o *presente*. Um gesto tão simples quanto substituir uma caneta roubada, ou tão complexo quanto indenizações de guerra, torna o momento presente não só melhor, mas *tolerável*. Sem oferecer àqueles que nos fizeram mal, por mais terrível que tenha sido, a chance de endireitar as coisas, ou sem nos dar a oportunidade de reparar o mal que causamos, por maior que tenha sido, ficamos presos ao passado; sofremos de uma espécie de "ferrugem da alma" e não temos condições de viver plenamente o momento presente. O verdadeiro segredo da resolução de conflitos é reunir essas duas práticas, a do perdão e a do *atonement*, sempre que elas tiverem sido separadas como pedaços de madeira cortadas do mesmo tronco, até podermos dizer, no espírito do bardo irlandês Van Morrison, que "a reabilitação já teve início."

Ou, como cantava Sam Cooke, intérprete do soul, melancólico e sofrido, mas esperançoso, depois de assistir às primeiras marchas pelos direitos civis, "Tá pra pintar uma mudança."

Reconciliação

Em *Atonement*, "o romance sinfônico de amor e guerra, infância e classe social, culpa e perdão", de Ian McEwan, uma romancista idosa, por meio de seu dom de contar histórias, procura reparar um erro trágico que cometeu quando tinha 13 anos:

> Como uma romancista poderia conseguir o perdão se, com seu poder absoluto de decisão sobre os fins, ela também é divina? Não há ninguém, nenhuma entidade ou forma superior para a qual apelar, ou com a qual se reconciliar, ou que possa perdoá-la. Não há nada fora dela... Esta sempre foi uma missão impossível e era este exatamente o x da questão. A tentativa era tudo.

Quando li essas frases pela primeira vez, logo depois que o livro foi publicado, fui lançado imediatamente no ano de 1975, nos seis meses que passei trabalhando como voluntário em Ashdot Ya'akov, um kibutz de Israel no vale do Jordão. A cada duas semanas, chegava ao kibutz um grande contingente de estudantes alemães para trabalhar conosco nos pomares de tâmaras, nos bananais e nos galinheiros. Os habitantes do kibutz disseram-me que o governo alemão havia mandado os estudantes para lá a fim de garantir que a próxima geração daria mais valor à cultura judaica e nunca mais a demonizaria. Quando perguntei a um velho kibutznik chamado Udi - que trabalhara comigo exatamente nos pomares de tâmaras que ele havia plantado em 1909 - como se sentia trabalhando ao lado de jovens voluntários alemães, ele rangeu os dentes e revelou-me que 70 dos 72 membros de sua família haviam morrido no sombrio campo de concentração de Auschwitz. "É muito, muito difícil para mim perdoar, mas este é um começo, um começo difícil, mas um começo..."

Desde essa época, a Alemanha continuou com seus esforços no sentido de reparar os horrores do Holocausto. Pagou milhões de dólares em indenizações, devolveu milhares de objetos roubados e fez outras correções, como aprovar leis contra o extremismo político e tornar ilegal apresentar símbolos do nazismo.

Quinze anos depois de minha temporada de trabalho no kibutz, no inverno de 1990, recebi um telefonema de um cineasta de Mill Valley, Califórnia. Gary Rhine disse-me que estava fazendo um documentário sobre o massacre de Wounded Knee e suas consequências sobre os sioux dakota. Eu ajudaria? (E como dizer não?) Assisti alegremente ao copião e fiquei profundamente tocado pelo filme, mas eu tinha de saber de uma coisa antes de assinar embaixo. *Por que* ele estava fazendo esse documentário? Sem hesitar, Gary me contou que era judeu e que sua família havia sido dizimada na Europa pelos nazistas durante a Segunda Guerra Mundial. Não havia nada que ele pudesse fazer a respeito disso agora, confessou-me ele, mas ele poderia, *sim*, fazer algo a respeito do que chamou de "Holocausto americano", a destruição brutal dos índios norte-americanos e de sua cultura. Poderia ajudá-los a contar suas histórias e, durante a filmagem de alguns documentários, ele queria tentar ensinar alguns jovens nativos americanos a contar suas histórias com câmeras. Juntos, durante um período de 13 anos, fizemos seis filmes sobre a luta dos índios americanos por liberdade religiosa e política. À sua moda extraordinariamente altruísta, meu amigo "Rino" estava se oferecendo para fazer reparações em favor de toda uma cultura – um ato de reconciliação monumental em favor das Quinhentas Nações pelos crimes dos últimos quinhentos anos. Como ele gostava de dizer, "As pessoas não mudam ao verem a luz; mudam quando sentem o calor." E o calor mais eficiente, acreditava ele, surgia quando as pessoas contavam suas histórias, pois essa era a maneira mais eficiente que há de percebemos que temos mais em comum do que jamais havíamos sonhado.

A etimologia de "At-One-Ment"

No começo do século XIV, a palavra *atone* apareceu impressa pela primeira vez. Naquela época, significava "estar de acordo com, estar ou passar a estar unido ou reconciliado com alguém." Ou, como diziam os místicos,

significava "voltar a participar outra vez de nossa Unidade", estado de comunhão. Dois séculos depois, o sentido do termo foi adaptado e ampliado por William Tyndale (1494-1536), um líder da Reforma Inglesa e um dos primeiros lexicógrafos de língua inglesa. Tyndale ficara frustrado com a falta de uma tradução direta do conceito bíblico de reconciliação com Deus e, para transmitir melhor essa ideia central de sua fé, vasculhou os antigos manuscritos em hebraico e grego antes de finalmente combinar duas palavras, *at* e *onement*. Para Tyndale, a nova palavra composta refletia o que ele acreditava ser o poder numinoso do sacrifício da Cruz simbolizado pela reconexão da humanidade com o divino. Hoje, *atone* em geral significa "fazer reparações", mas também tem conotações de "estar em união com algo ou alguém, em harmonia com algo ou alguém".
É incrível que essa ideia se manifeste até mesmo no mundo das artes plásticas de hoje. Arthur Danto, o influente crítico de arte, considerava a obra épica de Barnett Newman de 1948, intitulada *Onement I*, uma pintura que transmitia exatamente essa noção de unidade e harmonia suprema. O que Newman pintou, segundo o comentário de Danto, era "a condição de ser um, como na fórmula cabalística 'Deus é um'. Refere-se, poderíamos dizer, à unidade de Deus."
As miríades de nuances da palavra refletem-se na solene festa religiosa do Yom Kippur, o Dia do Perdão, isto é, o Dia do *Atonement*, um dia de descanso, jejum e orações rituais em que os praticantes pedem perdão por todas as transgressões cometidas durante o ano anterior, corrigem seu comportamento e dão mostras de arrependimento com o objetivo de reorganizar sua vida pessoal e comunitária e intensificar o processo de mudança. O Rabino Michael Lerner diz que "A grande mensagem desses Dias Santos é que a transformação é possível – não estamos paralisados." Durante séculos, essas festas religiosas foram causa, explicou-me Lerner, "de grande alegria por causa do poder de cura e transformação que Deus possibilita" e também por nos permitirem reconhecer que "este mundo é criado com a participação de todos nós e que fazemos reparações em favor de todo ele."
Além das tradições judaico-cristãs, muitas culturas autóctones, dos índios norte-americanos aos membros das tribos da Nova Guiné, fazem

cerimônias e rituais rigorosos com o objetivo de restaurar o equilíbrio da vida, destruído por batalhas, imprudências ou violações de tabus. No importante documentário australiano intitulado *Breaking Bows and Arrows* [Quebrar os arcos e flechas], um bougainvilleano da Nova Guiné chamado Frances Boisidere confessa penosamente um assassinato por vingança numa aldeia próxima e depois faz o pedido de realização da cerimônia tradicional de reconciliação. "Assim poderemos ter paz, e eles também poderão ter paz", diz Boisidere, "e não legamos [a vingança] a ninguém." Que tipo de paz? Boisidere diz que é do tipo que resulta de seus antigos rituais de fazer as pazes, rituais que "limpam a consciência, aliviam com o peso, eliminam o remorso e acabam com o sofrimento."

Com o tempo, a compreensão e a prática de *atonement* evoluíram a partir de suas origens teológicas para se referir mais genericamente a *um ato que corrige um erro, faz correções, repara os danos, propõe a restituição, procura fazer uma compensação, limpa a consciência do transgressor, alivia o ódio da vítima e faz justiça com um sacrifício correspondente ao dano que foi feito.*

Quando realizado de boa vontade e com honestidade, o atonement reconhece o mal e o sofrimento da vítima que, se não forem enfrentados, levam frequentemente a um ciclo ainda maior de vingança nas comunidades. O ódio e a vergonha são feridas abertas que podem ficar infeccionadas durante décadas – como prova uma conversa inesquecível com a mulher de um veterano da Guerra do Vietnã. Ela me confessou que a única viagem de *atonement* que seu marido fez ao Vietnã, onde ajudou a construir um orfanato, fez mais por sua recuperação do que décadas de psicoterapia.

A verdade profunda à espreita nesse aspecto ativo e quase alquímico de *atonement* é revelada de uma forma muito bonita por Goethe, na seção sobre reconciliação de sua *Trilogia*. Ali ele descreve elegantemente como o "coração agora leve" se oferece de boa vontade e com alegria em "pagamento agradecido" pelo presente maravilhoso de "música e amor". Cinco versos concisos são tudo quanto o grande poeta alemão precisou para revelar o arrependimento como o núcleo secreto de *atonement*. O termo inglês *repentance* deriva do francês arcaico *repentir*, sentir um arrependimento profundo, onde chegou por meio do latim *paentiere*, ter pena, derivado do termo grego mais antigo ainda, *paena*, que significa pena [castigo] e pagamento, como na proposta de indenização por um assassinato. De modo que *atonement* nos *custa* alguma coisa – orgulho, humildade, tempo, dinheiro. Se não envolver um tipo qualquer de sacrifício, não é *atonement* de verdade.

Há 2.500 anos, o dramaturgo grego Ésquilo perguntava: "Que reparação existe para o sangue derramado sobre a terra?" E por toda a terra as pessoas ainda estão se fazendo essa mesma pergunta. Para muita gente, o exemplo da prática de *satyagraha* – ou *não-violência* - de Mohandas Gandhi, por exemplo, mostrou ser a resposta moderna à queixa melancólica de Ésquilo, pois ela ajudou a transformar nossas atitudes em relação a fazer as pazes. Histórias sobre as reações pessoais de Gandhi à violência parecem parábolas contemporâneas. Uma delas é o romance inspirador de Khaled Hosseini intitulado *O caçador de pipas*. Amir é um escritor afegão exilado que mora em San Francisco, nos Estados Unidos, atormentado a vida inteira pela culpa por ter traído seu melhor amigo, Hassan, filho de uma filha de servos, quando eram ambos meninos crescendo em Cabul. Quando o pai de seu amigo chama Amir e implora a ele que volte para o Afeganistão, ele não vai, por medo. Mas, quando dizem a Amir que "Agora há uma forma de ser bom de novo", ele reconhece a oportunidade de se redimir. Correndo grande perigo, Amir retorna para a violência terrível de sua pátria e, apesar de correr grande risco de vida, encontra uma forma de reparar a traição de sua juventude. Como disse Richard Corliss em sua resenha do filme na revista *Time*, trata-se de uma história que "faz você acreditar que talvez exista justiça neste mundo", que é uma maneira clara e concisa de descrever o efeito de ir além do perdão e chegar a um ato de *atonement*, que tem o poder misterioso de restaurar o equilíbrio e a justiça.

Quando o governo virulento de apartheid da África do Sul foi derrubado em 1994 pela combinação poderosa de grande condenação internacional e grande resistência interna, o Presidente Nelson Mandela, o Bispo Desmond Tutu e a Comissão de Verdade e Reconciliação assombraram o mundo com sua proposta de reconciliação e paz. Como declarou John Allen, o biógrafo de Tutu em *Tutu: Rabble-Rouser for Peace* [*Tutu: o agitador da paz*], os novos líderes eleitos democraticamente ofereceram a seus antigos perseguidores "anistia em troca da verdade [e] reabilitação em lugar da vingança." Uma das primeiras atitudes de Mandela como presidente tornou-se emblemática para os esforços dos sul-africanos negros de transcender o impulso de vingança. Dirigindo-se aos próprios ex-carcereiros em Robben Island, onde ficou preso por mais de 20 anos, Mandela ofereceu-lhes empregos como pilotos de balsas e guias turísticos quando a ilha se tornou uma atração para viajantes do mundo inteiro. "Esse tipo de justiça", disse Tutu neste mesmo ano, "procura reabilitar tanto a vítima quanto o algoz, que deve ter a oportunidade de se integrar à comunidade que lesou com seu crime."

Hoje em dia, muitos tribunais fazem eco à visão de justiça restaurativa da Comissão. Essa visão foi um produto das práticas tradicionais africanas de fazer as pazes que, por sua vez, estão enraizadas numa antiga crença tribal na interconexão profunda entre todas as pessoas. Nada expressa melhor essa visão do que um provérbio africano, segundo o qual "Existo porque você existe; você existe porque eu existo."

Em 2000, um juiz de Atlanta condenou quatro brancos racistas responsáveis por um incêndio criminoso a reconstruir a igreja negra que destruíram deliberadamente. Em 2007, um juiz de New Hampshire condenou nove universitários que haviam arrasado a casa do poeta Robert Frost quando estavam bêbados a lhe pedirem desculpas, fazerem uma faxina na sujeira e depois terem aulas com o biógrafo de Frost, Jay Parini, para descobrirem porque o seu crime foi tão desrespeitoso e porque causou tanto desagrado.

Em 2007, o governo do Brasil criou a Comissão da Anistia, na tentativa de conseguir o perdão das centenas de vítimas de tortura durante a ditadura militar de meados da década de 1970. Mas o governo deu mais um passo, oferecendo o que o Reverendo Fred Morris, ele mesmo vítima de tortura, chama de "um monte de dinheiro e uma pensão vitalícia como forma de indenização". O que este processo de *atonement* está realizando, conclui ele, é ajudar o país inteiro a "reconquistar sua dignidade depois dos horrores do regime militar."

James Botsford, advogado indiano que milita em favor dos direitos humanos, disse que, em Wisconsin, a Associação dos Juízes Tribais vem

trabalhando com a Defensoria Pública dos Índios de Wisconsin nos últimos anos para incentivar o ressurgimento e revitalização dos tribunais e comunidades tribais encarregados de processos de reconciliação.
"Quarenta nativos norte-americanos," escreve ele, "com membros de oito das onze tribos do Wisconsin, fizeram um curso de uma semana para se qualificarem como mediadores e, além disso, receberam um treinamento suplementar sobre os componentes culturais indígenas específicos dos procedimentos de reconciliação. Vários tribunais indígenas daqui começaram a usar a reconciliação/mediação como forma das partes resolverem seus conflitos sem litígio." A diferença, explica ele, é que a maneira do Ocidente fazer justiça baseia-se firmemente no modelo adversarial norte-americano, cujo objetivo é um resultado que só um dos lados precisa considerar justo. Infelizmente, acrescenta ele, essa abordagem enfatiza a vitória a tal ponto que exige um perdedor. "O castigo", declara ainda, "a pena e as sentenças obrigam-nos a perder chances de nos educar, de crescer e de nos reabilitar."
Ao longo dos anos, Botsford descreveu-me vários exemplos inspiradores do renascimento dos procedimentos tribais de reconciliação, ou aquilo que os velhos chamam brincalhonamente de "resolução original de conflitos", entre os quais se destaca uma história acontecida numa comunidade que vive em reserva indígena. Parece que havia um nativo particularmente incorrigível, que quebrou a janela de uma senhora idosa e pintou sua casa com spray. Há pouco tempo, Botsford escreveu-me:

> Uma sessão de reconciliação foi convocada com todas as pessoas importantes na vida do rapaz. Eles se reuniram numa Roda de Conversa tradicional. Uma pluma foi passada de mão em mão até ser dito tudo o que era preciso dizer. A essa altura, todos já sabiam que o adolescente estava expressando sua fúria, pois sua vida doméstica era horrível, perigosa mesmo. O pai era um bêbado contumaz que batia nos filhos e na mulher. Os avós do moço foram chamados para uma reunião com os anciãos da tribo. Juntos, decidiram que o canalha do pai precisava fazer algumas correções sérias no seu comportamento e foi exigido dele que pedisse desculpas aos filhos

e à mulher. Em vez de exilar o rapaz para o centro de detenção juvenil, que ficava a muitos quilômetros de distância, ele foi obrigado a pedir desculpas à senhora, consertar o estrago que fizera em sua casa e carregar suas compras durante seis meses. Mas isso não foi tudo. Quando os anciãos souberam que o adolescente gostava de trabalhar com a madeira, foi mandado para um velho da tribo – a quem poderíamos chamar de mentor – que era marceneiro. Desde então, todo o seu processo de reabilitação e *atonement* é acompanhado periodicamente pelos anciãos da tribo.

Não é de surpreender que, pouco depois de ler a história de Botsford, eu tenha me deparado com um artigo do *Irish Times* que parecia um eco pungente dessas primeiras tentativas de fazer uma justiça restaurativa. Falando da necessidade de dar uma segunda chance a jovens culpados de pequenas infrações na Irlanda, Eammonn Mac Aodha escreveu aos editores: "Embora a sociedade precise ser protegida daqueles que a ameaçam, é vital deixarmos as pessoas tocarem sua vida depois que fizerem reparações."

O próximo passo

Para mim, *Além do perdão: reflexões sobre* atonement, lembra um daqueles navios da Época das grandes navegações que viajaram por mares desconhecidos e perigosos em busca de especiarias, tesouros e conhecimento. Os cartógrafos da época desenharam muitos dragões nos espaços em branco dos Sete Mares, por onde nenhum europeu jamais navegara. Em alguns mapas, embaixo dessas criaturas ainda dá para ler algumas legendas, como "Aqui há dragões" ou "Belas Adormecidas Repousam Aqui", sugestões poéticas de que mundos ainda sem mapas poderiam revelar maravilhas a serem descobertas e assimiladas, em vez de perigos a serem evitados.

Esse é o espírito dos 15 ensaios e entrevistas apresentados a seguir neste livro. Embora muito já tenha sido escrito e publicado sobre o perdão em nosso tempo, a ideia de ir além dele e chegar ao *atonement* é praticamente terra incógnita para nossos contemporâneos. Para muita gente, o equivalente mais facilmente reconhecível de *atonement* em nossa época é o que o Arcebispo Tutu chamou de *reparação* durante as audiências da Comissão de Verdade e Reconciliação na África do Sul. Os colaboradores deste volume apresentam uma série de descobertas estimulantes em nossos sistemas jurídicos, negociações internacionais, transações comerciais e relações pessoais que constituem alternativas convincentes a vidas passadas em tramas de vingança ou execução de represálias. Estes autores nos ajudam a compreender que, na resolução de conflitos, sempre temos uma opção ao enfrentarmos as disputas aparentemente intratáveis que dilaceram o mundo. Podemos ver essas disputas como bestas monstruosas ou como belas adormecidas, como se a reconciliação pacífica estivesse esperando para ser acordada.

Enquanto ainda era membro da Comissão de Verdade e Reconciliação, que ajudou a fundar, o Arcebispo Tutu declarou o seguinte:

> A não ser que você trate o passado de forma criadora e positiva, corre o terrível perigo de não ter um futuro sobre o qual valha a pena falar. O passado pode ter um impacto desastroso ou benéfico sobre o futuro. A África do Sul será corroída gravemente se aqueles que se beneficiaram do odioso sistema de apartheid, considerados os opressores, não pedirem perdão pelas coisas hediondas feitas sob o apartheid e se as vítimas – os oprimidos – não lhes derem o seu perdão.

Como declarou a revista *National Geographic* em seu número de junho de 2010, "o dia do perdão" na África do Sul nasceu no começo da década de 1990, mas ainda estamos vendo seus desdobramentos. Deon Snyman, um ministro da Igreja Reformada da Holanda, diz o seguinte: "Aqueles que apoiaram o sistema de apartheid precisam pedir desculpas de uma forma que pareça sincera. Portanto, eles têm de fazer correções de uma forma que restaure parte da dignidade e parte das oportunidades materiais que foram corroídas sob esse sistema." Sua solução é um exemplo persuasivo da necessidade de ir além do perdão, por mais nobre e vital que ele seja, até o estágio seguinte e obrigatório da reconciliação, necessário para dar

um fim aos ciclos de violência vistos neste país. O que ainda se faz necessário, diz ele, é "uma reparação dirigida pela comunidade – a criação de emblemas do remorso: uma escola, uma clínica ou um centro de qualificação profissional."
Desde novembro de 2009, grupos ativistas em favor dos direitos humanos estão exigindo que, nos casos onde se considera a possibilidade de perdão presidencial a presos políticos, as vítimas devem ter a chance de contar sua história. Muitas dessas vítimas que compareceram a um tribunal usaram uma camiseta com os seguintes dizeres: "Nada de reconciliação sem verdade, sem reparação, sem compensações."
No dia 23 de fevereiro de 2010, o Tribunal Constitucional Sul-Africano decidiu-se em favor das vítimas, muitas das quais conseguiram recuperar parte de sua dignidade ao contar ao mundo o que aconteceu. Como disse uma mulher – que havia sido torturada sob o apartheid – depois do julgamento de seu caso, ela não se sente mais uma vítima e agora pode tocar sua vida em frente. Criador e positivo, incessante e corajoso, o *atonement*, como escreveu o Senador Ted Kennedy em suas memórias pouco antes de morrer no verão de 2009, "é um processo que não tem fim." Interminável, mas vale a pena mesmo assim, pois o *atonement* fala com aquela parte secreta de nosso ser que necessita *provar* que sentimos remorso por termos cometido um erro hediondo, dar provas de que nossas palavras – "Sinto muito" – não são vazias, e sim que estão enraizadas numa *ação* que dá fim àquela ferrugem da alma que ameaça corroer a nossa vida.
Para o colega do Senador Kennedy, o Senador Robert Byrd, o remorso levou décadas para se manifestar. No início da década de 1940, Byrd foi um "Cíclope Exaltado" da Ku Klux Klan, uma associação que ele mais tarde considerou "uma mancha intratável", que ele temia que viesse a causar um dano irreparável a seu legado. Apesar disso, num artigo de opinião publicado no verão de 2010 pelo *New York Times*, ele afirma que "Seu currículo de racista foi amenizado não só por seus esforços no sentido de repará-lo, como também por suas proezas legislativas em muitas frentes durante sua carreira épica no senado."
Nosso senso de justiça sustentável exige ação quando não deixou de existir o fosso entre perdão e *atonement*, pedidos de desculpas e reparações,

além do perdão

quando a nossa contrição não se expressou num ato *significativo* que reconcilie o algoz com sua vítima.

Considere a reportagem publicada pelo *Melbourne Herald-Sun* de julho de 2010, quando o Arcebispo Denis Hart pediu perdão às vítimas de abuso sexual por parte da Igreja Católica, e Louise Goode, porta-voz do Grupo de Ação dos Australianos Esquecidos, comentou: "Trata-se apenas de uma farsa se [esse pedido de desculpas] não se fizer acompanhar pela ação de *atonement*, que tem de se expressar em termos financeiros. O pedido de desculpas tem de vir junto com reparações e indenizações." O Coletivo das Vítimas de Melbourne disse que o pedido de desculpas, embora sincero, era apenas palavras e que "uma reforma concreta e prática" se fazia necessária, como educação sobre abuso para o clero e para os paroquianos igualmente.

O Financial Times.com também exigiu "atos de *atonement*" do governo inglês pela morte de 14 católicos irlandeses no "Domingo Sangrento" de Londonderry em 1972. *Atonement* também foi exigido para a "cruzada de um homem só" de Efraim Zuroff, o diretor israelense do Simon Wiesenthal Center, por crimes de guerra contra os judeus, cometidos por guerrilheiros lituanos durante a Segunda Guerra Mundial. "Os lituanos", disse Zuroff à CNN em 2010, "desperdiçaram a melhor chance que tiveram de se livrarem daquela carga de culpa. E agora eles vão precisar de mais cem anos para se livrarem dela. A única maneira de conseguirem é por meio de educação, documentação, pesquisa – e muito sofrimento."

Como Zuroff observa tão sucintamente, parte da força do *atonement* é que ele tem o potencial de acabar com nossa culpa, assumir a responsabilidade pelos crimes cometidos e aplacar o nosso sofrimento, seja quanto for o tempo passado.

Segundo o *Providence Journal*, de Rhode Island, a Brown University começou a "cumprir sua promessa de *atonement*." Depois que pesquisadores intrépidos descobriram seus vínculos constrangedores com o tráfico de escravos dos primeiros tempos, ela passou a fazer sistematicamente uma série de reparações. Brown está ampliando seu departamento de estudos africanos, oferecendo bolsas para o estudo do tráfico negreiro, contratou como professor o romancista nigeriano Chinua Achebe e possibilitou que a historiadora Jane Lancaster "revisasse a história da universidade." Há planos para a construção de um memorial no campus.

Porém, o *atonement* e as reparações não se limitam à academia e a instituições religiosas. A redenção, de uma forma ou de outra, é um tema recorrente há muito tempo na indústria cinematográfica, de *Joan of Arc*, de Luc Besson, a *Pickpocket*, de Robert Bresson, ou *Mission*, de Roland Joffé, *Verdict*, de Sidney Lumet, *Prize Winner Defiance, Ohio*, de Jane Anderson, *O empinador de pipas*, de Marc Forster e o extraordinário *Gran Torino* de Clint Eastwood. Neste último filme, a personagem de Eastwood, um veterano de guerra já idoso, operário aposentado de uma fábrica de carros Ford e viúvo recente, chamado Walt Kowalski, é procurado por sua vizinha da etnia chinesa hmong, que levou o irmão Thao à casa dele porque "ele quer fazer o que for preciso" para se desculpar pela tentativa de roubo do carro adorado de Kowalski, seu Gran Torino de 1972. No começo, Walt torce o nariz, como fazem muitos a quem se propõe uma reparação, mas acaba concordando e permitindo que o rapaz lave seu carro e ele mesmo conserta a casa hmong deteriorada do outro lado da rua. Contra todas as probabilidades, o ressentimento e a desconfiança, a culpa e a vergonha dissolvem-se e nasce uma das amizades mais inusitadas e tocantes da história recente do cinema, que precipita o *atonement* surpreendente e catártico da cena final.

O que todas as histórias, casos e pesquisas citados acima têm em comum pode ser resumido com uma única observação feita por meu velho amigo, o falecido mitólogo Joseph Campbell, quando me disse qual era o âmago de todas as grandes tradições de sabedoria do mundo inteiro: "A conclusão metafísica final é que ... *você e o outro são um só.*"

Apresentação

O renascimento de uma consciência antiga

Richard J. Meyer

Quando tomei conhecimento do célebre discurso feito pelo Chefe Keokuk (Kiyo'kaga), senti muitas emoções profundas e conflitantes, como choque, inspiração, respeito e confusão. Perguntei – e continuo perguntando – como este chefe da tribo sauk conseguiu dizer essas palavras enquanto ele e sua nação estavam sendo condenados à Trilha das Lágrimas. Suas palavras me fizeram chorar:

> As muitas luas e dias ensolarados que vivemos aqui serão lembrados por nós durante muito tempo. O Grande Espírito sorriu-nos e deixou-nos alegres. Mas concordamos em ir embora. Vamos embora para um país sobre o qual pouco sabemos. Nosso lar será depois de um grande rio que existe na direção do sol poente. Vamos construir nossas tendas cônicas em outra terra... Em paz nos despedimos de vocês.... Se vierem nos visitar, nós lhe daremos as boas vindas alegremente.

Como ele podia pensar num futuro onde "nós lhe daremos as boas vindas alegremente"? Em que fonte espiritual este líder bebia?
Com o passar dos anos, admirei muitos indivíduos que enfrentaram tragédias "imperdoáveis" e circunstâncias terribilíssimas. Como consegui-

ram realizar o ato aparentemente impossível de perdoar? Como a família Kennedy perdoou os assassinos de Jack e Bobby? Como Jacqueline conseguiu escrever uma carta para a viúva de Lee Harvey Oswald enquanto preparava o funeral de seu marido, o presidente morto? Os céticos podem achar que a carta foi escrita por assessores da primeira dama; no entanto, mesmo que isso fosse verdade, se eu estivesse no lugar dela não teria tido forças para assiná-la.

Como é que Abraham Lincoln conseguiu convidar adversários para assumir cargos em seu governo e depois escrever as palavras imortais de seu Segundo Discurso Inaugural, no dia 4 de agosto de 1865?

> Sem más intenções com ninguém, e caridade com todos... vamos lutar para concluir a obra que começamos... vamos fazer tudo quanto possa levar-nos a alcançar e alimentar uma paz justa e duradoura entre nós e com todas as nações.

Como Lincoln conseguiu escrever essas palavras – e *falava sério* ao escrevê-las? Mais ainda: como conseguiu pô-las em prática? Como foi que Azim Khamisa, um banqueiro imigrante que trabalhava com investimentos, conseguiu ver o assassino de 13 anos que matou seu filho Tariq como uma segunda vítima de um crime absurdo? Por que a vítima de um estupro procura seu agressor para dar início a um processo de *atonement*?

Ao longo da minha vida, estive num mundo onde a pessoa não só alimenta o rancor, como age de acordo com ele, e onde alguns ainda estão presos a uma ferida aberta na infância. Talvez seja mais fácil perdoar os grandes crimes – as coisas inesquecíveis – enquanto as feridas menores continuam como uma infecção insidiosa. No entanto, sei que não tratar uma infecção pouco importante é análogo ao fato de que roubar uma moeda de dez centavos torna mais fácil para mim roubar um real, e roubar um real torna mais fácil para mim roubar cem.

Estou convencido de que é muito importante diminuir a raiva e o ódio em minha vida. Segundo um caminho muito árduo sugerido por um místico, "Somos encorajados a *eliminar* nossa raiva e nosso ódio." Este mesmo místico afirma depois que, no início, nossa raiva poderia ser comparada a palavras gravadas na superfície de um rochedo. Com o tempo, o vento e as chuvas apagam essas palavras. À medida que progredimos, aprendemos a escrever nossas palavras na areia da praia; em um dia ou dois, as ondas levam-nas embora. E então, por fim, aprendemos a escrever na água as palavras da nossa raiva.

Se conseguirmos aprender a escrever as palavras que expressam a nossa raiva nas águas da vida e deixá-las ir embora – se formos realmente capazes de perdoar – acredito que nos tornamos "à prova de bala", imunes ao desejo de violência ou vingança. Mais nada será capaz de nos machucar (como a ciência moderna descobriu, sabemos que os ressentimentos também geram uma mudança física destrutiva em nosso corpo).

A origem deste livro

A inspiração para compor este livro surgiu quando li o livro de Marianne Wiliamson intitulado *Healing the Soul of America* [A cura da alma americana]. Suas orações de *atonement* pareciam ser exatamente o tipo de remédio de que todos nós precisamos.

Tempos depois, como membro da diretoria de uma instituição que visa o lucro social, o Metta Center for Nonviolence Education, pedi que a ideia de um livro dedicado à questão do *atonement* fosse colocada na pauta. Foi colocado – só que bem no finzinho. Mas outro membro da diretoria que precisava sair mais cedo fez uma pausa e disse: "Antes de ir embora, eu gostaria de saber do que trata esse projeto de *atonement*." Surpreso, descrevi minha visão, e ela foi muito bem recebida.

Um mês depois, participando de um lançamento espacial no Cabo Canaveral, Flórida, perguntaram-me educadamente durante o jantar o que a nossa instituição de lucro social, o Metta, estava fazendo. Respondi que estávamos considerando a possibilidade de um livro sobre *atonement*. Quando a palavra "atonement" saiu da minha boca, as oito pessoas à mesa pararam todas de falar e várias delas pareciam ter posto os talheres na mesa. Será que eu havia tocado um ponto sensível?

Terminei a conversa dizendo: "Precisamos convidar a todos, 'Todos os cavalos do rei e todos os homens do rei',[2] bem como todas as éguas da rainha e todas as mulheres da rainha, por assim dizer, para participar de nosso projeto de *atonement*."
Com tempo e paciência, o projeto floresceu com belos botões sob a forma de contribuições de muitos autores maravilhosos que fazem parte desta antologia. Algo que parece certíssimo, uma vez que a palavra *antologia*, como observa o organizador Phil Cousineau, significava originalmente "um buquê de flores".

Uma nota pessoal

Na arena do *atonement* pessoal, os autores apresentados nesta antologia contam muitas histórias comoventes de erros cometidos em sua vida, junto com as soluções a que chegaram como parte de seu processo de reabilitação. À medida que ampliamos nossa consciência, passando para um nível menos pessoal e mais nacional, acreditamos que vai ser mais fácil identificar crimes cometidos coletivamente e chegar a uma forma mais autêntica de conseguir um *atonement* verdadeiro.

Mas persiste uma questão difícil. No plano coletivo do perdão e do *atonement*, somos responsáveis pelos crimes cometidos há centenas de anos por nossos antepassados?

Marianne Williamson observa, em citação do ensaio de Michael Nagler, que quando você compra uma empresa, compra tanto o ativo quanto o passivo, tanto seus recursos quanto suas responsabilidades. Concordo. Essas responsabilidades continuam se acumulando e criam um bloqueio que, por sua vez, impede-nos de seguir em frente. Nossos erros, como a maioria deles, baseavam-se – muito provavelmente – no medo. Isso não tem importância. Queremos seguir em frente. Sabemos que nosso governo passaria por maus momentos se divulgasse os seus erros. Isso porque nosso governo é apenas um reflexo do povo, e muitos de nós hesitam

---

2 Referência a um verso da célebre rima infantil de língua inglesa que conta a historinha de Humpty Dumpty, um ovo antropormófico que cai de um muro e cujos pedaços nenhuma força sobre a terra tem condições de juntar de novo: "nem todos os cavalos do rei, nem todos os homens do rei."

em assumir um processo de atonement. E também que nossos países cometeram erros graves que lesaram nossa nação – e outras nações. Mas nós, enquanto indivíduos, optamos por seguir em frente. Todos nós podemos usar as técnicas das grandes religiões do mundo e algumas das ideias apresentadas neste livro. Se todos os indivíduos de nossa nação se juntassem a esta causa de *Atonement*, nossa nação os seguiria, bem como o resto do mundo.

Este volume comenta algumas das opções erradas de nossos ancestrais e algumas de nossos contemporâneos. Os ensaios inspiraram-me a rever a minha participação em toda e qualquer discórdia, do passado e do presente. O ideal dos ideais seria este livro inspirar você no sentido de se tornar mais engajado, mais reflexivo. Tem a intenção de levantar questões, mais que apresentar respostas: *Por que tenho medo de fazer mais? O que eu poderia ter feito melhor? Qual foi a última vez em que pedi perdão a Deus, ou a meus semelhantes? O que eu poderia fazer para retificar as minhas próprias falhas em minha esfera individual? Como endireitar as coisas?*

Aqueles de nós envolvidos com aquilo que considero um Movimento de *Atonement* sabem que esse processo pode ser penoso e que terá necessariamente implicações políticas e religiosas. Mas acreditamos também que, em toda situação que exige uma reconciliação, todos nós, seja qual for a nossa orientação política ou religiosa, podemos seguir em frente graças a atos ousados de perdão a nós mesmos e aos outros, e chegar ao atonement. Se conseguirmos fazer isso, juntos vamos curar as feridas do mundo.

Parte Um

perdão e além

> Esperança de virada da maré
> Do lado avesso da vingança,
> Fé na possibilidade de chegar,
> Daqui, a outra praia.
> Fé em milagres,
> Em cura, em águas medicinais.
>
> *– Seamus Heaney*

1
o perdão enquanto forma de libertação espiritual

Michael Bernard Beckwith

> É desastroso tudo o que libera nosso espírito sem nos dar autocontrole.
> – *Johann Wolfgang von Goethe*

Michael Bernard Beckwith é o fundador do Agape International Spiritual Center e cofundador da Association for Global New Thought [Associação em Prol do Novo Pensamento Global] e da Season for Nonviolence [Temporada de Não-violência]. Como mostra essa entrevista, ele é um homem profundamente comprometido com ajudar os outros a se liberarem dos moldes de violência e vingança que todos herdamos e com despertar a ideia de que as pessoas podem mudar, e também "crescer, desenvolver-se, desabrochar." O verdadeiro perdão, diz ele, "é desistir da ideia de que o passado poderia ter sido diferente."

Em seu discurso de posse de 2009, Barack Obama disse que – estou parafraseando – se quisermos seguir em frente, os israelenses têm de ver as coisas segundo o ponto de vista palestino, e os palestinos têm de ver as coisas de acordo com o ponto de vista israelense.
Esta é uma página de Gandhi, e de Martin Luther King Jr., sobre o verdadeiro perdão e a verdadeira compaixão, que significa ver as coisas

segundo a perspectiva do outro. Muitas vezes, quando perdoamos, apegamo-nos à nossa visão e esquecemos que o outro tem uma visão diferente. Para mim, o perdão de verdade não acontece só quando são feitas reparações – quando aquela sensação de atonement aconteceu – e sim quando conseguimos *enxergar* o que o outro está vendo.

Quando eu era criança, fui ser escoteiro. Certo dia, eu estava indo para casa com um amigo meu. De repente, notamos um incêndio numa casa. Fomos lá ver e descobrimos que havia um homem inconsciente, deitado no sofá. Havia fumaça por toda parte, mas não conseguimos acordá-lo. Saímos correndo pela rua, batendo na porta das pessoas para dizer que "Precisamos usar o seu telefone." Mas as pessoas viam apenas aqueles menininhos negros e não quiseram nos deixar entrar na sua casa. Por fim, alguém disse: "Esperem aí. Vou chamar a polícia, vou ligar para os bombeiros." E ligou. Logo depois o caminhão dos bombeiros chegou à rua onde estávamos e nós corremos a seu encontro. Ficamos na ilha, apontando para a casa. Um bombeiro saiu do caminhão e gritou para nós: "Saiam da frente, seus negrinhos sujos!"

Exatamente isso.

Eu tinha uns dez ou onze anos nessa época. Aquelas palavras me atingiram o peito como uma tonelada de tijolos. Éramos escoteiros. Estávamos usando nossos uniformes. Tivemos a fantasia de salvar aquele homem e de sermos reconhecidos de algum modo.

Quando ouvimos aquelas palavras, caímos das nuvens. Ficamos por ali tempo suficiente para vê-los arrombarem a porta e trazerem o homem para fora numa maca, com uma máscara de oxigênio no rosto. Os bombeiros salvaram até os seus cachorros.

No fim do dia, ninguém havia morrido; os bombeiros salvaram o homem. Mas eu me lembro particularmente deste dia porque foi nesse dia que deixei de ser escoteiro. E nunca mais voltei a ser escoteiro. Senti um pouco de raiva em mim e pensei que talvez houvesse algo de errado comigo. Mas dei início a uma busca. Foi aquele incidente que me pôs de fato no caminho da introspecção profunda, e de ser um pouco revolucionário e assumir uma postura de querer mudar a sociedade.

À medida que o tempo foi passando, fui levado a perdoar aquele bombeiro. Mas não me livrei da *angst,* nem do ressentimento nas minhas entranhas. E então, numa hora em que eu estava trabalhando com o perdão, a lembrança daquele bombeiro "veio à tona" por algum motivo. Eu achava que já o tinha perdoado e seguido em frente, mas ficou óbvio que nada disso havia acontecido.

De repente, senti meu corpo. Levantei-me e entrei no corpo do bombeiro. Eu o vi, e depois o ouvi dizer aquelas palavras, "Saiam da frente, seus negrinhos sujos!" É claro que se tratava de ignorância e preconceito da parte dele, mas me dei conta então que o que realmente estava na sua cabeça era: *esses meninos estão atrapalhando.* Ele só estava tentando chegar ao local do incêndio. Do seu ponto de vista, havia dois negrinhos, mas seu pensamento mais premente era: *Tenho de chegar ao local do incêndio, e eles estão atrapalhando.*

O que aconteceu naquele dia em que eu estava trabalhando com o perdão foi que, de repente, vi uma coisa do ponto de vista do bombeiro – o que aumentou a minha capacidade de perdoar.

A prática do perdão

O perdão é muito poderoso e é necessário a nosso bem estar. Mas outros passos têm de ser dados, quando possível, no sentido de fazer reparações. É claro que, se as pessoas já morreram, ou se você não tem condições de entrar em contato com elas, mesmo assim ainda tem trabalho a fazer na esfera do seu bem estar pessoal.

É muito impactante quando acontece alguma coisa e você fica disposto a ver as coisas segundo o ponto de vista de outra pessoa e sua percepção se amplia. É o nascimento da compaixão: pôr-se no lugar do outro. Mas é preciso haver disposição para isso. E, em geral, as pessoas não têm essa disposição e dizem, "Não, *eu* é que estou certo. O que aconteceu foi *isso* – este é o meu ponto de vista. E vou perdoá-lo pelo que me fez." Na verdade, talvez você não compartilhe do meu ponto de vista, da minha percepção, embora eu suponha que sim. Penso que superar esses mal-entendidos é uma coisa muito grande na prática do perdão.

Em relação ao perdão tornar-se uma prática, acho que as pessoas precisam de prática, ponto. O ego predomina de tal modo que sempre tendemos a estar *certos*, a compreender o *nosso* lado da equação. Precisamos de uma prática espiritual que amplie constantemente o nosso paradigma, o nosso ponto de vista, de modo a não vermos as coisas por meio da lente do ego, e sim por meio da lente que está no âmago da compaixão: a nossa percepção espiritual.

Necessitamos de uma prática de oração e precisamos de uma prática de meditação. Necessitamos de uma prática de filantropia, de generosidade. Necessitamos de uma *prática*. Essas coisas têm de se tornar uma prática até se tornarem um modo de vida.

At-One-Ment

O ato de atonement, a experiência de at-one-ment, permite que você tome consciência de que nunca esteve realmente separado do todo, permite que você saiba que sempre foi um só com o único poder que existe. Mas, infelizmente, há uma percepção e uma experiência de estar separado do todo, com base em violências que aconteceram, e na falta de reparações. Isso é "não perdoar". Mas, depois que começamos a fazer o trabalho interior de reparar os erros, de perdoar a si mesmo e aos outros, tomamos consciência de que *somos todos um* com algo de que nunca podemos de fato ser separados, exceto em nossa percepção.

Podemos pensar da seguinte maneira: há uma percepção de que o sol se põe. Mas, na verdade, é apenas a terra girando em torno do seu eixo; temos só uma percepção de que o sol desapareceu. Na realidade, ele está brilhando sobre outra parte da terra. *Tudo isso é somente percepção.*

A dor e o sofrimento são a história que contamos a nós mesmos. Pergunto a muitos: "Qual é a história que você está contando para si mesmo?" Sem o perdão, a história que contamos a nós mesmos é que nos falta algo por causa de alguma coisa que alguém fez ou deixou de fazer. Sentimos *falta* de alguma coisa – de uma história que explique a verdade de quem somos de fato e que vá além da mera percepção da verdade. Na realidade, todos estamos sempre conectados, mesmo quando a minha percepção me diz que, por causa de alguma coisa que você me fez, alguma coisa me falta, pois estou desconectado. Essa é a minha percepção; essa é a minha experiência.

Na verdade, você não tem condições de determinar o meu destino – só a minha percepção pode determinar o meu destino. Quando lhe devolvo energia afirmativa em troca de algo que você me fez, tenho poder sobre o meu poder – e agora tenho poder sobre o meu destino. Meu destino não está nas mãos daquilo que você me fez ou deixou de fazer. Quando assumimos a responsabilidade por nossos atos, saímos da condição de vítimas. Não estou negando que alguém fez algo de ruim. Não estou jogando nenhum lixo para baixo do tapete. Não estou querendo livrar a cara de ninguém de nenhuma maneira, jeito ou forma. Estou, isso sim, permitindo que um destino maior em mim desabroche. Não sou uma vítima do que alguém me fez, ou do que alguém me disse, ou do que alguém me chamou. Nada disso me vitima. Eu perdoo. Tenho poder sobre o meu poder. *E sigo em frente na minha viagem.*

Dar o perdão

Usando uma analogia cristã, as pessoas dizem que Jesus recomendava que "Você dê a outra face se alguém agredir você; você deve dar a outra face se alguém lhe fez mal". Muita gente acha que essa frase significa que você deve dar a outra face e deixar que batam em você de novo. Não concordo. Acho que ele queria dizer que você precisa devolver ao outro uma forma diferente de energia. Se você foi alvo de ódio ou indiferença, precisa devolver amor, paciência e compaixão. Dar a outra face significa que você está devolvendo outro tipo de energia. Quando alguém lhe manda energia negativa, você devolve energia positiva, afirmativa – como o perdão. Se alguém fez a você algo errado ou destrutivo, você devolve um outro tipo de energia. Em vez de "pagar na mesma moeda", você devolve uma forma superior de energia.

Isso é dar alguma coisa – é dar o perdão.

Mas você precisa se desligar do ponto de vista do ego, que está sempre dizendo que você tem razão e que, como você recebeu energia negativa, deve devolvê-la *em dobro* para a outra pessoa.

Mas a *prática* do perdão é um estado de consciência superior porque você está reconhecendo que alguém lhe fez alguma coisa errada, destrutiva ou enfraquecedora e, mesmo assim, você ainda vai devolver uma energia *afirmativa* para esse alguém. Este é realmente um estado de consciência que o cérebro reptiliano não vai reconhecer!

Perdão coletivo, atonement coletivo

Vejo o atonement coletivo de dois pontos de vista diferentes. Um é aquele do indivíduo que foi vítima. Por exemplo: quando falo com afro-americanos sobre os males que nos afligiram enquanto raça, falo também em não usar nossa história como pretexto para não seguirmos em frente. Falo do perdão. Falo sobre não nos separarmos da energia daquilo que foi feito *em nosso favor*. E falo sobre não procurar alguém fora de nós para nos dar alguma coisa, seja o que for.

Quando falo para um público maior, falo sobre compaixão, falo sobre o que aconteceu, sobre o que pode ser feito em favor do perdão – chegar ao atonement, seguir em frente – quer se trate de fazer reparações, quer se trate de realizar ações afirmativas.

Tenho, portanto, duas percepções para dois grupos diferentes de pessoas. Não é uma situação de folha em branco. Digo a mim mesmo: *Não peça nada a ninguém. Essas foram as cartas que você recebeu para o seu jogo. Foi isso que aconteceu. Existem telhados de vidro. Existe racismo, intolerância, preconceito. Siga em frente da melhor forma que puder. Pegue o que é seu e siga em frente, perdoando.* E então, digo às pessoas que supostamente têm poder: "Você compreendeu o que houve e agora tem de encontrar uma forma de saltar da consciência da compaixão para os atos de reparação." Em outras palavras, eu não misturo as coisas.

Convido minha congregação a praticar o perdão antes de ir dormir à noite. Quer dizer, convido essas pessoas que me ouvem a não esperarem até o dia seguinte para avaliar toda a sua vida. Convido-as a olhar para si mesmas todo santo dia e perguntar: "Que erros cometi? Há correções que precisam ser feitas? Alguém me fez algo de ruim? Há algum perdão que precisa acontecer?" Depois disso, convido-as a perdoar a si mesmas. Desse modo, elas vão para a cama livres, limpas e leves. A falta de perdão não se acumula, nem cria uma estática que impede de ouvir a voz de Deus. Perdoar torna-se um modo de vida.

Quando permitimos que a mágoa e a dor se acumulem, sabemos metafisicamente, graças à conexão corpo-psique, que vamos enfrentar falta de criatividade, falta de energia e doença, e tudo isso porque estamos deixando que se torne cada vez mais suja essa lente através da qual enxergamos. Há vários momentos durante o ano, nas tradições judaica, cristã e budista, onde você perdoa através de rituais especiais, mas acho que dá muito poder praticar o perdão aos outros e a si mesmo toda noite.

A caminho

Quando ficamos paralisados em nossa viagem, perdidos na floresta ou presos na armadilha do labirinto, é porque, falando em termos gerais, fizemos alguma coisa errada e estamos tentando acobertar o erro. É como o que acontece quando algo tóxico está no seu corpo. Dentro do cisto há mercúrio ou uma outra substância tóxica qualquer que o corpo não quer na sua corrente sanguínea. A pessoa comum diz: "Tenho um cisto. Que coisa horrível!" Na verdade, o cisto é a forma que a natureza tem de nos manter em segurança. Psicologicamente, desenvolvemos comportamentos defensivos e compulsivos, mecanismos de enfrentamento que impedem sentirmos totalmente uma ferida profunda. Assim podemos continuar vivendo, ao menos em parte.

Quando começamos a ter uma prática espiritual, ficamos cada vez mais fortes graças à consciência de vivermos num universo acolhedor, que Deus existe e age *em nosso favor*, e não contra nós. Quando isso fica mais real para nós, começamos a dissolver o cisto; em outras palavras, começamos a desmanchar o mecanismo de enfrentamento e defesa, os comportamentos compulsivos que estão sugando a energia de nossa criatividade natural, de nosso eu afetivo e generoso.

O que acontece à maneira de nos colocarmos no mundo quando temos uma prática espiritual de oração afirmativa, meditação, contemplação, introspecção, estudo, companheirismo ou do servir sagrado é que começamos a desembaraçar nossas histórias de sermos vítimas, de sermos impotentes, de estarmos separados. Os cistos ou mecanismos de enfrentamento deixam então de ser necessários. Nós nos tornamos uma expressão mais plenamente emancipadora do infinito. Temos mais poder. Não estamos mais separados: chegamos ao at-one-ment.

O trabalho propriamente dito

O trabalho mais importante que fazemos não consiste em orações formais, nem no tempo que passamos meditando. Claro que são coisas de muito peso, mas o trabalho propriamente dito acontece durante o resto do dia. Acontece quando você analisa o conteúdo de sua consciência, quando olha de fato para os pensamentos que lhe passam pela cabeça. E percebe que, muitas vezes, os pensamentos que você tem são apenas um reflexo do cotidiano. Mas este mundo é ilusório; tem todos os tipos de valores decadentes e é frequentemente um reflexo do ego da massa, que tem muito medo, muita dúvida, muita preocupação e sente-se separado do resto do mundo.

Se você tiver condições de olhar para esses pensamentos "mundanos" à medida que eles surgem, e não resistir a eles, não tentar fazer com que desapareçam e não se apegar a eles, aí então, aos poucos, você consegue tirar-lhes o poder. E, à medida que perdem seu poder, você começa a ter consciência de um outro mundo – o mundo espiritual.

Se, por um momento, eu pudesse transmitir um vislumbre da realidade espiritual, este seria o mundo que Deus vê, um mundo de beleza, um mundo de harmonia.

A visão ampla

Se depois você desse um passo atrás num outro momento, descobriria que Deus ainda é Deus; que as macieiras ainda estão produzindo maçãs; os pessegueiros ainda estão produzindo pêssegos. Nada mudou realmente no mundo. A única coisa que mudou foi a sua percepção, que estava limitada. O sistema econômico é imaturo e, no melhor dos casos, não reflete a plenitude do universo. Você pode tentar cair fora desse sistema tanto quanto quiser, mas nele sempre vai haver um buraco, uma falha, uma rachadura, ao menos até ele entrar em harmonia com o sistema espiritual, de que estamos longe neste momento.

Quando analisamos regularmente os nossos pensamentos, vemos quais deles refletem o mundano e quais deles refletem nossa alma. Quando começamos a participar de pensamentos mais anímicos, nossa vida começa a mudar. Geramos criatividade, compaixão, paciência, amor. E geramos o perdão. Bem, não se trata de emoções; estas são qualidades não-duais que são qualidades da presença de Deus, que está dentro de nós. Por isso aconselho às pessoas que tenham um horário bem definido para a prática formal, pois é durante o resto do dia que o bicho pega.

A morte do ego

O ego não conhece a diferença entre crescimento espiritual e aniquilação. Quando temos um momento de atonement, é como uma pequena morte. Na verdade, morremos para uma percepção à qual estivemos amarrados. Quando digo, "Eu perdoo", estou dizendo realmente "Estou mudando" – *eu* estou mudando – não o outro. O outro pode ter feito uma covardia daquelas; mas, se estou disposto a ir ao fundo da minha alma para perdoar esse indivíduo, então sou *eu que estou mudando*, não ele. Mas temos medo das mudanças, medo das transformações, por causa daquela pequena morte que é, na realidade, a morte do nosso ego, da nossa percepção, da nossa perspectiva.

Ouvi originalmente do grande Howard Thurman uma história de perdão. A maneira de contá-la e divulgá-la hoje significa que ela agora é uma história minha.

Um homem quer perdoar alguém que lhe fez um grande mal. Mas está tendo dificuldade em conseguir – ao menos ele tem consciência do problema e, antes de ir para a cama, faz uma oração sincera e pede ajuda para perdoar. Assim que cai no sono, este homem recebe a visita de um anjo. Enquanto ele está lúcido em seu sonho, o anjo diz a ele que, na verdade, todo perdão é perdão a *si mesmo*. Ele fica sabendo também que o perdão libera toxinas, veneno; libera o ressentimento dentro de você. Quando você perdoa alguém, descobre ele, na verdade está prestando um serviço a si mesmo.

Quando acorda no dia seguinte, o homem está muito mais disposto a perdoar o homem que errou com ele. Mas, naquela noite, quando está prestes a ir para a cama, ele se dá conta de que ainda há rancor no seu coração. O perdão não foi completo ali. De modo que ele reza de novo: "Por favor, Senhor, eu quero conseguir perdoar de verdade."

Assim que cai no sono, recebe de novo a visita do anjo. Dessa vez, o anjo tira o homem do seu corpo e o leva até o exato momento da concepção do homem que lhe fez aquele grande mal. O anjo conduz o nosso amigo pela vida do homem que errou contra ele e mostra-lhe as condições nas quais ele foi criado, percorrendo toda a sua trajetória até a hora em que a afronta aconteceu. Depois o anjo lhe mostra que aquilo que este homem fez – o erro que cometeu – foi a melhor coisa, a coisa mais elevada que ele poderia ter feito. Além disso, o anjo mostra-lhe também que, se este homem soubesse das coisas, teria agido de outra forma, de uma forma melhor. *Isso foi a melhor coisa que ele poderia fazer naquele momento. Dê-lhe o seu perdão.*

Quando o homem acorda, ele se dá conta do ocorrido: "Uau! Isso foi a melhor coisa que ele poderia fazer naquele momento. Mesmo tendo sido horrível. Mesmo que ele tenha machucado as pessoas. Mesmo tendo me causado sofrimento. Com base em sua percepção limitada, seu ponto de vista limitado, essa era a melhor coisa que ele tinha a oferecer."

Mas, na noite seguinte, o homem dá-se conta de que ainda tem, à espreita dentro dele, um restinho de relutância em perdoar. De modo que se ajoelha e, dessa vez, pega realmente no nervo: "Senhor, quero realmente me libertar dessa incapacidade de perdoar. Me ajuda."

E, rezando, cai no sono. O anjo vem pela terceira vez e tira novamente o nosso amigo do seu corpo e, dessa vez, o anjo abre o véu da eternidade e ergue o véu do tempo e do espaço, de modo que agora o homem consegue ver o momento em que Deus está de fato criando uma alma. E então ele fica boquiaberto, pois vê que aquele homem que está sendo criado, o homem que fez a ele um grande mal, é *ele mesmo*.

Por trás do véu, o homem conseguiu ver finalmente que somos todos um. De modo que ele consegue voltar para o mundo da vigília com a consciência de que o homem que errou contra ele é *ele mesmo*. Todo perdão é perdão a si mesmo. Por fim ele consegue se libertar do rancor, da animosidade, da raiva e do ressentimento que estavam em seu coração.

O momento dos momentos

Em certos momentos, você sabe que é mais que seus imperativos biológicos, mais que o seu DNA, mais que tudo quanto herdou de sua cultura. Algo em você é eterno. Você começa a ter aquela epifania espiritual, aquele *"Arrá!"* Quando há essa percepção, poderíamos dizer que você está chegando à sua maturidade espiritual. E é nessa maturidade espiritual que o perdão tem os seus primórdios.
Veja Ruanda. Agora lá existem aquelas pessoas cuja família foi assassinada pelos vizinhos. Elas fizeram um pacto de perdão e estão trabalhando lado a lado.
Podemos repassar aqui todo o movimento em favor dos direitos humanos, e todas as muitas experiências do Dalai Lama. Se um único indivíduo é capaz de se elevar acima da percepção limitada de sua dificuldade de perdoar, isso significa que, no fundo de nosso ser, todos temos a capacidade de tocar a essência do perdão.

A essência do atonement

Na África do Sul, Nelson Mandela convidou para se sentar a seu lado num banquete o homem que havia urinado em cima dele quando se encontrava na prisão de Robben Island, ao largo da costa da Cidade do Cabo. Mandela também contratou seus ex-carcereiros como guias turísticos e como pilotos de balsas que levavam e traziam pessoas de Robben Island. Com essas atitudes, ele estava perdoando e convidando todos ao atonement. Estava oferecendo a outra face, trocando uma forma de energia por outra.
Ninguém teria estranhado se Mandela e outros tivessem insultado e agredido aqueles ex-carcereiros, arrastando-os em volta da prisão, ou constrangido esses homens, ou convocado uma corte marcial. Mas, ao perdoá-los e ao realizar um ato *positivo*, ele mostrou um estado de cons-

ciência muito elevado. Da mesma forma, o Dr. Martin Luther King, Jr., na década de 1960, impediu fuzilamentos e emboscadas ao dizer: "Vamos trocar o ódio por amor. Saibam que a nossa causa é justa. Vamos perdoar e vamos continuar suportando os golpes, e vamos continuar amando o inimigo até o convertermos em amigo."

Por outro lado, veja o que aconteceu depois do 11 de Setembro, num momento em que os Estados Unidos estavam sendo alvo de compaixão de tanta gente. "Vamos caçá-los e matá-los." Em seguida, os Estados Unidos declararam: "Agora vão fazer compras." Uma profissão de fé do consumismo e da incapacidade de perdoar - ao mesmo tempo. Um retrocesso aos velhos filmes de caubói: "Vamos cercar as carroças e matar todo mundo."

O elevado estado de consciência mostrado pelo Dr. Martin Luther King e por Nelson Mandela levanta uma questão: será que ajuda a inspirar a população em geral quando uma figura pública se comporta dessa forma exemplar? Na verdade, acho que é uma faca de dois gumes. Por um lado, a figura pública dá um exemplo espetacular; por outro, às vezes as pessoas atribuem a essas figuras algo de especial. Esquecem-se de que a figura pública também é uma pessoa comum. Gandhi era advogado; Martin Luther King era um ministro batista de 26 anos; Mandela, na prisão durante 27 anos, teve muito pouca instrução além daquela obtida através dos livros a que teve acesso lá. Estas não são pessoas eleitas, ungidas por Deus. São pessoas que mergulharam fundo dentro de si mesmas e descobriram aquela dimensão inefável e atemporal da realidade e deram a ela permissão de se manifestar.

É por isso que sempre digo, "Se essas pessoas conseguiram, nós também temos condições de chegar lá. Não as coloque num altar. Mas reconheça essas pessoas, elogie-as, institua um feriado em sua homenagem." Mas, quando as consideramos especiais demais, o significado dos seus atos se perde. Elas são exemplos da *possibilidade* do perdão – e de atonement, pois elas permitiram àqueles que as maltrataram consertarem as coisas, fazer alguma forma de reparação.

além do perdão

A força da alma

Nos textos de Gandhi, *ahimsa*, literalmente "evitar a violência", refere-se a uma vida que não faz mal a ninguém, e este é o melhor caminho para aprender a perdoar. É uma espécie de força da alma. Se você consultar de novo as escrituras do Novo Testamento, verá que Jesus diz: "Rezem por aqueles que os amaldiçoam. Façam o bem àqueles que usam você descaradamente." Ele está dizendo que, se alguém lhe faz algo de mal, faça algo de bom para esse alguém. É isso que ativa a força da sua alma. Também requer um estado de consciência elevado porque, quando alguém lhe faz algo de mal, você quer revidar! Mas isso só faz aumentar o ciclo da violência e o afastamento da fonte divina. Se você conseguir se elevar nesse momento e perdoar de verdade, está adquirindo o verdadeiro poder espiritual.

Quando um grande número de pessoas faz isso, o coletivo começa a mudar. Depois do 11 de Setembro, o presidente teve a oportunidade de elevar a consciência do planeta – e empanou a glória do momento, como ser humano e como político, ao pedir vingança. Refletia o mínimo denominador comum da sociedade, que é o ódio, o desejo de ir lá fora e acabar com a raça deles. Esses podem ser modos de ser muito normais no plano mundano, e nossos líderes espirituais nos pedem para chegar a um nível que talvez *não* seja a norma – mas esse estado superior de perdão é supremamente natural de um ponto de vista espiritual.

Certa vez, quando eu estava com James Lawson, o ativista dos direitos civis, ele me contou uma história. Estivera com o Dr. Martin Luther King, Jr. numa cerimônia e, quando estavam prestes a se sentarem, um homem veio na sua direção e perguntou: "O senhor é Martin Luther King, Jr.?" "Sim", respondeu ele, - "sou eu mesmo." E o homem cuspiu nele. O Dr. King parou, tirou um lenço do bolso e enxugou o rosto, dobrou o lenço com o maior cuidado e entregou-o ao homem, dizendo: "Acho que isso lhe pertence." Sua consciência ampliada do amor permitiu que ele fizesse uma escolha. Se tivesse uma consciência limitada, poderia ter agredido o homem fisicamente – e todo mundo teria dito, "Bem, o que o cara esperava? Cuspiu nele!" Mas a consciência ampliada que King tinha do amor, da paz, do perdão, deu-lhe outras opções. E ele, ao contrário, mostrou que, se você tem uma percepção limitada do mundo, tem menos opções. Depois do 11 de Setembro, o presidente mostrou ter uma percepção limitada e opções limitadas, assim como o povo que estava representando. Outras perguntas poderiam ter sido feitas: "Quem fez isso? Por que aconteceu uma coisa dessas?"

É claro que ainda temos de nos defender. Ninguém está negando isso. Mas fomos para o país errado! As pessoas que nos atacaram vieram do Afeganistão, mas nós dissemos: "Vamos para o Iraque!"

O perdão nas nossas comunidades

A comunidade é muito importante. Oferece-nos um lembrete, uma forma de praticarmos esses princípios espirituais. Você pega o que aprende na comunidade e depois sai para o mundo maior. Muitas vezes, a comunidade ensina que é mais fácil você perdoar um desconhecido do que alguém com quem você convive o tempo todo. Você vai alimentar o rancor contra um amigo, mas um estranho você vai perdoar, pois você interpreta como traição o que o seu melhor amigo fez. Na comunidade, você tem uma oportunidade maravilhosa de praticar o perdão. Logo, logo você vai poder dizer: "O mundo é a minha comunidade." Adoro o que o Dr. Thurman dizia: "É impossível amar a humanidade em geral; você só consegue amar a humanidade em particular." É abstrato dizer que você ama a humanidade se não consegue amar o vizinho que mora do seu lado, ou perdoar a pessoa que fechou você na via expressa. Você ama, em particular, as pessoas que vê todos os dias. É assim que você ama a humanidade: perdoando e amando as pessoas com as quais topa todo santo dia. É a fricção que faz você crescer.

O desafio espiritual

Os desafios são nossos libertadores espirituais. Deixam você forte; ativam qualidades em você que estão latentes, como certas sementes da floresta que nunca vão germinar a menos que haja um incêndio. A casca é tão dura que só a intensidade do fogo vai abri-la. Existem em nós qualidades em estado de hibernação até haver um desafio tão grande que quebre a casca que as protege. Portanto, além das razões para enfrentar o desafio, há um valor redentor em certos desafios que nos obrigam a mergulhar fundo em nós mesmos.

Anos atrás, lembro-me de falar para uma comunidade espiritual onde a congregação queria, na verdade, que eu fosse o seu ministro. Mas havia um grupinho que não queria um afro-americano nessa posição, e seus membros me demonizaram e disseram toda sorte de coisas que não tinham nenhuma realidade. Disseram que os valores raciais e os valores relativos à propriedade entrariam em colapso; afirmaram que "essas pessoas estacionam o carro na calçada". Jogaram um livro em mim. Essa experiência foi um desafio que me obrigou a mergulhar até uma dimensão de mim mesmo à qual eu nunca teria chegado se tudo tivesse saído a contento. O que falaram a meu respeito obrigou-me a chegar a um nível de perdão que me levou a me apaixonar realmente por aquelas pessoas que estavam me difamando.

Com o passar dos anos, muitas dessas pessoas me procuraram com o espírito de atonement, querendo fazer reparações. Tive de permitir que elas fizessem reparações por tudo quanto haviam feito e dito. Pelo meu lado, falei em público sobre a profundidade do amor que eu nunca teria atingido se elas tivessem me dito no começo, "Ah, Michael, nós adoramos você. Seja bem vindo." Por causa das coisas que falaram a meu respeito, a casca dura que protegia a semente do perdão rachou sob a ação do fogo e eu encontrei em mim profundidades de amor de cuja existência eu jamais suspeitara.

Nota
Phil Cousineau fez essa entrevista com Michael Bernard Beckwith em Culver City, Califórnia, no dia 23 de janeiro de 2009.

2
a sabedoria do atonement

Jacob Needleman

Use o presente para corrigir o passado
e preparar o futuro.
- *George Ivanovich Gurdjieff*

Para o filósofo, professor e autor fértil chamado Jacob Needleman, o caminho para uma vida bem vivida passa por fazer perguntas profundas, inclusive aquelas perenes sobre justiça. Nesta entrevista, Needleman explora o atonement como forma de examinar profundamente o passado e fazer os sacrifícios necessários para remediar seus males, se houver necessidade. Seus pensamentos sobre as profundezas abissais do processo de reconciliação ajudam a esclarecer as limitações do perdão e a necessidade de ir além dele para concretizar atos de reparação. Nunca alguém que deseja uma solução instantânea ou qualquer maneira fácil de responder a qualquer problema profundo, ele não demora a observar que é preciso fazer sacrifícios para o que chama de "ação profunda" do atonement verdadeiro. Para Needleman, atonement está longe de ser uma ideia abstrata. É, ao invés, "uma obrigação metafísica", até mesmo um presente, trocado entre a vítima e o algoz, que ajuda a possibilitar uma vida mais harmoniosa, mais justa e talvez mais sábia.

Como entender a minha tarefa de filósofo? Qual é a minha abordagem aos tipos de problemas que acompanham a questão do perdão, do remorso e do atonement? Essas são questão profundas do espírito humano, da alma humana, da vida humana. Cheguei à conclusão de que as grandes questões da nossa vida, se não todas elas, têm implicações para nossas visões de todo o universo, da própria realidade, do que significa ser um ser humano no plano universal.

Qual é o significado da nossa vida? Que sentido tem? Por que estamos aqui? Por que sofremos? Por que vivemos, por que morremos? O que é possível sabermos? Essas são as grandes perguntas do coração humano, as questões que realmente não têm respostas, ou parecem não tê-las de acordo com o que, em nossa cultura, em geral passamos a considerar respostas. Na verdade, as únicas questões realmente interessantes são as irrespondíveis.

No entanto, existem respostas, sim – só que não da maneira pela qual procuramos por elas. Com o passar dos anos, descobri que, quando há uma questão real, como aquela sobre a relação entre perdão, atonement e reconciliação, preciso me abrir para ela o mais profundamente que eu for capaz. Acredito que é mais gratificante aprofundar a questão real para mostrar sua conexão com outras coisas na vida do que simplesmente conformar-me com uma resposta aceitável.

Quando duas ou mais pessoas têm a mesma questão do coração, esta cria um vínculo particularmente humano entre elas. Questionar a vida profundamente junto com alguém resulta numa certa qualidade mais sofisticada da energia humana trocada pelas pessoas. Tendo a pensar que a única coisa que as pessoas deviam trocar de fato são coisas como amor subjetivo, toque, ajuda mútua, ser físico de formas variadas, dizer coisas bonitas, procurar agradar uns aos outros. Mas, quando nosso olhar se volta para culturas de lugares diferentes, vemos muitas coisas que elas comunicam em seus rituais e costumes que não compreendemos, coisas que parecem difíceis e complicadas. Nós, ao contrário, parecemos ter optado pelo conforto, pela conveniência e pela comunicação num nível superficial, que ficou exagerado agora com a comunicação eletrônica, que supostamente aproxima as pessoas. Mas ela só aproxima pequenas partes delas, enquanto as partes maiores são ignoradas, ficando solitárias e remotas, causando um desconforto e anseios terríveis, para não falar na insatisfação.

É preciso que as pessoas troquem uma coisa que não estão trocando. O que é isso que *não* está sendo trocado por nós? Acredito piamente que muitos dos costumes e rituais do passado tinham por objetivo ajudar as pessoas a navegar pelas profundezas metafísicas de sua vida interior e exterior, da vida cotidiana, tudo ao mesmo tempo. E perdemos isso.

Reparar o passado

Essa é a minha maneira de *levantar* uma questão, de dividi-la com outra pessoa e de olhar para ela de um outro ângulo: neste caso, a questão profunda sobre atonement, ou o que Gurdjieff chama de "reparar o passado". A tradição judaica diz que só a vítima tem o direito de perdoar. Pois as pessoas dizerem, "Vamos perdoar os nazistas" é, do ponto de vista da tradição judaica, algo sem sentido. Na verdade, chega a ser um insulto. Quem somos nós para perdoar quem assassinou e trucidou milhões de homens, mulheres e crianças? No judaísmo, é uma coisa muito realista perguntar quais são as condições internas necessárias para *o sentimento verdadeiro do perdão*. Sentado aqui, no conforto da minha casa em Oakland, Califórnia, talvez eu consiga perdoar os chineses por matarem os tibetanos, mas será que o Dalai Lama consegue? Se *ele* consegue, que maravilha!

Isso significa que o verdadeiro perdão tem de lhe custar alguma coisa, assim como o atonement. Talvez o atonement *seja* o custo do perdão. Mas o que é que faz com que ele custe alguma coisa? O que você paga quando faz reparações? Estou pagando alguma coisa quando faço reparações, mas o quê? Não posso dizer apenas, "Desculpe." Absurdo! "Desculpe-me por ter matado o seu filho. Por favor, perdoe-me." Absurdo!

Por quê? Talvez tenha alguma relação com a maneira pela qual as pessoas se expressam, se o perdão vem ou não de suas entranhas, da parte cósmica do ser humano. Foi assim com Azim Khamisa (Capítulo Dez), que encontrou o perdão para o assassino de seu filho ao segurar o filho nos braços dentro do túmulo. Naquele momento, as energias do universo entraram naquele homem. É um santo nesse sentido. Se o seu filho é tocado por suas mãos e você está de pé sobre o seu túmulo, neste momento você vira santo – não há como evitar isso – ou isso, ou você enlouquece. Essa profundidade penosa é onde vivem o verdadeiro perdão e o verdadeiro atonement.

Minha avó russa era uma mulher feroz: era um tanque. Dura, rigorosa com os filhos. Ela se fez sozinha, a partir do nada, depois de chegar aqui. Teve seis filhos e uma filha e a filha, que era belíssima, tinha só 19 anos quando foi morta atravessando a rua em frente à nossa casa. Aquela linda moça me ajudou a aprender a andar. Eu a adorava quando era pequeno. Lembro-me de ser levado ao cemitério quando a enterraram e de sentir uma comoção terrível. Tive de fechar os olhos. Minha avó, que estava vestida com trapos pretos, ficou tão fora de si com a morte da filha que se atirou no túmulo quando estavam baixando o caixão e jogando terra lá dentro. Gritava e berrava feito louca, tentando tirar a filha de dentro da cova. Os seis filhos homens, todos muito fortes, tiveram a maior dificuldade para tirá-la dali. Abri meus olhos e vi aquela velha enfiando os dedos dentro do caixão, tentando trazer a filha de volta à vida de tanto sacudi-la.

É aqui também que o perdão e o atonement vivem. Não necessariamente nos domínios da morte, mas também nos domínios das forças reais da vida humana. Atonement é ação; atonement é uma daquelas forças que *agem*. Pode haver um aspecto interior, e ele pode ser monumental, e é preciso uma ação tão vívida quanto a fusão corporal de uma mãe com a filha morta ao pular lá dentro do túmulo.

Quando o atonement é recusado

A tradição judaica diz que, quando você ofende outro ser humano, o agressor tem de procurar a pessoa que foi ofendida e pedir perdão. Depois tem de fazer reparações. A pessoa que foi lesada pode ou não perdoar o outro, e aí a outra pessoa pode tentar uma segunda vez, e mais uma vez ela pode ser perdoado ou não. Mas, se o perdão lhe for negado uma terceira vez, então esse tipo de solução não é mais possível. Os textos tradicionais falam muito sobre isso – mais do que é possível mostrar aqui.

além do perdão

Claro que é cruel não desculpar alguém que está pedindo perdão - é preciso enfatizar esse aspecto da questão. É cruel não perdoar alguém que está genuinamente arrependido e disposto a pagar por isso em algum sentido desse termo. É cruel não permitir que o agressor pague uma indenização, faça uma reparação. E não há atonement sem perdão de ambos os lados.

Às vezes é difícil mergulhar na experiência pessoal. Muito difícil. É fácil dizer que a raiva faz mal à saúde – e muito difícil livrar-se dela. Não podemos subestimar a dificuldade enfrentada quando os danos foram realmente grandes, quando um canalha ferra com você. Quando alguém lesa um ente querido seu. O casamento é cheio desse tipo de coisa; o divórcio também. Não é algo que possa ser controlado pela consciência, pelas emoções. É fácil dizer, "Sim, eu a perdoo, aquela cadela. Eu a perdoo. Tudo bem."

Não, a ferida vai mais fundo que isso, por isso os sentimentos de vingança e ressentimento. O ódio, a raiva, a ira estão ali, naquilo que Gurdijieff chama de "essência". Nem tanto na personalidade. De certa forma, o ódio profundo – que é um conceito teutônico antigo e poderoso – não é pessoal. Não sei mais que nome lhe dar além de "ódio impessoal", que não é uma ideia, é uma força. O Cristo ficou profundamente irado. Expulsou os vendilhões do templo. Ele disse que haveria choro e ranger de dentes; e disse também: "Não vim trazer a paz, e sim a espada." Não era um cara fraco. O que as pessoas conhecem é essa versão melosa do Cristo perdoando todo mundo. Mas o seu perdão era sólido; custava caro.

Ele disse: "Se eu for procurado por um homem que não odeia o pai, a mãe, a mulher, os filhos, os irmãos e as irmãs, ah, se não odiar a própria vida, não pode ser meu discípulo." O que ele queria dizer com isso? Soa perverso. Mas sinto que está ligado a algo profundo, muito profundo na alma, algo que tem a ver com as influências que aprisionam a vida da alma. Cristo, o Tigre.

Com o atonement, as grandes forças do universo têm de se envolver, senão falar em reconciliação é papo furado, superficial, hipócrita. Mas, hoje, não vivemos uma parte muito grande da nossa vida em relação consciente com as grandes forças do universo. Temos de enfrentá-las quando nos deparamos com a morte, e com o nascimento; e então essas forças nos esmagam e, às vezes, acordam-nos. Mas, em geral, a nossa vida é muito confortável. Existem realmente forças financeiras que nos incomodam, mas elas estão todas misturadas com outras coisas que podem afastar-se das forças primais, instintivas e sensuais dentro de nós, entre as quais estão a capacidade de amar e a capacidade de odiar. Bem, odiar algo odioso é, em minha opinião, uma coisa que vale a pena – isto é, se você odiar não com o ego, mas com algo impessoal, como quando você odeia as injustiças brutais do mundo.

A questão do remorso

Há centenas de histórias dos campos de concentração nazistas, mas uma delas eu me sinto obrigado a contar agora. Conheço uma mulher cuja mãe havia sido colocada num dos trens da morte dos nazistas e enviada para um dos campos. Quando chegou, junto com outras pessoas, o carcereiro disse que todo mundo tinha de tomar banho. Todos os presos foram para o cômodo onde havia chuveiro e tiraram as roupas, mas essa mulher disse a si mesma que havia algo de errado. Conforme se viu, ela tinha razão. Quando os chuveiros foram ligados, saiu uma água quentíssima, escaldante. Os nazistas cozinharam os presos vivos. Mil pessoas, homens, mulheres e crianças foram cozidos até a morte. Essa mulher fingiu-se de morta embaixo dos mortos e, não se sabe bem como, conseguiu sobreviver.
Como *não* odiar uma coisa dessas? Seria estúpido dizer, "Ah, tudo bem, eu os perdoo." Seria desumano não odiar uma coisa dessas. Você poderia dizer, "Não os odeio, mas odeio, sim, o que eles fizeram." Bem, sobre isso não sei o que dizer, embora eu respeite o ódio impessoal. Às vezes o ódio vem de um lugar muito profundo, que é difícil compreender. Como reagir a ele é uma coisa que continua em aberto. No entanto, mesmo quando é pessoal, não é uma coisa simples.
E como alguém poderia reparar os tipos de atos desumanos que aconteceram nesses campos? Aqui há uma questão importante sobre atonement e reconciliação que tem a ver com o remorso. Quando você olha para o mundo, consegue sentir realmente que há esperança, que a esperança

está lançando raízes em algum lugar? Talvez você possa dizer que sim, em alguns lugares do mundo. Mas, assim que você deixa de pensar no Iraque, tem de pensar em Ruanda. E quando deixa de pensar em Ruanda, tem de pensar no que está acontecendo aqui mesmo, entre nós: a violência, a brutalidade, a ignorância, a grosseria e a estupidez. Quanto mais conheço os nazistas, tanto mais me envergonho de ser humano. Sinto como se *eu* precisasse pedir perdão a alguém, a Deus, a alguma coisa; e que preciso fazer reparações em nome dessas pessoas podres. O que há de tão diferente assim entre nós? O verdadeiro perdão e o verdadeiro atonement tratam da questão da origem do mal no ser humano. De onde ele vem? E o que é o remorso? Porque, sem remorso, o atonement não custa quase nada.

Será que aqueles que ligaram a água escaldante vão chegar ao atonement algum dia? Acho que não. Aqui poderíamos dizer, "Só Deus pode fazer reparações para um crime tão hediondo." Aqui o judaísmo e o cristianismo se encontram e se fundem.

Quando eu estava escrevendo sobre a escravidão em meu livro *The American Soul*, dei-me conta de que, embora o movimento em favor dos direitos civis tenha sido muito importante por dar aos negros os direitos que outros têm, nem por isso conseguiria o que era realmente necessário conseguir enquanto não fosse sentido um remorso verdadeiro.

Depois que o livro foi publicado, fui entrevistado um belo dia num programa de rede nacional para o qual as pessoas podem ligar para fazer perguntas e comentários. Comecei falando a respeito de minha ideia do significado de Estados Unidos, que eles criaram um espaço protegido para as pessoas se reunirem em busca de consciência. Um homem ligou, e era evidentemente um homem negro que parecia ter tomado todas sabe-se lá onde. Sua pergunta: "Professor, e a escravidão?" Eu gelei na hora. Fiquei apavorado porque ele era um afro-americano e aqui estava eu, um professor judeu branco. Nesses programas, você tem de falar rápido. Eu disse a mim mesmo, *"Que inferno! Diz o que você disse no livro."* E foi o que eu fiz. "A menos que os americanos sintam remorso de verdade pelo que foi feito", disse eu, "as outras mudanças não vão ter a profundidade necessária e não vão fazer a diferença que tem de ser feita." Eu estava esperando que ele dissesse algo como "Você não respondeu à minha pergunta." Mas, em vez disso, ele falou com uma voz trêmula: "Esta foi a melhor resposta que eu já ouvi."

Uma coisa é dizer que temos de fazer reparações à escravidão e está claro que isso resolveria alguns problemas sociais. Mas você reconhece um remorso verdadeiro quando o vê. Admitir o remorso seria um grande gesto, um gesto significativo, e seria importante. Seria como uma peça que estivesse faltando no processo de perdão e atonement, porque é o remorso que permite chegar ao atonement e tomar uma atitude com respeito ao mal que foi feito.

O privilégio de corrigir o passado

Para o atonement acontecer, você precisa agir, tomar uma providência impactante. Mas qual é a fenomenologia do verdadeiro atonement? O que significa? Já li muito sobre o perdão. Por que ele me deixa sentindo-me vazio? Já tenho idade suficiente para saber que só o perdão não vai provocar mudanças em nenhuma escala significativa para a espécie humana. Talvez seja preciso corrigir o passado, mas que tipo de correção? No sentido que Gurdjieff usava. Acho que Gurdjieff estava falando sobre um homem ou mulher precisando mudar alguma coisa na linhagem familiar, porque alguma coisa havia dado errado, talvez com a mãe, o pai, os avós. Talvez o avô tenha cometido um crime. Talvez uma injustiça tenha sido feita a seus filhos. Nesse caso, os descendentes têm de fazer correções em algum lugar. Têm de reparar esse mal.

Gurdjieff disse certa vez a um jovem de seu grupo: "Você faz parte dessa linhagem. Conquistou o privilégio de ter de corrigir o passado." Acho que isso significa algo mais que realizar um ato qualquer de bondade. Mas o que ele queria dizer? Que tipo de ação interna e externa é necessária para "corrigir o passado"?

Poderíamos fazer essa mesma pergunta a respeito da necessidade de atonement e reparações coletivas aos nativos americanos porque quase destruímos suas culturas, embora, graças a Deus, eles as estejam restaurando. O que poderíamos fazer para reparar esse crime inacreditável? Não temos como trazer essas nações ou suas culturas de volta à vida. Como chegar ao atonement por aquilo que lhes fizemos? Não só falando da boca pra fora, mas fazendo alguma coisa – *agindo*, repito.

O que sugiro em *The American Soul* é que temos de devolver à terra aquilo que os nativos americanos davam à terra; temos de ser para a terra o que eles eram para a terra. Essa é uma coisa que podemos fazer para chegar ao atonement por tudo o que fizemos. Podemos devolver à terra o que tiramos dela ao quase destruí-los por completo.

Quando analisamos as culturas comunais, vemos que toda a comunidade tem de participar do atonement, ou participar do castigo; todo mundo tem de fazer reparações de alguma forma. Sozinho, você talvez sinta que não consegue chegar ao atonement, mas talvez consiga com a comunidade. Como chegar àquela responsabilidade comunal dessa cultura, onde nos sentimos responsáveis pessoalmente, individualmente? O que está faltando em nós que não conseguimos viver essa verdade, esse atonement comunal?

O atonement como despertar

A história de Azim Khamisa, o homem que segurou em cima do túmulo o corpo amortalhado do filho de 20 anos, é uma história que me tocou muito porque ele se encontrava num estado de consciência amplificada naquele momento. Estava *acordado* no sentido que Gurdjieff usava o termo. Como o resto de nós chegaria a essa consciência despertada sem que o seu filho tenha de morrer? Não será esse todo o sentido do verdadeiro desenvolvimento espiritual?

Não quero depreciar nada do que aconteceu a Khamisa porque há pessoas que enlouquecem com tragédias desse tipo. Mas quase todos podem acordar quando enfrentam a morte de um ente querido – ou estão diante de sua morte iminente. Isso mostra que temos de fato em nós essa enorme capacidade de despertar, mas será que só despertamos por causa de algo que acontece *a nós*? Será que não conseguimos despertar por nossa própria conta e risco, de modo a viver mais perto daquele estado de sentir-se tão vivo? Uma pessoa acordada ou desperta é muito poderosa; talvez a gente não precise que o mundo inteiro acorde. Talvez só precisemos de um pequeno número de seres humanos acordados para exercer uma influência muito grande sobre o mundo.

Como dizia Gurdjieff, estamos dormindo. Um dos sintomas de nosso sono é o fato de não conseguirmos cumprir as nossas promessas. Nietzsche diz que o homem é a criatura que faz promessas. Mas quantas promessas sérias qualquer um de nós consegue realmente fazer e cumprir? Sempre cumprir as promessas é coisa própria de um homem bom. Por que isso?

Para compreender essa questão, é preciso a gente se familiarizar com pensadores de alto nível, difíceis mesmo, como Nietzsche. Ele diz que certo tipo de moralidade é um sistema de autoenganação. Você diz a si mesmo que vai fazer algo melhor da próxima vez. Talvez você nem mesmo saiba o que quer, mas faz promessas a si e aos outros. Explorei isso num curso que dei. Um dos textos que apresentei e que no começo só fez todo mundo rir, foi o *Horton Hatches the Egg [Horton choca o ovo]*, do Dr. Seuss: "Eu queria dizer o que disse e disse o que queria dizer/ Um elefante é 100% leal!" O que isso significa realmente? O que significa que tantos de nós fracassem tão fragorosamente na hora de cumprir as promessas?

Meu contexto aqui é: sobre que tipo de ser humano estamos falando que precisa fazer reparações? Será que o atonement pode ser considerado algo a que só um ser despertado consegue chegar? Ou será que o atonement é também um instrumento para despertar, algo que pagamos e que nos ajuda a acordar para a vida, ao menos durante algum tempo?

Se o jogador de futebol Michael Vick, preso por manter em sua casa uma prática ilegal de briga de cães, tivesse mostrado um remorso verdadeiro e pago, digamos, dois milhões de dólares a um grupo que luta pelos direitos dos animais, provavelmente ele teria mudado o seu ser, ao menos durante algum tempo. Teria ganho um autorrespeito que ele jamais imaginaria que fosse possível, porque o autorrespeito verdadeiro só nasce quando fazemos um gesto difícil, um pagamento salgado. É por isso que o exemplo de Vick é pertinente: porque a relação entre atonement e dinheiro é interessante – muito real, como vemos no Talmud e na Mishná. Quanto dinheiro ele exige? Neste caso do Vick, teria de ser mais que, digamos, vinte mil dólares; seria necessário pagar um milhão de dólares, ou dois, o suficiente para ele sentir. Fazer reparações implica um sacrifício; a pessoa tem de sentir.

Por falar nisso, o que é autorrespeito, afinal? Às vezes faço a meus alunos a seguinte pergunta: "Algum dia você fez alguma coisa por alguém que tenha realmente lhe custado e você nunca mencionou esse fato para ninguém?" Praticamente nenhum deles levantou a mão. O que isso significa em termos da natureza humana?

Temos essa teoria – que agora está na moda –, segundo a qual a natureza humana gira exclusivamente em torno de si mesma. Mas isso não é verdade realmente. O homem foi criado para dar, foi criado para servir. Essa é a parte essencial de nossa natureza. A natureza humana não pode ser reduzida ao gene egoísta. Agora temos pesquisas interessantes na antropologia sobre o altruísmo, pesquisas que mostram o quanto a generosidade é natural para o espírito humano. O que elas nos dizem é que, se não conseguirmos nos doar, jamais seremos felizes.

O presente

Há alguns anos, eu estava dando um curso numa escola de comércio do México. Durante uma aula, estávamos conversando sobre o que significa ser um homem bom quando um dos alunos, um homem de 35 anos que tinha um filho de 5, contou à classe a seguinte história: "Sabe", começou ele, "eu estava enfeitando a árvore de Natal com o meu filho na sala de visitas quando ouvimos uma batida na porta da frente. Fomos lá ver quem era, e era um menino mendigo. No México, os mendigos são perfeitamente aceitáveis, não é como nos Estados Unidos. O menino tinha mais ou menos a mesma idade do meu filho, de modo que ele e eu voltamos para a sala e eu lhe disse: 'Dá um dos seus brinquedos pra ele.' Meu filho pegou um dos seus brinquedos velhos, já bem surrado. 'Não', disse eu. 'Dê a ele o seu brinquedo favorito.' Meu garoto ficou irado. 'Não', eu disse, e fui gentil, mas firme. 'Dê a ele o seu brinquedo favorito.' Finalmente o meu filho pegou um brinquedo que tinha acabado de ganhar de Natal e, enquanto eu esperava na sala, ele voltou à porta da frente. Alguns segundos depois ele voltou correndo, radiante, e gritava: 'Papai, posso fazer isso de novo?'"

O que é que aquele menino descobriu sobre o que somos e sobre quem somos? Acho que foi a alegria do altruísmo. Ele está aqui dentro de nós, à espera, mas a cultura põe uma casca em volta dele por motivos egoístas, dizendo-nos para *pegar, pegar, pegar*. Depois a cultura põe outra casca em volta da primeira casca, dizendo: "Você tem de ser legal." Somos criados numa cultura de relações humanas – revista *Cosmo* e coisas do gênero – que pergunta: "Você está recebendo o suficiente?" Mas nunca lhe diz que aquilo que você tem de pegar está dentro da casca, que é o seu coração, que anseia não por receber, e sim por dar.

E a que devemos essa descoberta?

Metanoia é um termo grego que significa "mudar de ideia"; mas também pode ser traduzido como "arrependimento". O que ela significa é pagamento. Todos temos de pagar o preço de fazermos parte da família humana.

Há uma frase sarcástica e memorável de Nietzsche: "O homem não deseja o prazer; o inglês, sim." Para Nietzsche, a essência do homem era o desejo de autodomínio [sic]. A vontade de poder era a vontade de transformar as próprias emoções, o próprio eu. Mas nós, os modernos, perdemos essa sensibilidade. Estamos aqui para ter prazer; estamos aqui para progredir. A caridade é superficial a maior parte do tempo. As pessoas conseguem isenção de impostos quando fazem doações a instituições de caridade. Essa é uma questão fundamental: a necessidade de lutar, de superar, de vir a ser, de desenvolver o mundo interior.

Como propor reparações pelo mal que fizemos se não dominamos a nós mesmos?

O remorso num mundo implacável

O que fazer com o que é implacável no mundo? Digamos que eu procurei você para propor reparações pelo mal que lhe fiz. De um ponto de vista objetivo, estou lhe oferecendo um presente. Mas digamos também que você não quer o presente; que não vai aceitá-lo. Será que ainda podemos dizer que se trata de um presente? Acho que não. Não sei o que pensar a respeito dessa situação. Acho que se trata de uma obrigação objetiva. É metafísica, e não só psicológica. Se eu reconheço que cometi um erro e

lhe confesso isso, e sinto muito por isso – e você vê que sinto muito realmente – nesse caso, se você tem sensibilidade, isso é quase tudo quanto precisamos para nos reconciliar. Mas, *além disso,* talvez eu possa também fazer alguma coisa, se houver alguma coisa a ser feita. Mesmo que a minha afronta seja irreparável por meio de uma ação, ao menos eu procurei você de cabeça baixa. Abri mão da minha postura egoísta de superioridade; eu me pus abaixo de você. E estou lhe pedindo perdão porque errei. É preciso muita coragem para fazer isso. Não é difícil se você está recostado em sua poltrona só pensando no problema, mas é muito difícil procurar aquele sujeito com o qual você trabalhou durante 20 anos, com todas as hierarquias e competição constante, entrar na sua sala no escritório, ou em sua casa, sentar-se e dizer: "Eu estava errado. Sinto muito. Mesmo."
Se você é a vítima, a parte ofendida, tem uma opção. Qual é a sua obrigação? Esta não é uma pergunta fácil de responder. *Mas, às vezes, o simples fato de conviver com uma questão real torna você mais humano do que conseguir uma resposta.* Quando você convive de fato com uma ideia importante, ela abre o seu coração; abre a sua cabeça. *Nossa humanidade nunca é maior do que quando estamos em questão.* O homem não sofre com suas questões, com suas perguntas – sofre é com as suas respostas.
Agora vamos deixar a situação mais complexa ainda. O que fazem duas pessoas quando ambas acham que o erro foi da outra? Isso acontece frequentemente. Você não perdoa a pessoa, a pessoa não perdoa você. Mas, se você fez tudo quanto era possível fazer, então está limpo. É o mesmo com o remorso. O remorso surge depois que você fez de tudo para ficar limpo e, mesmo assim, fracassou. Só que não é a viagem de culpa que acontece depois de você fazer uma tentativa meia boca e, tendo falhado, acha que poderia ter suado mais a camisa. O remorso é um estado no qual você reconhece que o seu próprio ser está em jogo. É uma consciência de sua *falta* objetiva. Sim, a ação pode nascer daí, mas antes saiba que o remorso é uma força interior potente. Não há nada a *fazer,* num certo sentido, além de sentir remorso.

O presente do atonement

Há algo misterioso na fenomenologia de um presente, no que se passa entre quem dá e quem recebe. Todos nós conhecemos alguém que não aceitaria um presente ou que, quando aceita, quer nos retribuir imediatamente. Esse alguém diz: "Ah, obrigado; agora tenho que lhe dar alguma coisa."
Não, não quero necessariamente que a pessoa me retribua um presente. Quero lhe dar algo; quero que você receba o que tenho para lhe dar. Mas, se você continua dizendo que precisa retribuir, então surge um tipo falso de equilíbrio. Não é interessante?
Se alguém agrediu profundamente a minha filha, sexual ou emocionalmente, e eu, que faço de tudo para protegê-la porque ela é a menina dos meus olhos, talvez eu não consiga perdoar esse sujeito. Eu tinha de ser o defensor dela. Eu poderia perdoar esse sujeito se ele tivesse agredido a mim, mas ele agrediu a minha própria filha. Como se posicionar numa situação dessas? Essa analogia nos ajuda a compreender que um problema de atonement e perdão resulta frequentemente do fato de que aquilo que foi lesado e que tem valor para mim não foi eu.
O problema surge muitas vezes porque todos os membros da comunidade têm de aceitar – mais, ou menos – a realidade de algo chamado atonement – ou a sua possibilidade. Quando não aceitam, você pode tentar fazer reparações e chegar ao atonement assim mesmo, mas os outros não vão aceitá-lo necessariamente, ou reconhecer o atonement como o presente que é, na verdade. É muito fácil achar que você pode consertar o mundo por meio de um ato de atonement; mas, na realidade, é difícil se o outro cara não concorda com você.
Há alguns anos, estive com Anthony Bloom, o arcebispo russo da Igreja Ortodoxa em Londres. Contei-lhe uma experiência que tive numa igreja ortodoxa de Atenas. Havia no teto uma cabeça monumental do Cristo Cósmico e eu tive a sensação de que a totalidade da vida está constantemente derramando presentes sobre mim. Foi incrível. Perguntei a Anthony o que ele achava desse estado de não saber o que responder, e ele me disse uma coisa muito bonita e imediata.

Ele perguntou:
– Qual é a reação apropriada a um presente?
Esperei em silêncio por alguns momentos. E então ele disse:
– A reação apropriada a um presente é aceitá-lo!
Depois ele começou a dizer que todo trabalho espiritual verdadeiro consiste em nos tornarmos capazes de aceitar o presente que nos está sendo dado. Do jeito como estão as coisas, somos pessoas teimosas que acham difícil aceitar esses presentes divinos. O que é, perguntou ele, que nos impede de aceitar o presente, a graça, a energia de Deus que nos está sendo dada?
Repito mais uma vez: todos esses pensamentos são apenas uma forma de levantar a questão do atonement, se o considerarmos um presente trocado entre aqueles que fizeram algum mal e aqueles que foram suas vítimas.

Nota
Phil Cousineau fez essa entrevista com Jacob Needleman em Oakland, Califórnia, no dia 24 de agosto de 2009.

3
temos condições de resolver o problema

Coração, inteligência e ação na luta por atonement
– Michael N. Nagler

Sim, fui uma pessoa execrável, mas me redimi. E digo a você e a todos os que têm condições de ouvir, e vão ouvir, que a redenção é feita sob medida para os execráveis, e eu fui execrável... E é assim que eu gostaria que se lembrassem do meu legado: uma transição redentora, algo que acredito não ser exclusivo dos chamados santarrões, dos elitistas... É acessível a todos. E essa é a sua beleza.
– *"Tookie" Williams, entrevista de rádio, 2009*

Na sua condição de ex-coordenador do programa Paz e Estudos sobre Conflitos da University of California e um dos intelectuais mais respeitados na esfera da paz e da não-violência, Michael Nagler está qualificado como poucos para explorar o que significa para indivíduos e nações igualmente ir "além do perdão". Neste ensaio de grande alcance, ele descreve a dinâmica de "disseminar o movimento de reconciliação e atonement", que define como uma combinação de pedido de desculpas e reparações concretas. Mas Nagler vai além das preocupações coletivas abstratas para chegar ao concreto e pessoal. "Podemos chegar ao atonement", diz ele, "arrancando pela raiz a atitude de desconsideração – para não dizer de desumanização – em nosso coração e em nossa cabeça que permite que aconteçam crimes como estes."

O Reverendo Charles Freer Andrews, familiar àqueles que assistiram o *Gandhi* de Attenborough e conhecido dos indianos da era de Gandhi como "Deenabandhu", o "clã dos pobres", ouviu falar certa vez de um policial indiano que foi brutalmente espancado por seus superiores e ficou praticamente aleijado, embora não por causa do espancamento em si. Absolutamente leal ao regime britânico, ele havia sido acusado injustamente de cortar um fio de telegráfo – na época, um ato de sabotagem. Andrews foi visitá-lo; mas, no começo, o policial recusou-se a recebê-lo, dizendo que nunca mais queria conversar com nenhum inglês. Mesmo assim, Andrews conseguiu entrar e, num ato de grande poder na Índia, prostrou-se diante daquele homem ferido e pediu perdão. O policial levantou-se da cama: estava curado.

Isso é atonement. Isso mostra que é possível fazer reparações por um ato não cometido diretamente; mais que isso – revela algo sobre a dinâmica do atonement. A luta emocional que Andrews deve ter enfrentado ao se prostrar diante de um indiano daquela época – nem hoje a maioria dos ocidentais teria condições de fazer isso sem alguma luta interior – e a reação dramática do paralítico dizem algo a respeito da combinação de estado interior e ação exterior, de um gesto real e um gesto simbólico, que faz acontecer o verdadeiro atonement.[1] Em geral, as pessoas ignoram essa combinação.

Seu significado só me ocorreu quando eu estava passando por Atlanta há alguns anos e fiquei sabendo que uma igreja dos negros havia sido incendiada por quatro racistas. Quando eu soube da história, eles estavam sendo devidamente condenados – a reconstruir a igreja. Fiquei impressionado naquele momento – e observei muitas vezes depois dele – que, na disseminação do movimento de reconciliação e atonement, não é sempre que essas coisas acontecem.[2]

Na África do Sul pós-apartheid, cuja Comissão de Verdade e Reconciliação tornou-se o paradigma para mais de 20 outras entidades organizadas em função do mundo atormentado por conflitos que temos hoje, precisamente esse fator da ação concreta, da *restituição* física, estava faltando. Simplesmente se pedia aos culpados que admitissem publicamente os seus crimes "políticos" durante a era do apartheid e, quando faziam isso, eram perdoados imediatamente. Nunca se pedia a eles que *fizessem* alguma coisa à guisa de reparação, o que, a meu ver, é a única maneira de satisfazer igualmente as vítimas *e* os seus algozes.

É claro que o processo da CVR era preferível – em qualquer época – a buscar vingança, que muitas vezes só faz um conflito entrar numa espiral descontrolada e sempre deixa para trás mais problemas do que "resolve". O processo possibilitou reconstruir uma nação a partir de um passado traumático. Apesar disso, a experiência CVR não foi sempre bem sucedida e ao menos parte do motivo foi ela buscar a reconciliação apenas a nível da emoção – se tanto.

Quem assistiu ao documentário sobre a CVR intitulado *Long Night's Journey into Day [A longa jornada da noite ao dia]* vai se lembrar, ao lado de muitos episódios realmente tocantes de arrependimento genuíno, criminosos, tanto brancos quanto negros, que aproveitaram a oportunidade cinicamente, sem que houvesse nenhuma mudança real no coração. Essa é uma dificuldade que acompanha toda tentativa de impor o atonement pela força da lei: se essa luta emocional não é fácil de travar, é mais difícil ainda provar que foi travada com sinceridade. Uma pessoa pode fazer de tudo para se arrepender e, mesmo assim, não conseguir superar uma *reservatio mentalis* (reserva mental) profundamente arraigada. Embora a CVR mereça o crédito pelo muito que fez, há um motivo para supormos que poderia ter feito muito mais, pois mesmo quando uma transformação emocional é genuína, de certo modo só é completa quando se expressa por meio da ação – em termos ideais, como em Atlanta, reconstruindo o que a pessoa destruiu.

Atonement coletivo

Quando veio a público em 1988 que o cruzador *Vincennes* derrubara o avião Iran Air Flight 655 sobre o Golfo Pérsico, matando todos os 290 passageiros civis a bordo, entre os quais 38 pessoas que não eram iranianas e 66 crianças, o então vice-presidente Bush declarou: "Não estou nem aí para os fatos. Nunca vou pedir desculpas pelo povo norte-americano." Elise Boulding, a socióloga quacre e pioneira da paz e dos estudos sobre conflitos, escreveu o seguinte: "Não conseguir lamentar seus erros é um problema sério para os Estados Unidos e contribui para atitudes anti-americanas no resto do mundo."³ Este é um fracasso que lesa a alma; uma intenção explícita deste livro – ou pelo menos o meu principal objetivo da minha contribuição a ele – é tratar justamente deste problema. Não é preciso avançar muito na leitura da obra de Howard Zinn intitulada *People's History of the United States [A história do povo dos Estados Unidos]* – sem mencionar quase tudo escrito por Noam Chomsky – para entender que esta nação tem uma carga pesada de carma negativo (ou, em termos mais populares, o resíduo da lei segundo a qual "colhemos o que plantamos"). Mesmo que a gente não aceite que tal princípio atue no mundo, é um fato simples, embora muitas vezes esquecido por conveniência, que as vítimas não gostam de ser vitimizadas e tendem a revidar quando têm chance.⁴ Principalmente se quem lhe fez mal não pede perdão.

Há milhões de norte-americanos hoje em dia que, embora talvez nunca leiam autores como Zinn ou Chomsky, têm uma consciência vaga de que, como nação, os Estados Unidos herdaram uma carga de dívidas – para com os nativos que encontraram no seu território, e os nativos africanos que arrastaram para lá, para citar só dois exemplos gritantes. Eu, entre outros, acredito piamente que os Estados Unidos não vão conseguir progredir enquanto não encontrarem uma maneira de enfrentar e superar esse legado; em resumo, enquanto não fizerem as reparações indispensáveis.

No entanto – e esse é o meu ponto de vista – é muito difícil emocionalmente para quase todos enfrentarem a própria culpa. A maioria dos reformadores modernos, com sua revolta compreensível, não entende isso. Gandhi entendeu. Como disse o grande historiador britânico Arnold Toynbee, "Ele tornou impossível para nós continuarmos governando a Índia, mas tornou possível para nós sairmos de lá *sem rancor e sem humilhação* (itálicos nossos).

Uma boa parte do poder de Gandhi estava nessa sua capacidade de ver as atrocidades de seus adversários fora de um quadro de referências moral, de tirá-los do domínio da moralidade e do "julgamentismo".⁵ Deduzia-se desse princípio, fundamental para a não-violência, separar o perpetrador do ato perpetrado ou, como diríamos nós, o pecador do pecado. Permitiu-

-lhe resistir ao mal muito mais efetivamente, por ter possibilitado, como observa Toynbee, que os próprios agressores assumissem a responsabilidade por seus atos sem estigmatizá-los como criminosos – exatamente o que o Vice-Presidente Bush e os americanos que concordavam com ele não tiveram coragem de fazer.
O orgulho é uma pedra no caminho do atonement; mas, afirmo eu, a vergonha não é o antídoto para esse orgulho. O que se faz necessário é uma reparação. O agressor tem de tomar consciência de que o que ele fez ou está fazendo é errado; mas, ao mesmo tempo, é preciso ajudá-lo a ver que ele pode fazer as reparações necessárias para chegar ao atonement. Um caso muitíssimo dramático (que eu saiba, não é histórico, embora certamente seja característico), é uma daquelas cenas finais do filme *Gandhi*, quando o Mahatma diz a um indiano esmagado pela culpa por haver matado uma criança muçulmana em vingança pelo assassinato do próprio filho: "Conheço o caminho que leva para fora do inferno", isto é, adotar uma criança órfã mais ou menos da mesma idade do seu filho, "mas verifique se é realmente uma criança muçulmana e que você a crie como tal."
Para uma proposta desse tipo dar certo, temos de ser capazes de ver um torturador como alguém que realizou uma tortura, e não como "um torturador" – isto é, a tortura tem de ser algo que ele *fez* – não algo que ele é. Quem quer que deseje ajudar os Estados Unidos ou qualquer nação ou indivíduo a se livrar de seu passado criminoso sempre tem de saber disso. Como Ted Nordhaus e Michael Schellenberg afirmaram recentemente,[6] hoje os norte-americanos em geral estão tão saturados de sombra e destruição – a ameaça crescente do terrorismo, a mudança climática global, economias em colapso – que mais provas de sua culpa só vão arrastá-los com mais força ainda para o tipo de negação que tornou George H.W. Bush tão popular – uma negação que leva a contra-acusações e outras atitudes que exacerbam os conflitos. Tanto mais razão para afirmar que é contraproducente levantar a questão da culpa moral sem mostrar ao mesmo tempo um caminho para a reparação concreta do crime que gerou essa culpa.
Como começamos a ver, por trás da dinâmica do atonement está a questão fundamental de quem julgamos ser. Aqui é relevante o fato de que investigações recentes na área da psicologia e das neurociências confir-

maram de maneira contundente a declaração, feita pelos mais sábios dos seres humanos há milênios, de que, quando fazemos o mal ao outro, fazemos o mal a nós mesmos. O Swami Vivekananda disse que "A civilização ocidental tentou – em vão – encontrar uma razão para o altruísmo. Ei-la: eu sou o meu irmão, e seu sofrimento é meu sofrimento. Não posso feri-lo sem ferir a mim mesmo, nem fazer mal a outras criaturas sem fazer esse mal à minha própria alma."[7] Esta é uma lei da natureza – é o que nos parece agora, e não um sentimento elevado sem contato com a realidade. Marco Iacobini, o neurocientista que trabalhou durante muito tempo com os "neurônios-espelho", declarou o seguinte: "Nós evoluímos para nos conectar profundamente com outros seres humanos." Isso significa, claro, que "mesmo que em geral consideremos o sofrimento uma experiência fundamentalmente privada, nosso cérebro a trata, na verdade, como uma experiência compartilhada com os outros", um fato que levou a psicóloga Rachel Macnair a contribuir com um novo conceito, que ela batizou de estresse traumático induzido pela perpetração (ETIP), o estresse provocado por lesar alguém em qualquer situação. O complemento subjetivo do distúrbio de estresse pós-traumático, o ETIP foi encontrado e documentado em um número enorme de soldados, carrascos, agressores responsáveis por violência doméstica e, sim, pessoas que fazem aborto.[8] E não poderia ser de outra forma. Se fosse possível aos seres humanos lesarem outros sem se sentirem lesados eles próprios, nossa regeneração seria impossível.

Portanto, podemos supor que se alguém causou conscientemente um mal a outra pessoa – seja numa briga doméstica, seja por meio da agressão sistemática perpetrada por um saqueador econômico [profissional muito bem pago que arranca trilhões de dólares de países do mundo inteiro, apossando-se do dinheiro do Banco Mundial, da USAID e outras instituições de assistência e o envia para os cofres de megacorporações e para os bolsos de meia dúzia de famílias ricas que controlam os recursos naturais do planeta. Suas ferramentas incluem relatórios financeiros maquiados, fraude eleitoral, suborno, extorsão, sexo e assassinato] ligado ao processo de globalização – isto é, quer a violência tenha sido física, quer tenha sido estrutural –, essa pessoa também está sofrendo e devia ser

além do perdão

abordada com uma intenção de aliviar seu sofrimento, em vez de condená-la. Essa pessoa pode ter ou não consciência de seu sofrimento, e nem sempre cabe a nós fazer com ela adquira essa consciência. Pois, como eu já disse, arrancar a capa protetora da consciência de alguém sem lhe oferecer uma rota de fuga emocional e pragmática não é apenas, em si, um tipo de crueldade; em geral é contraproducente.

Mas, isso dito, é bom lembrar que são necessárias duas pessoas para restaurar uma relação entre elas. Embora seja contraproducente despertar os sentimentos de culpa de um agressor, sem lhe apresentar uma forma concreta de fazer reparações e chegar ao atonement (isto é, assumir a responsabilidade pela agressão, mas sem se identificar com ela), a vítima de uma agressão quer ser ouvida; quer que o seu sofrimento seja reconhecido.

Há muitos anos, participei de uma daquelas primeiras reuniões que levariam à instituição que luta pela construção da paz e que conhecemos hoje como Unarmed Civilian Peacekeeping[9] [Manutenção da paz por civis desarmados]. Mubarak Awad, um homem importante da Primeira Intifada da Palestina – organização não-violenta em sua maior parte – estava presente nessa reunião. Nunca me esquecerei de sua resposta quando lhe perguntamos se queria a nós, representantes internacionais – por perto. "Sim. Não nos digam o que fazer, mas fiquem do nosso lado. Não temos medo de morrer; mas não queremos morrer sozinhos, sem ninguém olhando."

Em nossa sociedade, estamos sendo omissos quando não conseguimos entender essa necessidade. Aquilo que chamamos de "confinamento" no sistema penal judiciário, onde as vítimas ou parentes das vítimas são levados a acreditar que vão sentir prazer com o sofrimento daqueles que lhes fizeram mal, indica um mal-entendido grave a respeito da natureza humana. Em geral, o que as vítimas querem de fato é o reconhecimento de sua dor e *a restauração da relação com quem lhes fez mal.*

Jane Goodall, Frans de Waal e outros declararam que, quando uma fêmea de chipanzé, digamos, foi atacada por um macho, ela segue o agressor, importunando-o até conseguir um gesto qualquer de afeição de sua parte. Ela não quer vingança; quer restaurar a relação.

Da mesma forma, Helena Norbert-Hodge conta que, quando estava em Ladakh, às vezes acontecia um roubo – de um saco de arroz, por exemplo – algo que não era desprezível em meio àquela pobreza. A aldeia toda sabia quem o havia roubado; mas, para surpresa de Norbert-Hodge, ninguém tentava enfrentar o ladrão. O que ela veio a compreender mais tarde é que, num pequeno círculo humano como uma aldeia de Ladakh, você não pode se dar o luxo de alienar outras pessoas com quem você convive e das quais depende. *A relação* é de importância crucial, não a justiça – seja lá o que for isso. Afinal de contas, a palavra atonement deriva de at-one-ment [at one = harmonia, ment = estado de].

Como Gandhi descobriu quando ainda praticava a advocacia na África do Sul, o verdadeiro objetivo do direito é "unir partes que se despedaçaram". Este é um dos motivos pelos quais as vítimas desejam o reconhecimento de sua dor, em lugar da vingança; querem que a realidade de seus sentimentos seja reconhecida para que o outro possa estabelecer uma comunicação genuína com elas.

É extremamente frustrante quando uma sociedade ignora muito completamente esse princípio, inclusive sua aplicação aos agressores. Quando Polly Klaas, de 12 anos, foi sequestrada em sua casa, que ficava na mesma cidade onde eu morava, Petaluma, Califórnia, a nação inteira ficou chocada e empreendeu uma busca rigorosa da menina em toda parte até que seu estuprador e, lamentavelmente, seu assassino, finalmente se apresentou à polícia. Não estou interessado aqui no castigo jurídico a que foi condenado Richard Allen Davis, e sim num incidente menos importante que aconteceu durante a procura frenética de Polly. O dono de uma copiadora de Petaluma havia se apresentado como voluntário para fornecer milhares de cartazes ao pessoal que estava fazendo a busca – e os estava fornecendo – até que alguém desenterrou o fato de que ele próprio havia sido um criminoso sexual. No entanto, era a melhor pessoa a quem se permitir prestar esse serviço à comunidade. Que vantagem haveria em negar a ele a possibilidade de chegar ao atonement?

Por quê, pergunto também, quando o governo alemão perguntou se podia construir um museu da Alemanha moderna perto do Museu do Holocausto em Washington, DC, não lhe foi permitido mostrar que seu povo repudiava seus erros passados? Quem ganha se os alemães continuarem trancados na culpa? Não nos damos conta de que essas barreiras ao atonement, se trazem um pequeno conforto às suas vítimas, só trancam os agressores em sua identidade criminosa, aumentando assim as chances de eles cometerem os mesmos atos de novo?

Em seus estudos a respeito do trauma (que levaram em conta tanto o agressor quanto a vítima), John Wilson e Terence Keane afirmam que "uma empatia ininterrupta, como parte de qualquer modalidade de tratamento, é essencial para facilitar a recuperação pós-traumática."[10] No estudo de acompanhamento de sobreviventes de estupro feito por Ann Wolbert Burgess e Lynda Lytle Holmstrom, "as mulheres que se recuperaram melhor foram aquelas que se tornaram ativistas do movimento anti-estupro."[11] Logicamente – embora eu não tenha encontrado estudos a respeito – no mínimo o mesmo se poderia dizer a respeito dos estupradores – isto é, que ajudar vítimas de crimes semelhantes àquele que a própria pessoa cometeu pode ser uma forma muito potente de reparação. Correm histórias em Petaluma de que aquilo que o dono da copiadora estava tentando fazer era instintivamente a coisa certa.

Um exemplo interessante disso é o caso da adolescente alemã de 14 anos que ficou obcecada pela culpa e pelo horror por si mesma em função do passado nazista de seu país. Por fim, seus pais a mandaram visitar Auschwitz, onde aconteceu o seguinte:

> Ao ver a devastação, comecei a chorar e não conseguia parar. A bondosa guia... abraçou-me e passou delicadamente a mão nos meus cabelos e disse que não era culpa minha, porque os judeus que morreram não sabiam quem eu era, e nem mesmo quem era o meu avô [que havia sido nazista]. Levou um tempo, mas finalmente entendi. O presente que finalmente fez desaparecer a minha vergonha e a minha culpa foi o amor que Marta mostrou por mim. Ela, que era de família judia... conseguiu me amar de verdade. Achei que, se ela conseguiu superar seu ódio pelos alemães, eu também poderia parar de ter horror de mim mesma. Agora trabalho como guia no setor turístico, para poder ser um instrumento de mudança.[12]

Por outro lado, o Governador Arnold Schwarzenegger recusou o perdão a Stanley "Tookie" Williams, que tinha fundado uma quadrilha violenta; enquanto esteve na prisão, Williams escreveu livros para crianças e tornou-se uma voz de peso no sentido de evitar que outros jovens afro-americanos seguissem o seu triste exemplo. O governador pode ter feito algo politicamente vantajoso para ele em termos estratégicos (embora, a longo prazo, acho que nem isso é verdade), mas atraiu a ira do mundo civilizado por se recusar a reconhecer que um criminoso *já* chegara ao atonement. Tudo quanto o governador conseguiu foi enganar o mundo a respeito dos serviços utilíssimos que Williams prestou – e, evidentemente, enviar a mensagem de que o atonement não é possível, o que é uma mentira devastadora. "Nosso Deus é um Deus de vingança"; que heresia mais terrível poderíamos alimentar?

Os quatro princípios do atonement

O que dissemos até agora? Apresentamos vários princípios da dinâmica do atonement:

1. Pensar amoralmente. Abandonar o desejo de vingança e represálias. Quando Deus diz "A vingança é minha" na Bíblia hebraica, fica implícito que só Deus tem a sabedoria e o distanciamento para realizá-la – quando for preciso usá-la – como ferramenta educacional.
2. O objetivo do atonement é aliviar a culpa dos agressores *e* o ressentimento das vítimas.
3. Atonement diz respeito à restauração das relações. Isso é verdade seja qual for a nossa abordagem ao processo de cura – interpessoal, internacional, intrassocial, sendo esta última a base da luta dos ativistas que trabalham em favor da justiça restaurativa, e seu foco é exatamente o trabalho com as relações, em oposição ao trabalho de vingança do sistema atual.
4. A ação, tanto quanto a emoção, precisa fazer parte do processo de cura.

Como revela o Cláudio de Shakespeare:

além do perdão

> "*Perdoar-me o assassinato infame?*"
> *Isso não pode ser, pois ainda estou sob o efeito*
> *daqueles motivos pelos quais matei:*
> *A coroa, minha própria ambição, a rainha.*
> *Será possível alguém ser perdoado e ainda usufruir o seu crime?*

Um exemplo extraordinário aconteceu muito recentemente no sul da Índia, onde um casal que fora ativista sob Gandhi e seu seguidor Vinoba Bhave trabalhou durante muitos anos para conseguir a reparação por um ato terrível: queimar até a morte 44 crianças, mulheres e homens camponeses em 1968, ato cometido por latifundiários irados aos quais os camponeses haviam pedido um aumento de salário. Eis aqui a sua história: [13]

> Em junho, três carros estacionaram na frente da sede da instituição LAFTI [Land for Tillers Freedom's – Terra para a Liberdade dos Lavradores] em Kutur.... As pessoas chegaram com guirlandas de flores, frutas e documentos. Montes de documentos. Estavam aqui para dar de presente a sua terra – *toda ela* – a Krishnammal e ao povo que ela serve, um ato de justiça restaurativa tão surreal que chega a ser quase inacreditável para quem não acompanhou o curso da luta por ele durante essas quatro décadas. Os espancamentos, as prisões, as dificuldades e privações, os dias, meses, anos e décadas de "Sem conflito não há acordo" – o motto de Krishnammal – resultaram agora num ato de contrição e atonement que está praticamente além da imaginação. Claro, os proprietários das terras e seus descendentes não estão prestes a enfrentar a pobreza agora. A maioria deles foi embora para uma das cidades florescentes da Índia, onde muitos deles certamente vão prosperar. Outros foram para os Estados Unidos e outros países fazer fortuna. "Não quero privá-los de nada", diz Krishnammal, "eles também têm casamentos e nascimentos e outras datas suas a comemorar, e devem ter direito a esse privilégio." Mas a terra, o cenário de lutas terribilíssimas, e o compromisso de um grupo muito, muito pequeno de organizadores gandhianos que se iden-

tificavam completamente com a situação do povo, agora pertence ao povo e, especificamente, às mulheres que a cultivam.

Note que os latifundiários chegaram usando guirlandas de flores – um símbolo de veneração –, mas também trouxeram algo mais tangível: os documentos que davam direito a grandes extensões de suas terras, dadas aos lavradores pobres e sem terra da região. O evento enfatiza um ponto final que é absolutamente relevante para a nossa situação: idealmente, o atonement acontece entre o algoz e a vítima, mas é claro que isso nem sempre é possível, principalmente quando o crime em questão é assassinato. O atonement ainda é necessário, e é possível por meio de reparação à família das vítimas, como no caso do pedido de desculpas oficial e proposta de reparação do Presidente Ronald Reagan aos nipo-americanos presos durante a Segunda Guerra Mundial, ou no caso de famílias de qualquer vítima que tenha sido lesada. Assim como no caso de Charles Freer Andrews, com o qual começamos, a pessoa que está em busca de atonement não precisa ser diretamente responsável pelo crime – ela pode representar o responsável ou estar disposta a assumir ela mesma a responsabilidade. Fazer o bem alivia a carga pesada de ter feito o mal. Andrews não foi a pessoa que prejudicou aquele funcionário público indiano, mas foi quem o curou.

O que fazer?

Minha amiga Marianne Wiliamson prega todo domingo à sua congregação unitária que a reparação a ser feita aos descendentes dos escravos africanos é uma coisa boa. Um de seus paroquianos procurou-a e disse: "Sabe, eu gosto muito de você e gosto muito da maior parte do que você diz, mas esse negócio de reparação não faz o menor sentido para mim." E Marianne respondeu: "Olha, quando você assume uma empresa, ela tem certos ativos circulantes [parte do ativo de uma empresa representada por dinheiro em caixa e por tudo que possa ser convertido imediatamente em dinheiro, como saldo em conta corrente, títulos de liquidez imediata etc.] e passivos, que são suas dívidas e obrigações, e você assume ambos. Aqui é

mais ou menos a mesma coisa: os Estados Unidos têm muitos ativos, mas esse legado trágico da escravidão é um de seus passivos." Ele entendeu.
Pedir perdão e fazer reparações concretas aos descendentes dos nativos e dos afro-americanos podem muito bem ser duas formas de pôr em movimento nossa redenção necessária, mas eu queria sugerir outra, que pode dar certo para esses e muitos outros erros. Podemos chegar ao atonement eliminando a atitude de desconsideração, para não falar de desumanização, em nosso coração e na nossa cabeça, que permitiu que esses crimes acontecessem.
Escrevo essas linhas na Nicarágua, onde estou visitando a minha família. Quando assistimos a previsão do tempo na TV – e mais ainda o noticiário – sempre fico pasmo ao ver que os nicaraguenses pensam que são parte do mundo. Estão tão interessados no tempo que vai fazer no Lago Ontário, no Canadá, quanto naquele do Lago de Manágua; estão tão interessados nos tumultos do Cairo quanto em León.

Conclusão

Estou disposto a aceitar que a América (do Norte) tem um papel especial a representar no mundo e é por isso que escrevi este ensaio. Mas só podemos desempenhar este papel se "especial" não for sinônimo de "separado". Qualquer que seja a "exceção" que desfrutamos, ela não nos exime dos ativos e passivos de ser humano. Barack Obama chegou à presidência – felizmente – graças a propostas de "mudança". Mas, com respeito a essa importante questão da *atitude*, da autodefinição, até agora a mudança não foi muito profunda. Um exemplo: embora tenha dado mais fundos à educação do que o seu predecessor ignorante, as razões que alegou para fazer isso são parte daquele velho paradigma desgastado que diz: "Se vamos vencer os outros numa competição, temos de nos educar mais." Não é para isso que serve a educação. Não é para isso que serve a vida.
Até agora pensei em crimes sistemáticos de um passado relativamente remoto, mas não posso concluir sem considerar um crime hediondo que está praticamente embaixo do nosso nariz, pois foi cometido muito mais recentemente. Na verdade, ele continua sendo cometido em certos luga-

res, e espero que tenha se tornado uma questão muito acalorada – se não for uma questão resolvida – quando este livro for publicado.

Sem querer dourar a pílula: os Estados Unidos adotaram a tortura como política oficial sancionada pelo governo mais poderoso da face da terra. "Não há como progredir", escreve David Cole no *New York Review of Books*, "a não ser que estejamos dispostos a assumir a responsabilidade pelos erros que cometemos no passado.... Talvez muitos dos fatos já sejam do nosso conhecimento, mas sem um ajuste de contas com o responsável pela tortura e pelo tratamento cruel, desumano e degradante – nosso governo federal – a recuperação e a cura não podem começar."[14]

Concordo em número, gênero e grau. Mas, como o próprio Cole sugere, esse ajuste de contas seria apenas o começo essencial. Além disso, a reparação precisa envolver algum tipo de indenização pelo que fizemos – sendo "nós" pouco menos da metade da população eleitoral que votou no governo de George W. Bush, e a maioria que o deixou assumir o cargo e fazer seu trabalho sujo em nosso nome. A recuperação e a cura têm de incluir um exame profundo da cultura norte-americana oficial, precisa incluir uma mudança sincera de atitude em relação aos outros e ao nosso papel no mundo com eles.

Existem muitas provas de que essa mudança profunda seria aceita, com gratidão e elegância, por nossos semelhantes, os outros habitantes do planeta – em alguns casos, mesmo aqueles mais intransigentemente irados conosco. Difícil exagerar a diferença que faria este ato simples de abrir o coração e a cabeça para a realidade dos outros.

Depois da extensa pesquisa feita por sua importante organização que luta pela paz, a TRANSCEND, Johan Galtung, provavelmente o mais ilustre dos pesquisadores da paz que ainda vive, conseguiu definir de forma convincente as verdadeiras necessidades dos dois grandes adversários mundiais, os Estados Unidos e o Oriente Médio. Simples, muito simples mesmo: precisamos de petróleo. Eles precisam de respeito à sua religião. Quanto luto não teríamos nos poupado, para não falar dos iraquianos e outros, se tivéssemos tido a generosidade de lhes dar o que precisam – a generosidade de espírito. Imagine se tivéssemos dado ouvidos, por exemplo, ao apelo de Gandhi ao "estudo reverente de todas as religiões do mundo" por meio de nosso mundo educacional e midiático. Ainda está em tempo.

Notas

1. Defendi um ponto de vista semelhante em *The Search for a Nonviolent Future* (Novato, Calif.: New World Library, 2004), principalmente pp. 166-172.

2. Para meus objetivos aqui, atonement vê a ação do ponto de vista do agressor; a reconciliação diz respeito à mudança na relação entre algoz e vítima. Os indivíduos podem chegar ao atonement independentemente da reação das vítimas (embora eu acredite que, em algum nível, todas as vítimas respondem de algum modo).

3. Elise Boulding, "A New Chance for Human Peaceableness?"

4. Uma mensagem sombria escrita por um preso na parede de sua cela: "Serei tratado como eu tratei, de modo que Deus me ajude!" foi citada em meu livro *Search for a Nonviolent Future*, p. 150.

5. Não que ele não usasse um vocabulário moral; mas, de certo modo, o vocabulário moral não excluiu as realidades científicas daquela época.

6. Ted Nordhaus e Michael Schellenberger, *Break Through: From the Death of Environmentalism to the Politics of Possibility* (Bóston: Houghton Mifflin, 2007).

7. Citação de uma palestra dada em dezembro de 1900 em Los Angeles; ver Marie Louise Burke, *Swami Vivekananda in the West: New Discoveries*, Vol. 3: *The World Teacher* (Mayavati, Índia: Advaita Ashrama, 1985).

8. Ver Rachel Macnair, *Perpetration-Induced Traumatic Stress: The Psychological Consequences of Killing* (Nova York: Authors Choice Press, 2005).

9. Essa forma importante de tentar acabar com as guerras por meio da não-violência desenvolveu-se a partir do *Shanti Sena* ou "exército da paz" de Gandhi e foi conhecida antes como Intervenção Não-Violenta de Terceiros. Nonviolent Peaceforce [Força Não--Violenta da Paz] é quem faz hoje esse trabalho em grande escala.

10. John P. Wilson, "Culture, Trauma, and the Treatment of Post-Traumatic Syndromes: A Global Perspective", em Anthony J. Marsella (org.), *Ethnocultural Perspectives on Disasters and Trauma: Foundations, Issues, and Applications* (Nova York: Springer, 2008), p. 363.

11. "Eles se tornaram conselheiros voluntários em centros de crise provocada por estupro, advogados de vítimas nos tribunais, lobistas que pressionam por reforma legislativa." A.W. Burgess e L.L. Holmstrom, "Adaptative Strategies and Recovery from Rape", *American Journal of Psychiatry*, 1979, *136*, 1278-1282, citação de Judith Herman em *Trauma and Recovery* (Nova York: Basic Books, 1997), p. 73.

12. Laura Bushman, "Stolpersteine", *Berkeley Daily Planet*, 23 de dezembro de 2008, p. 4.

13. Comunicado de David Albert. Krishnammal e Jagannathan ganharam o Prêmio Right Livelihood [Ganha-Pão Certo] em 2008.

14. David Cole, "What to Do About the Torturers", iNew York Review of Books, 15 de janeiro de 2009, p. 24.

4
AT-ONE-MENT
[at-one = comunhão, harmonia; ment = estado de]
A restauração da unidade, ou voltar a ser inteiro

Diane Hennacy Powell

O começo do atonement é a percepção de sua necessidade.
– Lord Byron, (1788-1842)

Neurocientista e psicóloga, Diane Hennacy Powell cultivou com seus clientes uma prática de cura baseada na compaixão; muitos desses clientes são sobreviventes e perpetradores de alguns dos atos mais horríveis de ódio e violência. O maior obstáculo que ela encontra para a recuperação de pessoas profundamente traumatizadas é o desejo instintivo de vingança e represália, em vez de perdão e atonement, e é este desejo reflexivo que precisa ser superado. A recuperação dessas pessoas, como ela explica aqui, depende da "força do espírito humano", bem como da capacidade de empatia e compaixão. Para ela, a tarefa é, na verdade, mudar a "visão de mundo" dessas pessoas, ajudar seus clientes a chegar a um "lugar de paz" depois do trauma por conseguirem entender que ações de atonement – medidas de reparação – podem ativar um processo de cura verdadeiramente duradoura. Quando atos terríveis são cometidos por políticos ou por criminosos de guerra, o mais necessário para a cura é o atonement, "pedir perdão e fazer algo significativo que expresse o arrependimento." Seu trabalho é testemunho da resiliência do espírito humano.

O atonement requer um pedido de perdão e um ato significativo que expresse o arrependimento do culpado. Embora algumas religiões aconselhem seus adeptos a pedir o perdão àqueles a quem fizemos mal, muitas outras usam a palavra *atonement* para se referir apenas à reconciliação com Deus. Um exemplo: quando perguntaram ao General Norman Schwartzkopf se havia espaço para o perdão daqueles indivíduos que ajudaram os terroristas do 11 de Setembro, ele respondeu: "Acredito que perdoá-los é função de Deus. Nossa tarefa é apenas facilitar o encontro."

Um dos maiores problemas da humanidade é que as pessoas não querem perdoar. Querem vingança. Há uma falta de reconhecimento generalizada dos benefícios que o perdão pode ter tanto para a nossa saúde quanto para o nosso desenvolvimento espiritual. Por causa dessa atitude, inumeráveis criaturas foram mortas ou lesadas de algum modo. Para acabar com isso, precisamos adotar uma perspectiva que está nas raízes do atonement. O significado mais profundo de atonement está escondido em sua etimologia. *Ment* refere-se a um estado de espírito, de modo que *at-one-ment* designa aquele estado em que nos encontramos "at one" = unos, em comunhão, em harmonia, em paz. O processo de atonement permite que nos tornemos unos, ou inteiros, outra vez. Em outras palavras: quando sentimos vergonha, culpa, raiva, ódio ou mágoa, precisamos ficar em paz conosco mesmos, com os outros e com o que quer que acreditemos ser Deus. Depois que acontecem coisas ruins, o atonement pode erguer o véu que supomos nos separar de Deus ou do divino. Mesmo se não acreditarmos em Deus, podemos nos beneficiar com a reconciliação com os outros e com a própria vida. Por meio do atonement e do perdão, pegamos e colamos os pedaços da nossa vida despedaçada. Não vamos recuperar a inocência, mas podemos conseguir acesso a um nível superior de consciência, e também à consciência dos outros.

A necessidade crescente de atonement

As pessoas falam de atonement há milênios e, no entanto, a necessidade de atonement só fez aumentar. Todo dia, o noticiário tem ao menos uma história horrorosa. Pode ser sobre mais um membro corrupto do

Congresso, um professor que molestou estudantes sexualmente, uma financeira que roubou milhões de dólares do povo, uma celebridade que se envolveu numa briga feia, uma tentativa de assassinato por parte de um cônjuge irado, um motorista de ônibus com a cabeça cheia de metanfetamina, ou atos de violência em nome da paz. A ganância e outras obsessões continuam determinando o comportamento humano – a despeito dos ensinamentos religiosos e da capacidade extremamente evoluída de nosso cérebro de deduzir as consequências potenciais de nossos atos.

Uma das razões dessa discrepância entre o nosso potencial inato de fazer o bem e nossos maus comportamentos é que o mesmo cérebro que nos permite pensar analiticamente também permite o autoengano e a racionalização. Nosso cérebro tornou facílimo desconsiderarmos a necessidade de atonement. É por isso que nossos atos, e os de nossos ancestrais, levaram-nos a este momento crítico da história. Agora é essencial para nós mudar nossa visão de mundo, nosso paradigma. Precisamos deixar de nos considerar separados e reconhecer que somos todos interconectados. Como disse o Chefe Seattle, "Todas as coisas estão ligadas entre si, como o sangue que une uma família. Tudo o que acontece à terra acontece aos filhos da terra. O homem não criou a teia da vida; é apenas um de seus fios. Seja o que for que ele fizer à teia, fará a si mesmo."

Minha experiência de psiquiatra me diz que a maioria das pessoas que fazem terapia não são "doentes mentais", e sim membros da sociedade que têm uma consciência maior dos problemas dessa sociedade e sentem ou manifestam seus sintomas. O lugar onde vi a maior ignorância da necessidade de atonement foi, ironicamente, nos "tribunais de justiça". Na minha condição de especialista em psicologia, dou depoimentos nos processos de pacientes que foram agredidos física ou sexualmente e engoli em seco muitas vezes ao ver os criminosos mentirem sob juramento, ou quando seus advogados encontraram brechas na lei que lhes possibilitaram livrar o cliente da prisão mesmo sabendo que ele era culpado.

Cheguei à conclusão de que muita gente acredita nas próprias mentiras e racionalizações, ou está convencida que pode simplesmente fazer desaparecer algo em que se recusa a acreditar. E, em geral, os sobreviventes de um crime não querem perdoar porque acham que, com isso, deixariam os perpetradores impunes pelo que fizeram. Ao se apegar a esses sentimentos de ódio, os sobreviventes perpetuam o próprio sofrimento. Chegar a perceber isso é, em geral, seu primeiro passo rumo ao perdão.

Outro passo é considerar o quadro mais amplo, o que pode incluir o entendimento dos motivos que levaram as pessoas a cometer atos lesivos. Os perpetradores podem ter sido coagidos por seu governo; podem ter agido sem estar em seu juízo perfeito, ou sob a influência de drogas, ou estado presos num círculo vicioso de vingança. Por exemplo: os filhos de pais alcoólatras que lhes infligiram maus tratos chegam muitas vezes à conclusão de que esses pais deram o melhor de si.

Até agora, discutimos principalmente o perdão. Mas como ir além do perdão e tornar-se inteiro de novo? O que constitui um ato de atonement? Em geral, as pessoas querem a oportunidade de se encontrar frente à frente com seus agressores. Querem sentir que foram ouvidas e receberem um pedido sincero de desculpas. A maioria nunca tem essa chance. Mais importante ainda: mesmo quando conseguem o que querem, só isso não costuma ser suficiente para elas se sentirem inteiras de novo. É por isso que o atonement requer uma mudança de visão de mundo.

O poder da compaixão

Uma mudança de visão de mundo foi particularmente necessária para aqueles pacientes meus que sofreram o pior trauma imaginável. Tratei de alguns dos Meninos Perdidos do Sudão, que os especialistas consideram as crianças mais gravemente traumatizadas pela guerra com quem já tiveram contato. Aproximadamente 27 mil garotos foram desalojados ou ficaram órfãos durante a Segunda Guerra Civil Sudanesa (1983-2005), quando cerca de dois milhões de pessoas foram mortas. Suas jornadas épicas duraram anos. Esses meninos cruzaram fronteiras nacionais a pé, rumo aos campos de refugiados da Etiópia e do Quênia. Muitos morreram no caminho; outros sobreviveram à sede, à fome, aos animais selvagens, aos insetos, às doenças e a uma das guerras mais sangrentas do século XX.

Outro grupo de pacientes meus sobreviveram a genocídios maciços em Ruanda e Burundi, onde mais de um milhão de pessoas foram assassinadas. Também participei da recuperação de mulheres cujas atividades em favor dos direitos humanos em países islâmicos levaram-nas à prisão, onde foram estupradas e torturadas mental ou fisicamente por funcionários do governo. Entre meus outros clientes gravemente traumatizados há sobreviventes de incesto cometido sob a mira de um revólver e soldados iranianos torturados por Saddam Hussein.

Como é que meus clientes chegaram a um lugar de paz depois de terem sofrido estupro, ou de seus filhos terem sido assassinados, ou depois da traição de alguém em quem confiavam profundamente? Alguns foram obrigados a cometer atos de violência contra outras pessoas, de modo que também foram atormentados por uma consciência culpada. Pode parecer inconcebível que esses sobreviventes pudessem algum dia superar seus sentimentos de ódio, revolta, mágoa, tristeza e desespero. O caso mais extremo foi o dos Meninos Perdidos, cujas provações começaram quando eram muito pequenos e duraram a maior parte de sua vida. No entanto, a maioria dos meus clientes conseguiu se recuperar, o que se deveu em grande parte à força do espírito humano, mas também é uma manifestação do poder da compaixão e da conexão profunda.

Às vezes menciono as histórias dos meus pacientes (preservando sua identidade) a pessoas que se sentem desesperançadas em relação à sua capacidade de superar o que lhes aconteceu, pois essas histórias mostram que até os mais gravemente traumatizados podem chegar a perdoar os outros e até mesmo a ir além do perdão. Podem chegar a um estado onde não se sentem mais em conflito consigo mesmas, com os outros, com o seu passado. Parte da recuperação deriva do reconhecimento de que o sofrimento faz parte da condição humana, como diz o budismo. Muitas vezes, o sofrimento traz consigo um desmoronamento, a totalidade é destruída – uma destruição do que é vital e sagrado na vida de alguém. Portanto, não é mera coincidência que as palavras inglesas *health [saúde]*, *heal [curar]*, *whole [inteiro]* e *holy [sagrado]* derivem todas do termo *hál* do inglês arcaico. A recuperação e a cura são processos que levam a pessoa a se tornar inteira de novo.

Muitos de meus clientes ficaram visivelmente melhores depois de uma única sessão. Perguntei a eles o que foi que mais os ajudou. Todos deram basicamente a mesma resposta. Viram nos meus olhos que poderiam me contar a sua história sem sentir necessidade de me proteger. Detectaram minha compaixão e sentiram que eu compreendia o seu sofrimento num nível pessoal. Em vez de recuar diante de seu sofrimento, eu participava dele voluntariamente. Deixavam de se sentir sozinhos, o que os ajudou a liberar uma parte da sua dor. Ficaram agradecidos pelo fato de que, em vez de sentir pena deles, eu reconhecia a sua força. A cura vem da conexão, que pode ser estabelecida por meio da linguagem persuasiva dos nossos olhos.

Aqueles clientes meus que tiveram menos dificuldade para chegar ao perdão foram aqueles que tinham um sistema de crenças religiosas profundas onde o perdão desempenhava um papel importante. Por sorte, isso vale para todos os grandes ensinamentos espirituais, inclusive o Islã. Muitos de meus clientes que sofreram tortura por motivos políticos eram muçulmanos e, embora a mídia os apresente como pessoas violentas, seus ensinamentos espirituais ensinam que é melhor perdoar do que atacar outra pessoa. Afirmam que o verdadeiro muçulmano é aquele que evita grandes pecados e grandes vícios e que conseguem perdoar quando sofre uma agressão.

Mas, em geral, saber como é bom perdoar não basta. Numa pesquisa de opinião do Instituto Gallup, feita em 1988 entre os norte-americanos, 9% disseram que era importante perdoar, mas 85% afirmaram que precisariam de ajuda externa para conseguir perdoar. Para muitos de meus clientes, as experiências espirituais tiveram um papel importante. Muitos deles estiveram muitíssimo perto da morte e, durante esses momentos, tiveram experiências místicas ou espirituais. Os estados místicos de consciência são tão poderosos que chegam a transformar toda uma vida. Incluem – universalmente – a sensação de que não estamos separados do resto do mundo físico, nem dos outros seres que aqui habitam. As palavras *eu, para mim* e *meu* deixam de fazer sentido. Nossa percepção do tempo é substituída por uma sensação de eternidade. Outro elemento importante desse estado é a convicção de que a "verdadeira realidade" foi vista sem seus véus; que a separação é a verdadeira ilusão. Tive condições de confirmar a realidade dessas experiências e beber nelas para ajudar meus clientes a se sentirem inteiros de novo.

além do perdão

O zen e a arte do atonement

Seguidores das tradições orientais que meditam regularmente alcançam esses estados místicos de consciência em que tudo parece unificado e não há polaridades. E, se não há polaridades, não pode haver algo como "nós contra eles". Essa perspectiva da realidade não tem mais uma visão limitada de causa e efeito, de modo que "pagar na mesma moeda" parece absurdo. Não é possível vingar-se sem fazer mal a si mesmo.

Prayaschitta é o termo sânscrito que designa "penitência". Tanto *prayaschitta* quanto pedir perdão constituem grande parte da prática do hinduísmo. São atos cotidianos que derivam da crença hindu na lei do carma. O significado literal de *carma* é "feito" ou "ato"; mas, em geral, carma é usado num sentido mais amplo para se referir a um princípio universal de causa e efeito que governa a totalidade da vida. O carma é a soma de tudo o que um indivíduo fez, está fazendo no momento e vai fazer no futuro. Os atos de uma pessoa e suas consequências criam ativamente experiências presentes e futuras e, desse modo, tornam a pessoa responsável pela própria vida e pelo sofrimento causado aos outros."

O budismo reconhece que os sentimentos de ódio e má vontade são autodestrutivos e têm suas próprias consequências cármicas. O perdão é uma prática essencial que os budistas cultivam para evitar que os maus pensamentos causem dano a seu bem-estar mental. O budismo encoraja o cultivo de pensamentos positivos e a meditação sobre a lei do carma. Por meio dessas práticas, a pessoa dá-se conta de que a melhor reação possível ao mal que lhe causaram não é buscar a vingança, e sim a prática de uma bondade amorosa e do perdão. Os budistas consideram os perpetradores do mal os mais infelizes de todos, porque criaram um carma muito negativo para si mesmos. Este conceito de carma permitiu ao Dalai Lama sentir compaixão pelos chineses, apesar do genocídio maciço dos tibetanos pelo qual foram responsáveis.

Nada disso significa que os budistas nunca alimentam ressentimentos. Quando esses sentimentos surgem, os budistas procuram se livrar deles questionando a realidade de sua causa. Veem esses sentimentos como produtos de sua própria consciência e, por isso, têm condições de eliminá-los. Por meio da meditação, procuram desprender-se de qualquer apego à ideia do mundo ser diferente do que é. Também se dão conta de que, se não perdoarem, vão perpetuar uma identidade baseada no sofrimento. As reinterpretações de carma feitas pelo movimento Nova Era apresentam-no muitas vezes como uma espécie de sorte associada à virtude: se a pessoa realiza atos de bondade ou valiosos espiritualmente, ela merece e pode esperar ter boa sorte; inversamente, se a pessoa pratica o mal, pode esperar má sorte ou desgraças. As pessoas resumem o conceito de carma dizendo que "aquilo que vai é aquilo que volta".

O popular programa de TV norte-americano *My Name Is Earl*, que foi ao ar de 2004 a 2009, mostrava a visão que a Nova Era tem do carma. Earl é uma esponja quando se trata de beber cerveja, é ladrão contumaz de 7-Eleven, um conquistador barato que ganha na loteria – e acaba sendo atropelado enquanto comemorava na rua. O bilhete sai voando e ele volta à consciência no hospital, onde ouve alguém falando de carma num programa de entrevistas da TV. É uma epifania para ele. Ele se dá conta de que coisas ruins acontecem com ele o tempo todo porque ele é ruim. Earl faz uma lista de todas as maldades que se lembra de ter feito aos outros e assume como missão compensá-los de alguma forma. Descobre que isso nunca é tão simples como ele esperava e quase sempre acrescenta mais itens à lista antes de ter conseguido excluir um deles sequer. O programa fazia uma abordagem humorística da questão do atonement, mas também era cheio de lições de vida. O desejo de Earl de fazer o bem deveu-se inicialmente apenas ao desejo de que coisas boas acontecessem na sua vida, como ter de volta o seu bilhete de loteria, coisa que de fato consegue, mas descobre também que a maior recompensa por fazer o bem aos outros está na felicidade que esse bem lhe traz.

Outra interpretação Nova Era de carma pode ser encontrada no Curso em Milagres, um sistema de pensamento metafísico. Ele diz essencialmente que, na verdade, nada há a perdoar; como nunca nos separamos realmente de Deus, nunca perdemos a nossa bondade essencial. Toda criação é um pensamento amoroso e eterno de Deus, mas nós nos vemos separados de Deus – o que é um equívoco. O perdão é acordar para a realidade de que a separação nunca aconteceu. O perdão remove os obstáculos à visão do bem eterno em todos e à nossa unidade básica.

Uma história de atonement

A história de Ammon Hennacy, meu tio-avô, dá um exemplo extraordinário de atonement. Ele foi alguém que acordou para a bondade de todos nós. E isso aconteceu com ele numa época muito parecida com a nossa. Foi um ativista fervoroso que queria "corrigir as coisas" num mundo onde os ricos estavam se aproveitando dos pobres, a corrupção era desenfreada e os Estados Unidos estavam travando guerras que serviam aos interesses dos ricos a expensas do dinheiro do contribuinte e da vida dos jovens.

Ammon fazia parte de uma longa linhagem de quacres. Coerente com a sua criação, foi um manifestante anti-guerra durante a Primeira Guerra Mundial. No entanto, ao contrário da maioria das pessoas de famílias quacres, ele acreditava que certas guerras eram justificáveis. Um exemplo: nossos antepassados fizeram parte da Underground Railroad [Ferrovia Subterrânea –uma rede de rotas clandestinas existentes nos Estados Unidos durante o século XIX, usada para a fuga de escravos africanos] e achava a Guerra Civil totalmente justificável porque era "a guerra para libertar os escravos". A Primeira Guerra Mundial, ao contrário, foi uma guerra associada aos interesses dos industriais ricos e, a seus olhos, era indefensável. Apesar de suas origens pacifistas, Ammon passou a acreditar que era moralmente certo eliminar industriais corruptos, principalmente aqueles que tratavam muito mal os seus operários. Alexander Berkman tornou-se um herói de Ammon por ter tentado matar um industrial famigerado cujos operários explorados mal conseguiam sobreviver, dadas suas condições duríssimas de trabalho e salários de fome.

Ammon acabou conhecendo Berkman e ficando seu amigo na penitenciária de Atlanta. O crime que levou Ammon à prisão foi protestar contra o alistamento militar durante a Primeira Guerra Mundial. Esse protesto foi considerado traição e o igualou a assassinos como Berkman. As condições na prisão eram tão precárias que Ammon liderou uma greve de fome e contrabandeou informações sobre as práticas antiéticas dos guardas a um repórter. Por causa desse vazamento para a imprensa e sua obstinação em não revelar o nome dos indivíduos que o tinham ajudado, fizeram-lhe ameaças de morte e lançaram-no numa solitária por mais de um ano e meio. Durante esse período, ele não teve nada para ler exceto a Bíblia, que leu repetidas vezes, e ficou particularmente cativado com o Sermão da Montanha de Jesus.

O Sermão da Montanha é considerado uma das principais fontes do pacifismo cristão de muitos pensadores religiosos e morais, como Tolstói, Mohandas Gandhi, Dietrich Bonhoeffer e Martin Luther King, Jr. O Sermão levou à conversão de Ammon. Ele se deu conta de que a divindade estava em todos, inclusive nos guardas cujo comportamento execrável ele tinha desprezado. Perdoou-os por suas táticas cruéis e passou o resto da vida como pacifista absoluto que não achava mais que qualquer assassinato fosse justificável. Fez greve de fome e participou de piquetes contra o castigo capitalista, contra a fabricação da bomba atômica, contra todas as guerras que houve durante a sua vida (inclusive a Guerra do Vietnã) e em favor da reforma penitenciária.

Ammon também se recusou a ganhar dinheiro porque não queria pagar impostos que sustentariam uma guerra. Em vez disso, trabalhava em fazendas em troca de casa e comida, viveu com a nação hopi e, por fim, passou a morar num abrigo de sem-tetos de Salt Lake City que ele mesmo fundara e mantinha com doações. Também passou grande parte da vida na prisão por causa de seus protestos antiguerra. Foi acusado muitas vezes de perturbar a paz, ao que ele respondia brincalhonamente: "Não, estou perturbando a guerra." Foi um desses raros indivíduos que viveu de fato o que pregava. Dizia que o caso dele era de "revolução de um único homem" e acreditava que os indivíduos podem fazer uma grande diferença. Sacrificou tudo, inclusive a saúde, pelo seu objetivo de paz e atonement mundiais pelos crimes que via cometidos pelos ricos e poderosos. Fosse o que fosse que lhe acontecesse, ele nunca desistia. Um juiz perguntou-lhe certa vez:

– Hennacy, acredita realmente que pode mudar o mundo?

Ao que ele respondeu:

– Talvez não. Mas pode ter certeza absoluta de que ele também não vai me mudar.

Bem, isso é estar o mais perto possível de ser íntegro, quer dizer, inteiro. Há pouco tempo, a escritora Joan Borysenko declarou: "Um místico enxerga além da ilusão de separação e vê a teia intricada da vida em que todas as coisas são expressão de uma única Totalidade. Você pode lhe dar o nome de Deus, o Tao, o Grande Espírito, o Mistério Infinito, Mãe ou Pai, mas ela só pode ser conhecida como amor."
O principal tema que emerge dessas histórias e reflexões é que atonement e perdão envolvem um *despertar para a nossa unidade* – nossa interconexão – e para o divino dentro de todos nós.

5
pôr uma pedra em cima
rituais e cerimônias de atonement

Kate Dahlstedt

Aquilo de que privou o santuário, reembolsa-o acrescentando o quinto, e o entrega ao sacerdote. Quando o sacerdote tiver feito sobre ele o rito de absolvição por meio do carneiro do sacrifício de reparação, o pecado lhe é perdoado.
– *Levítico 5:16*

Em seu trabalho de psicóloga clínica e codiretora do Soldier's Heart [Coração de Soldado], uma entidade dedicada à recuperação de veteranos de guerra, Kate Dahlstedt especializou-se em luto e perda, depressão, trauma e problemas de relações sociais e trabalha com essas questões há mais de 20 anos. Usa um grande número de abordagens dinâmicas que se baseiam naquilo que é mais significativo na vida de uma pessoa como guia para a recuperação e a cura e cria um ambiente seguro e acolhedor onde as mudanças podem acontecer. Junto com o marido, Ed Tick, ela coordena retiros para veteranos nos quais usa vários rituais e cerimônias para ajudá-los a perdoar a si mesmos e fazer reparações por qualquer violência que tenham perpetrado durante a guerra. Ela descobriu que, para muitos veteranos, por mais impactante e indispensável que seja o perdão, ele não basta para uma reconciliação completa. O que é crucial em seu processo de recuperação é, para eles, realizar um ato concreto de restituição ou restauração, como adotar órfãos ou construir escolas, se quiserem consumar o processo de reconciliação, muitas vezes um processo doloroso.

"Atire a primeira pedra aquele que nunca pecou", dizem que Jesus teria proposto à multidão. Essa passagem é um lembrete de que não é possível ser humano sem praticar o mal. Por acidente ou engano, com intenção deliberada ou inconsciente, é nossa vulnerabilidade de ser humano que às vezes nos leva a fazer o mal. Nem mesmo aqueles de nós que procuram ser moralmente justos conseguem evitar fazer o mal contra outros, contra si mesmo e contra a terra. Essa é a natureza humana.

"Errar é humano, perdoar é divino", lembra-nos Alexander Pope. Muito se escreve hoje sobre o papel importante do perdão e da reconciliação para manter a nossa saúde e bem estar. Alimentar o ódio e a amargura em relação àqueles que nos fizeram mal só infecciona a ferida dentro de nós e provoca um estresse mórbido. Campos de estudo e trabalho inteiros dedicam-se agora à liberdade emocional resultante de saber perdoar. No entanto, raramente exploramos nossa própria necessidade de pedir perdão, de fazer reparações por nossas transgressões contra os outros, ou de procurar oferecer uma compensação. A consequência de evitar nossa própria culpabilidade é que a verdadeira recuperação e paz interior continuam fora do nosso alcance.

A reconciliação só é bem sucedida quando o atonement – a peça que falta – faz parte do processo. Em meu trabalho com militares veteranos, ouvi muitas vezes a queixa de que outras propostas de tratamento do distúrbio de estresse pós-traumático (DEPT) só exploram o sofrimento e o horror de ser testemunha de morte e destruição, mas não o sofrimento de ter matado e destruído outras pessoas. É como se houvesse um tabu cultural que impede a discussão dos efeitos emocionais e espirituais de ter violentado nossas próprias sensibilidades morais, principalmente quando a sociedade em geral é cúmplice dessas violações.

Quando não discutimos o mal com o coração e a alma, e quando não enfrentamos a realidade do que fizemos, continuamos negando e provavelmente vamos repetir nossos atos. Mesmo quando assumimos a responsabilidade pelo que aconteceu, algo mais que um pedido de desculpas é necessário para haver crescimento. Fazer reparações, um sacrifício, ou uma oferenda, isto é, não só pedir desculpas, mas também um ato concreto de reparação faz-se necessário.

Independentemente dos motivos, de circunstâncias atenuantes ou de justificativas externas que possam existir, todos nós (com exceção das personalidades psicopatas) tendem a alimentar as acusações contra si mesmo. Mesmo quando a nossa vida está em jogo, temos um horror instintivo de transgredir o ditame moral de "Não matar". Temos um código moral tão profundamente arraigado que ficamos mortificados ao reconhecer que transgredimos seus ditames. Ficamos angustiados pelo fato de não podermos voltar no tempo e mudar nossas atitudes. É uma ferida da alma. Somos torturados por aquilo que experienciamos como "mancha" com a qual teremos de conviver para sempre.

Muitas religiões procuram limpar e libertar a alma dessa angústia por meio de determinadas cerimônias reservadas para esse propósito. A confissão cristã pode ser vista sob essa luz. Um indivíduo conta ao padre os seus pecados e depois faz uma penitência rezando para aplacar Deus. Outro exemplo é o Dia do Perdão judaico, um dia de autorreflexão honesta a respeito das afrontas que fizemos aos outros e de pedir desculpas às pessoas a quem fizemos algum mal, e não a Deus. Seja como for, a ideia é que você recupera a sua pureza, que você está *at-one-ment* com Deus.

Rituais como esses foram transmitidos de século a século, indício de que o impulso de se purificar, de desfazer o mal que fizemos a nós mesmos e à nossa alma quando lesamos os outros e a terra é um anseio humano de longa data. Mesmo aqueles que não acreditam em Deus têm um desejo internalizado de limpar o quadro-negro, de se libertar da carga de saber que violaram os ditames morais da vida civilizada, de remover a ideia terrível de que, de certo modo, não são exatamente humanos.

No âmago desse anseio está a sensação de que nossas violações morais perturbaram o equilíbrio universal. Sentimo-nos apartados da boa pessoa que queremos ser e ansiamos pela reconexão. Sentimos a alma condenada, danada para todo o sempre pela verdade de ter feito "o mal". Desejamos restaurar nossa bondade, remover a mancha da alma, tornar-nos inteiros e puros de novo. Como não podemos fazer o tempo voltar, nem apagar nossos atos e palavras, nem impedir afrontas, buscamos a redenção.

Hoje, exceto entre os ortodoxos, os rituais ficaram mais parecidos com costumes do que com ritos sérios e significativos. A psicoterapia e o aconselhamento tornaram-se espaços de reflexão; mas, em geral, só tratam do que fizeram conosco, e não daquilo que fizemos aos outros. Em geral, a espiritualidade e as preocupações éticas e morais ficam fora do processo. Quando a ferida da alma não é tratada, não há condições de haver uma cura verdadeira.

O atonement requer aceitar ser quem somos e tudo quanto nos aconteceu como destino. Significa abrir mão da fantasia e do desejo de que os eventos do passado poderiam ter sido diferentes. Requer o anseio de fazer reparações e disposição para agir, para fazer algo mais além de palavras sinceras. Significa fazer algo concreto que vai reequilibrar a balança; criar, em contraste com destruir. Necessita, enfim, de um ato de compensação. Quando estamos focados na nossa culpa, ficamos, em essência, atolados na nossa própria ferida. O movimento para além da culpa e da vergonha requer uma conexão com algo fora do eu, algo que dê forma e significado a tudo pelo que passamos. Essa conexão é basicamente espiritual. Ela nos põe cara a cara com algo maior que a nossa vida individual.

O ritual é o conduíte.

Quando realizada de maneira significativa, uma cerimônia de atonement pode oferecer o necessário para transcender o eu comum e reconectar-nos com o eu maior. Cerimônia é o que *fazemos* com símbolos e metáforas; cerimônia é a estrutura concreta que usamos. Prepara o terreno para a *experiência do ritual*, que é aquilo que acontece dentro de nós. Ativa as forças que queremos em nossa vida. O ritual é um rito de passagem. Transforma a gente. Quando criamos uma cerimônia ritual de atonement, estamos equilibrando a balança; estamos dando sentido ao mal que causamos. Mudamos nossos atos e fazemos reparações. O ritual é o catalisador; a força diretriz, o ímpeto. É o ponto de transição para uma nova identidade, uma identidade que não inclui mais a vergonha e a dor no peito que a culpa traz consigo.

além do perdão

A comunidade é o contêiner de uma cerimônia ritual de atonement. Ela oferece segurança bastante para possibilitar a liberdade e a permissão de contar a própria história honesta e abertamente. A comunidade tem a função de testemunha, assumindo a história como parte do legado e do destino que tem em comum com o protagonista da cerimônia, e reconhecendo que houve uma mudança. Depois a comunidade confere uma identidade ou uma relação nova ou renovada que não carrega mais uma vergonha. Nesse espaço, o verdadeiro perdão pode ser dado e recebido. Os indivíduos estão "at one" – em harmonia, em comunhão – consigo mesmos e com a comunidade.

Para terem eficácia, as cerimônias de atonement ritual precisam dispor de símbolos e metáforas que tenham significado para indivíduo e para o grupo. Estar investido do significado que se encontra por trás das atividades cerimoniais permite a experiência da mudança e uma nova percepção de si e dos outros. O uso de objetos ou costumes tradicionais aprofunda mais ainda a experiência quando ela conecta os participantes à sua história, a seus ancestrais e à sua cultura; e confere mais autoridade e reverência ao acontecimento.

Um ingrediente essencial das cerimônias de atonement e perdão é *contar histórias*. Lembro-me de um provérbio africano: "Meu inimigo é alguém cuja história ainda desconheço." Nesse sentido, a reconciliação acontece quando há um entendimento da experiência humana de uma pessoa em busca de atonement. Conseguimos perdoar e até mesmo sentir compaixão e empatia por aqueles que nos feriram. Mas, antes, temos de conhecer a sua história. Depois temos condições de encontrar os aspectos humanos e universais que tocam as cordas do nosso coração. Contar histórias permite-nos apresentar a nossa verdade, fazer uma confissão de nossa humanidade, mesmo diante de atos hediondos. As palavras são um instrumento eficientíssimo de cura. Contar a nossa história – e em alto e bom som – permite que a gente comece a aceitar a si mesmo.

Reparação é outro ingrediente essencial da cerimônia de atonement. Fazer algum tipo de sacrifício, um gesto metafórico, procurar restituir, ainda que só em miniatura, aquilo que se perdeu. A reparação dá ao indivíduo a oportunidade de gerar sentido a partir da ofensa original quando a pessoa se oferece para fazer algo que não teria feito em outras circunstâncias. Permite às pessoas darem se tiraram alguma coisa, criarem se destruíram. Reequilibrar dessa forma os pratos da balança universal tem um imenso poder curativo.

No entanto, em lugar de considerar as cerimônias de atonement do ponto de vista intelectual, ou do ponto de vista religioso ou filosófico, incorporei-as a meu trabalho, principalmente com veteranos e outros para quem ter feito o mal é uma ferida aberta.

Cerimônias tradicionais de atonement

Enquanto as culturas ocidentais têm veículos muito limitados para o atonement ritual, as sociedades tribais têm tradições e cerimônias de longa data para tratar dessas questões. Um exemplo disso pode ser encontrado no documentário *Breaking Bows and Arrows: A Search for Reconciliation and Forgiveness*.[1] Ele explora o uso do perdão cerimonial em Bougainville, uma ilha que hoje faz parte de Papua Nova Guiné.

Quando a mineração australiana do cobre teve início na ilha durante a década de 1960, os proprietários de terras ganharam muito pouco e o meio ambiente sofreu uma degradação violenta. As pessoas revoltaram-se, mas foram reprimidas pela Força de Defesa de Papua-Nova Guiné. Quando esta conquistou sua independência em 1975, muitos habitantes de Bougainville queriam a secessão e continuaram lutando contra as forças do governo. A reação do governo foi oferecer incentivos fiscais àqueles bougainvillianos que quisessem resistir aos rebeldes e foi assim que ele pôs familiares e amigos uns contra os outros numa guerra civil brutal. Também impôs um bloqueio que deixou o povo de Bougainville sem alimentos importados, comunicações e suprimentos médicos. Entre 15 e 20 mil pessoas morreram e a infraestrutura da ilha foi praticamente destruída.

Em 1998 foi declarado o cessar-fogo, mas as tensões continuaram grandes. Clãs, comunidades e famílias tinham sido amargamente divididas. Mas também havia muito pesar e remorso pela violência e derramamento de sangue, e as pessoas ansiavam pela paz. A única maneira de reconstruir

além do perdão

e restabelecer a unidade era através de uma cerimônia de reconciliação. Depois de três anos de conversas sobre o que aconteceu durante o que chamavam de "a crise" e de discussões sobre a melhor forma de chegar à reconciliação, membros de ambos os lados do conflito chegaram juntos a Hahon, no litoral noroeste da ilha, para realizar uma cerimônia. As pessoas viviam da terra em circunstâncias modestas. Muitas não tinham instrução e a maior parte vivia no que chamaríamos de pobreza. Apesar disso, conseguiam se lembrar de uma época em que estavam em paz, quando eram uma comunidade coesa de familiares e amigos e membros dos clãs. Ansiavam por aqueles dias e queriam corrigir as coisas uns com os outros, romper as barreiras entre eles e reacender a chama de suas antigas relações sociais.

Enquanto faziam os preparativos para esse dia importante, as atitudes negativas mais recentes de uns com os outros começaram a mudar. Todos eles viveram os mesmos sacrifícios e horrores, e agora precisam carregar essa história juntos com amor e respeito. Alimentos especiais foram colhidos e preparados em fogueiras a céu aberto. Grandes flores perfumadas foram oferecidas como substitutas dos pensamentos negativos que as pessoas andaram alimentando umas contra as outras. Quando o dia chegou, uma roupa especial, usada tradicionalmente para as pessoas fazerem reparações, foi envergada.

Começaram formando duas filas e apontando as flechas uns contra os outros como símbolo do que aconteceu entre eles. Depois cada grupo finge remar na direção um do outro para a reunião. Através de uma plataforma de metal, os antigos inimigos trocam pinangues, as nozes da palmeira areca, um gesto tradicional que simboliza a paz. Depois passam um porco, pronto para o forno, de um lado da plataforma para o outro, e depois o trazem de volta. Depois que a paz foi declarada dessa forma, os ex-combatentes pedem desculpas uns aos outros e trocam um aperto de mãos. Quebram seus arcos e flechas e jogam-nos numa pilha. Juntos colocam as mãos em cima de uma grande pedra cerimonial, um memorial do pacto de paz e um lembrete de que a guerra terminou. Depois de a colocarem juntos no chão, jogam em cima dela as suas armas quebradas. Para essas pessoas, o ritual tornou o acordo irrevogável. Ninguém ousaria transgredi-lo.

Um dos ex-combatentes, Frances Boisibere, matou um dos chefes de clã durante a guerra e enterrou seus restos mortais. A mulher do chefe estava grávida e tinha vários outros filhos. Cheio de remorso pelo que tinha feito, e para aliviar a escuridão pesada do seu peito, Frances pede uma cerimônia de atonement pessoal. Ele e outros ex-combatentes com os quais havia lutado construíram cuidadosamente um caixão e cobriram-no com um pano que eles mesmos escolheram. Criam algo belo para reparar um ato de destruição violenta.

Levaram o caixão ao matagal até o lugar onde o chefe estava enterrado e cavaram até chegarem aos ossos. Cada um deles é retirado da terra, lavado e enxugado com o maior cuidado, e depois posto no caixão. Frances entrega-se à experiência. Está triste ao cobrir o caixão. A cada osso que é limpo, ele sente mais profundamente ainda o impacto do que fez, e não consegue conter as lágrimas. Era como se, a cada lágrima, a cada osso limpo, Frances também estivesse sendo purificado e limpo. Com seus movimentos delicados e carinhosos, ele restaurou a sua própria humanidade.

O caixão é levado para a mãe e para a esposa do chefe, onde uma "casa" funerária cerimonial havia sido construída e decorada à moda tradicional. Frances pede perdão à família diante de toda a comunidade e oferece à esposa um presente em dinheiro. Todos eles trocam nozes de areca para abrir-lhes o coração e depois colocam o caixão no seu túmulo definitivo. Embora ainda sintam tristeza por essa perda, estão em paz uns com os outros. Frances chegou ao atonement. Seu coração está leve.

Ritos de atonement

Em nosso trabalho terapêutico com veteranos, meu companheiro e eu criamos rituais intensivos que incluem os veteranos e seus familiares, profissionais de saúde física, psicológica e social, o clero, estudantes e outros membros interessados da comunidade. Durante os três dias que passamos juntos, incorporamos os elementos que são os mais essenciais para curar a experiência de guerra e são semelhantes àqueles que vimos na experiência ritual de Frances.

além do perdão

Em junho de 2009, tivemos o prazer de dirigir um trabalho intensivo desse tipo num retiro aninhado no sopé das Montanhas Berkshire. Começamos com um apelo a nossos eus superiores e depois construímos um altar feito de memorabilias militares e outros objetos especiais. Um por um, os participantes apresentam-se contando ao grupo o significado especial que está por trás daquilo que estão colocando no altar. Dar uns aos outros informações tão pessoais, por mais sucintas que sejam, dá a um grupo de estranhos quase completos uma coesão especial, criando assim a nossa "comunidade" do retiro. Depois nos separamos durante a noite, deixando as palavras e imagens se misturarem a nossos sonhos.

Na manhã seguinte, começamos com uma meditação dirigida que leva os participantes para seu "porto seguro" interno, ao qual podem voltar, se precisarem. Dessa forma, combinada à construção do altar na noite anterior, criamos um contêiner seguro e sagrado para abrigar o trabalho de cura no qual estamos prestes a embarcar.

Nossa tarefa seguinte foi criar um círculo, segurando juntos uma corda que simbolizava a nossa unidade grupal, bem como nossa unidade nacional. Repetindo: estávamos reforçando uma sensação de at-one-ment uns com os outros. Devagar, um por um, destacamos aqueles que foram para a guerra e os tiramos do círculo, pedindo-lhes para se acercarem de nós de uma forma que representava o local da batalha e sua distância de nós. Aqueles que lutaram, mas ficaram do lado do Estado, ficavam no meio, separados do grupo, mas não fora dele.

À medida que a corda começou a afrouxar e a se formarem buracos em nosso círculo, todos começaram a ter uma sensação muito forte de perda. Aqueles que "partiram para a guerra" falaram de seus sentimentos de medo, raiva, isolamento, culpa, inveja e pesar. Estavam batalhando com afinco para se livrar deles, arrastando-se na selva, nos arrozais ou no deserto, enquanto muitos outros estavam em casa, tocando a vida, temendo pelos entes queridos que prestavam serviço militar no exterior ou protestavam contra a guerra.

Muitas das facções mais proeminentes do país estavam representadas neste grupo ilustre e corajoso. Todos tiveram oportunidade de expressar seus sentimentos ao encenar suas histórias pessoais no que diziam respeito à guerra. Esse tipo de exercício é muito impactante; nunca se repete e é muito esclarecedor todas as vezes. O principal ingrediente é o ato de contar uma história num ambiente sacralizado que convida o coração a se abrir e implica que todos nós temos um papel na "História" maior – isto é, somos todos vítimas e algozes de uma forma ou de outra. Gostando ou não, no sentido mais verdadeiro, estamos todos no mesmo barco, tanto os veteranos quanto os civis. Enquanto não reconhecermos essa realidade e enquanto não estendermos a mão uns para os outros, não nos redimiremos como nação.

Para terminar a cerimônia e trazer de volta os nossos veteranos, os civis formaram duas filas para criar um caminho, e tocavam tambores e chocalhos, e cantavam, enquanto um dos civis ia buscar cada veterano, um de cada vez, para ficar entre todos nós. Gritamos os seus nomes e demos as boas vindas a todos eles. Depois fomos almoçar, e cada veterano foi servido por um civil de sua escolha.

À noite, fizemos uma fogueira e trocamos palavras de gratidão por estarmos juntos e fizemos o voto de manter nosso coração aberto. Todos nós alimentamos o fogo lançando-lhe gravetos enquanto fazíamos o voto de soltar de nós algo que não precisávamos mais carregar – amargura, desespero, condição de vítima etc. Algumas pessoas jogaram memorabilia, cartas e fotografias nas chamas. Mais histórias foram vindo à tona enquanto contemplávamos o fogo sob o claro céu noturno, purificando-nos ao mostrar nossas feridas para o resto do grupo. Intimidade e confiança surgiram entre nós enquanto dividíamos lágrimas e risos.

Dedicamos o nosso último dia a contar histórias. Todos os veteranos se revezaram no uso do cetro da palavra, que simbolizava o direito de falar sem ser interrompido. Todos eles contaram ao grupo uma experiência que tiveram em sua vida militar que pesou em sua alma. Contar sua história para essa comunidade, que se constituíra em torno do amor, da confiança e da ausência de juízos de valor, preparou o terreno para eles entenderem e perdoarem a si mesmos e a sentirem à vontade pela primeira vez em muito tempo.

Encerramos o dia com uma cerimônia de perdão da comunidade e o voto de divulgar as histórias uns dos outros. Nossa instituição, a Soldier's

além do perdão

Heart [Coração de Soldado] distribui camisetas com os seguintes dizeres: "Cuidar significa dividir a carga." É assim que acontece a cura.

Nossa última manhã juntos foi um momento para o que chamamos de Votos do Guerreiro. Depois de uma homenagem póstuma e uma cerimônia de bênção, os veteranos do grupo fizeram o juramento de realizar uma coisa que se propuseram fazer como ato de restauração e restituição. O círculo estava fechado. Todos tinham mudado.

Neste dia solene, os veteranos e todos os demais, ao tratarem juntos dos dilemas éticos e morais que a guerra nos impõe inescapavelmente, permitem a todos nós nos recuperarmos de um conflito. Ajudam-nos a chegar a uma perspectiva mais ampla, segundo a qual a guerra nos afeta a todos e precisamos todos nos recuperar dela juntos. Dessa forma, os veteranos recebem as boas vindas ao chegarem em casa e a reintegração se torna possível.

Diz um ensinamento do budismo vietnamita que, quando você fica mal por causa de alguma coisa que fez, a solução é abrir o coração, fazer boas obras e amar a todos. É assim que neutralizamos o carma negativo de nossos atos. Em outras palavras: remediamos nossas transgressões com reparações, dedicando a vida a uma ação proposital em favor da vida que faça o mínimo possível de mal. Talvez seja simples assim. Não é só alguém como Frances ou veteranos militares que precisa desse conselho. Quem entre nós nunca pecou?

Meu trabalho de resgate de veteranos com cerimônias como as que descrevi aqui sempre me deixa assombrada. Sempre acontece alguma coisa imprevisível e bela. Além de todos os detalhes particulares – os fios da tapeçaria – o ritual nunca deixa de criar uma forma e uma tonalidade única e delicada. Ao assistir às transformações que acontecem nas pessoas à medida que os nossos fins de semana se sucedem – a re-união, o at-one-ment – minha esperança de um futuro de paz sempre se renova.

Nota

1. Ellenor Cox e Liz Thompson, *Breaking Bows and Arrows: A Search for Reconciliation and Forgiveness* (Firelight Productions & Tiger Eye Productions, 2001).

6
o passo crucial: perdoar o outro e perdoar a si mesmo

Katharine Dever

Se quiser que os outros sejam felizes, pratique a compaixão; se você quiser ser feliz, pratique a compaixão.
– *Sua Santidade o Dalai Lama*

Em seu ensaio, que fala da Inglaterra e da Austrália, da Amazônia e do Equador, a escritora, palestrante e terapeuta Katharine Dever nos leva da matéria investigativa sobre abuso sexual a reportagens sobre abuso contra a própria terra. Com avidez, ela faz a pergunta difícil: O que é preciso fazer para romper o ciclo de abusos e maus tratos, tanto a nível pessoal quanto coletivo? Sua resposta chega ao âmago deste livro. Para Katharine Dever, a verdadeira reconciliação, tanto a nível pessoal quanto coletivo, exige dois passos cruciais. O primeiro é a vítima dar o seu perdão a quem quer que a tenha lesado, e depois oferecer ao agressor a chance de fazer reparações e restaurar a harmonia. Juntos, esses dois passos dão tanto à vítima quanto ao agressor a oportunidade de "ter sua existência de volta". Este deve ser o nosso foco, diz ela, porque é uma "verdade universal" o fato de estarmos todos ligados uns aos outros – mais ainda: "somos, na verdade, um só".

Alison Redwood mora na North Island da Nova Zelândia numa bela casa perto da praia. Alison tem cabelos bem ruivos na altura dos ombros e um sorriso cálido e convidativo que é revigorante e refrescante. É engraçada e simpática, com um senso de humor maravilhoso. Ela é muitas coisas: mãe, fotógrafa, escritora, supervisora de estagiários, profissional da área de saúde e boa amiga.

Alison também é filha de um pai que abusou dela sexualmente durante a maior parte de sua infância e vida adulta. Tinha oito anos de idade quando os abusos começaram e 20 quando eles finalmente terminaram. Foram precisos outros 17 anos para ela se dar conta realmente do que lhe acontecera durante toda a sua juventude. Os abusos e seu sofrimento aconteceram exatamente naqueles anos que deveriam ser os mais despreocupados de sua vida. Só agora ela entende que sua juventude lhe foi roubada.

Como amiga, olho para Alison e vejo uma mulher alegre, amorosa e realizada. Apesar do que lhe aconteceu, ainda é aberta e generosa. Surpreendo-me perguntando a mim mesma como é que ela conseguiu tanta paz em relação aos abusos do seu passado e, ainda por cima, realizar tanta coisa na sua vida adulta.

Sua coragem me levou a fazer perguntas: Como é que alguém supera a desconfiança, o medo e a ira mutilantes que a pessoa sente por ter sofrido abuso sexual exatamente do homem que devia protegê-la? Como uma adolescente reconcilia seus pensamentos e sentimentos a respeito de sexo e amor depois de uma coisa dessas? Como aquela menininha conseguiu se transformar numa mulher tão dinâmica, amorosa, realizada, engraçada e bem sucedida – apesar de tudo pelo que passou?

Acho que a resposta é, ao mesmo tempo, simples e complexa, elegante e penosa. Ela conseguiu perdoar e depois, corajosamente, conseguiu dar mais um passo crucial. Permitiu a si mesma e ao pai fazerem reparações de uma forma que lhe devolveu a existência.

Quando ela e eu conversamos sobre perdão, ela me disse que não foi nada fácil. Quando suas filhas estavam no ensino médio, ela se deu conta do quanto estava irada; tinha ataques de raiva frequentes e um ódio profundo dentro de si que precisava vir à tona. Por sorte, uma amiga sábia sugeriu a ela que reservasse dez dias para fazer um curso que lhe permitiria liberar toda essa raiva com segurança antes que ela lesasse as filhas. O curso ope-

rou maravilhas, assim como a psicoterapia regular e seu grupo da igreja. Dez anos depois, Alison agora é terapeuta de moças que sofreram abusos sexuais e até de pais que abusaram de filhas e filhos.
Fico ligeiramente surpresa por Alison ver esses atos como uma forma de atonement. É isso que torna essa história tão complexa. Embora Alison tenha sido vítima de abuso sexual, ela reconhece que também fez escolhas pelas quais precisava fazer reparações. Ela diz que "As circunstâncias que vivi quando criança estavam fora do meu controle, mas as escolhas que fiz como mulher adulta não estavam. Dei-me conta de que as ondas que vinham do meu passado estavam tornando mórbido e lesivo o meu comportamento em relação às minhas filhas. Essa percepção me fez querer sair em busca de uma forma de mudar a minha vida e fazer reparações."
Um momento crucial do atonement de Alison aconteceu quando um homem se levantou diante de toda a congregação de sua igreja e admitiu ter abusado sexualmente da sobrinha. Alison procurou este homem depois, em particular, e reconheceu sua coragem. Ele, por sua vez, admitiu para ela estar procurando terapia e perguntou-lhe se conhecia alguém que pudesse ajudá-lo.
Este incidente inspirou Alison tanto em sua vida privada quanto em sua formação e exercício profissional de terapeuta compassiva e experiente que ajudava tanto as vítimas quanto os perpetradores de abusos sexuais.
O que é tão pungente no caso de Alison é que o perpetrador é, ao mesmo tempo, vítima, enquanto a vítima, a própria Alison, tornou-se ela mesma uma perpetradora de violências. Por sorte, Alison deu-se conta desse processo terrível e corrigiu a rota a tempo. Ela admite que, se não tivesse tomado seu caminho pessoal de cura, perdão e atonement, com o apoio da Igreja e da terapia, hoje estaria numa situação muito diferente: no melhor dos casos, à base de remédios para aliviar o sofrimento e, no pior, internada.
Essa história poderia ter sido muito, muito diferente.
O fato de Alison conseguir ter compaixão pelo pai e por outros agressores sexuais é incrível. Ela encontrou uma perspectiva que lhe permitiu vê-lo tanto como algoz quanto como vítima. Quando enfrentou o pai, ficou horrorizada ao saber que ele mesmo havia sido tocado de forma

imprópria durante a infância. Também era uma vítima cheia de cicatrizes. Pior ainda: nunca descobriu uma forma de entender os abusos que havia sofrido e, por isso, tragicamente, ele não só não conseguiu interromper o ciclo de violência, como o transmitiu à própria filha.

Como Alison descobriu depois, mais de 90% dos indivíduos que abusaram sexualmente de alguém também sofreram abusos. Aos poucos ela passou a compreender que as raízes dos abusos intoleráveis por parte do pai contra ela eram resultado dos abusos que ele próprio havia sofrido.

A visão de Alison é que ninguém "nasce mau". Ela não acredita na teoria da "semente ruim" – segundo a qual existem pessoas más que acordam toda manhã pensando a quem fazer o mal naquele dia.

Ela diz: "Ninguém *quer* cometer abuso sexual.... Só que a vida nos coloca em situações complicadas e, por causa disso, as pessoas fazem escolhas erradas... é por isso que o trabalho que fazemos com o perdão e o atonement é tão importante; ele rompe o círculo e permite que algo bom venha disso."

Para Alison, o caminho do atonement foi muito longo, e também um processo inspirado por sua fé cristã. Há pouco tempo, ela me disse: "Minha viagem de atonement e cura subsequente não pode ser separada do poder de Deus atuando em minha vida. Não a fiz só com a minha força. Estendi os braços para Deus e entrei numa relação pessoal com Ele. Graças a essa relação, consegui pedir perdão a Deus por não ter perdoado meu pai antes e, por fim, a mim mesma. A partir daí, pude fazer as correções em mim mesma para encontrar a paz e, finalmente, perdoar o meu pai."

Do meu ponto de vista de terapeuta, Alison só conseguiu romper o ciclo de abuso sexual quando se deu conta de que o apego às violências sofridas machucava a ela e aos outros. Acho que ela conseguiu ir "além do perdão" ao perdoar o pai e depois a si mesma por parte de seu próprio comportamento abusivo quando era criança. Embora o que ela fez não tenha sido tão grave quanto o que fizeram a ela, precisou admitir o acontecido. Depois precisou perdoar a si mesma pelo ódio e pelo medo que ela tinha permitido que controlassem grande parte da sua vida.

Além disso, ela acredita fervorosamente que, quando forjou um vínculo forte com seu Criador, conseguiu também ficar em paz consigo mesma,

além do perdão

corrigir as coisas na sua própria vida e na sua própria família e disseminar aquele amor e aquela paz pela sua comunidade maior através de seu trabalho como terapeuta.

Graças às escolhas que fez e à viagem para além do perdão que empreendeu, Alison conseguiu transmutar o ciclo de abuso num ciclo de compaixão em seu trabalho como terapeuta e psicóloga extraordinária em sua igreja local. Se *não* tivesse rompido o ciclo com suas opções corajosas, seu ódio, seu medo e sua vergonha teriam continuado a controlar sua vida. É dessa maneira que, muitas e muitas vezes, a vítima se transforma em algoz.

Alison podia ter continuado a levar a vida como vítima, mas optou por perdoar o pai, qualquer que fosse a reação dele. Ela se deu conta de que não tinha importância se o pai algum dia admitira para si mesmo o acontecido, ou se livrara dele; só tinha importância o fato de ela ter se libertado completamente, de ter se arrependido de seus pensamentos e atos passados e de ter se proposto a dar os passos necessários ao atonement que poria novamente a sua vida nos eixos, além de ajudar outras pessoas a se recuperarem também.

Depois de perdoar realmente a si mesma e ao pai, Alison deu-se conta de duas coisas cruciais. Em primeiro lugar, teve de enfrentar o pai e dar-lhe a oportunidade de fazer reparações; e, em segundo lugar, ela sabia que teria de falar alto e bom som sobre o que acontecera e fazer de sua vida um exemplo do poder do atonement. Queria que os outros soubessem que é possível levar uma vida plena mesmo depois desse tipo extremo de abuso e maus tratos. Nessa época, seu pai tinha quase 70 anos e ela poderia tê-lo mandado prender, se quisesse. Em vez disso, fez um pedido, que ela sabia ser o que realmente precisava dele. Pode parecer insignificante para alguém que nunca sofreu nas mãos de um opressor, mas o pedido simples de Alison foi ser respeitada pelo pai e que ele lhe falasse com delicadeza. Respeito e bondade eram o que ela precisava do pai para restabelecer a relação com ele. Ele concordou e pediu desculpas por tratá-la mal, mas nunca conseguiu assumir inteiramente o que havia feito. Apesar disso, durante os dois últimos anos de sua vida, tiveram uma relação diferente.

Ele cumpriu a promessa e mudou de atitude, tratando-a com o respeito que lhe faltara durante toda a vida – e, quando olha para trás, ela pensa nisso com gratidão. Concordaram ambos em serem honestos, em expressar os sentimentos. No seu leito de morte, o pai de Alison confiou a Alison, ignorando o filho e a esposa, a administração de seus bens e a realização de seus últimos desejos. Devido à sua relutância em assumir plenamente os seus atos, ela nunca pôde confiar nele de verdade, a ponto de deixá-lo a sós com suas duas filhas. Essa área nunca foi inteiramente reparada entre eles por causa de sua relutância em admitir o que tinha feito. No entanto, a mudança tangível de seu comportamento em relação a Alison foi suficiente para ela saber que ele estava arrependido e que, em algum nível, ele sabia que o que tinha feito era errado. Ele queria o perdão da filha e também reparar o mal feito no passado.

Você está vendo que este é um quadro quase perfeito de atonement de ambos os lados, da vítima e do algoz – quase devido à falta de remorso verdadeiro por parte do pai, o que impossibilitou que ela confiasse nele inteiramente. Ela acha que ele simplesmente não sabia o que fazer, que ele não tinha os instrumentos para aceitar o que havia feito. Essa história confirma a importância dos exemplos de atonement na vida real, pois eles nos oferecem um quadro de referências para seguirmos e lança luz sobre um curso de ação que podemos assumir para redimir nossos erros. Quer sejamos aqueles que perdoam, quer os que são perdoados, temos de reconhecer as três partes crucialmente importantes do processo: perdão, arrependimento e atonement. Se não as reconhecermos, uma ou ambas as partes podem ficar ressentidas com o perdão ou, como no caso de Alison, nunca confiar realmente no outro de novo.

Alison deu uma chance ao pai; disse-lhe que estava perdoado e que o perdão não dependia dele. Ela o estava perdoando por causa dela própria, para recuperar a sua vida. No começo, Alison sentiu desejos de vingança; estava cheia de ódio e traçava planos para matar o pai. Acho impressionante até que ponto o processo de perdão, arrependimento e atonement pelo qual passou levou a própria Alison. Por meio do atonement, explica Alison, "Estou em paz comigo mesma agora... ou tenho uma sensação de paz, e o ódio que um dia alimentou meus pensamentos vingativos e

homicidas cedeu e deixou-me com uma sensação de bem estar. Sei que transformei meu passado em algo benéfico para mim, para a minha família e para outras pessoas da minha comunidade."
Para seguir seu caminho, Alison aprendeu a amar, a perdoar e a aceitar a si mesma; no entanto, o crucial foi ela ser obrigada a agir. Foi libertador para Alison ela ter perdoado; mas o que ela realmente precisava era de algo tangível. Precisava de uma prática que reequilibrasse a sua vida. Depois de reunir a coragem necessária para liberar e livrar-se do desejo de vingança e represálias, ela conseguiu fazer uma coisa que faria justiça à sua jornada e a ajudaria a continuar se recuperando, ao mesmo tempo em que recuperava outras pessoas, entrando para as fileiras do que os antropólogos chamam de "médicos doentes".
Para mim, a analogia ideal é o circuito elétrico. O perdão é o "disjuntor" que faz cessar o fluxo incessante de dor e sofrimento; é como o interruptor que faz cessar uma corrente de eletricidade. Depois que esse interruptor é usado, o atonement pode preparar o caminho para um novo conjunto de circunstâncias que impedem uma repetição e geram paz. O atonement é uma espécie de reforma ou reconstrução do circuito que corrige erros e impede sua recorrência, mas só funciona quando há uma *ação*. O atonement é profundo, ativo e potente em sua tangibilidade; não é apenas uma filosofia, uma teoria ou uma perspectiva, e sim um verbo, uma "palavra que indica ação." É só a ação, a reparação ou o gesto necessário que conserta de fato um erro, e Alison dedicou a vida a ser um exemplo constante e duradouro disso.
Como seres humanos, todos nós cometemos erros. Sem a opção de atonement, ficaríamos paralisados – amarrados pela culpa e pela vergonha. Quando temos uma prática consistente que liga a compaixão pelo eu com o perdão, é possível romper os grilhões do ressentimento, da vergonha e vingança. Quando optamos por um ato consciente e incondicional de reparação do passado, vamos além da ferida, além do erro, e corrigimos as coisas, sejam quais forem. Ninguém está dizendo que isso é fácil, mas é absolutamente necessário se quisermos romper o ciclo e melhorar a situação. É por isso que a compaixão e o perdão são a essência de praticamente todas as religiões do mundo, e a mensagem de todo mestre espiritual que

já caminhou sobre a face da terra, inclusive Jesus, quando ele rezou: "Pai, perdoa-os, pois não sabem o que fazem", quando estava na cruz.

Temos uma opção, tanto a nível coletivo quanto individual. Podemos viver com uma atitude de vingança e ódio, ou com uma atitude de compaixão e perdão. Se optarmos pela primeira, estaremos sempre desunidos e separados; se optarmos pela segunda, ficamos em harmonia. Ficamos em paz com o nosso sofrimento interior e libertamos aqueles que nos fizeram mal, dando-lhes a oportunidade de chegar a seu atonement – e a nós de chegarmos ao nosso.

Do pedido de desculpas ao atonement na Austrália

No dia 13 de fevereiro de 2008, Kevin Rudd, o primeiro-ministro da Austrália, levantou-se e pediu perdão aos aborígenes. Senti-me profundamente inspirada por esse ato, aparentemente um indício promissor de que o processo de reconciliação plena tinha começado.

O primeiro-ministro e seu gabinete reconheceram a necessidade de enfrentar os erros do passado para unir o país e seguirem em frente coletivamente, apesar da resistência de alguns partidos. Ao se deparar com essa resistência, ele contou ao parlamento uma história impactante de uma mulher elegante e maravilhosa de seus 80 anos, chamada Nanna Nungala Fejo. Nanna lembra-se de seus primeiros dias de infância, quando vivia com sua família e sua comunidade na zona rural na periferia de Tennant Creek. Ela se lembra do amor, do calor e da intimidade daqueles dias, como a dança tradicional em volta da fogueira à noite. Ela adorava a dança.

Em algum momento de 1932, quando Nanna tinha uns quatro anos de idade, ela se recorda da chegada dos funcionários do Ministério do Bem Estar da Criança num caminhão, junto com dois homens brancos e um vaqueiro aborígene a cavalo que estalava o chicote para reunir as crianças aborígenes – para "protegê-las". As crianças foram arrebanhadas como gado e amontoadas na traseira do caminhão. Com as lágrimas escorrendo, a mãe de Nanna agarrou-se às laterais do veículo enquanto seus filhos eram levados para o Bangalô [asilo para crianças nativas] de Alice Springs. Alguns anos depois, Nanna também foi separada dos irmãos e da irmã. Nunca mais viu a mãe e ficou sabendo pelo irmão, anos depois, que ela morrera anos antes, uma mulher alquebrada, chorando por causa dos filhos que haviam sido literalmente arrancados dela.

O Primeiro-Ministro Rudd perguntou a essa dama eloquente o que ela gostaria que ele dissesse a respeito de sua história. Diz ele: "Ela pensou por alguns momentos e depois declarou que o que eu devia dizer hoje era que todas as mães são importantes." E acrescentou: "As famílias – mantê-las unidas é muito importante. É uma coisa boa você estar cercado de amor e que o amor seja transmitido de uma geração a outra. É isso que dá felicidade."

O que Rudd achou realmente incrível foi que, quando ia embora, Nanna Fejo chamou de lado um membro de sua equipe para ter certeza de que ele não seria rigoroso demais com o vaqueiro aborígene que havia arrebanhado a ela e as outras crianças naquele passado remoto. Rudd disse: "O vaqueiro tinha reencontrado Nanna de novo décadas depois e, dessa vez, ele próprio disse: 'Perdão.' E o notável, o extraordinário, é que ela o perdoou. Ele termina suas reflexões com as seguintes palavras:

> Esta não é, como diriam alguns, uma visão que os enlutados têm da história; é a pura verdade: a verdade crua e nua, incômoda, exigindo um acerto de contas; [é preciso] enfrentá-la, lidar com ela, afastar-se dela... Enquanto não encararmos essa verdade, sempre haverá uma sombra sobre a nossa cabeça e sobre o nosso futuro de povo completamente unido e inteiramente reconciliado. Está na hora da reconciliação. Está na hora de reconhecer as injustiças do passado. Está na hora de pedir perdão. Está na hora de seguirmos em frente juntos.

As palavras de arrependimento de Rudd foram impactantes, ele repetiu a palavra *perdão* três vezes em seu discurso.

Mas, como a história ensina repetidamente, só palavras não bastam. Um ano depois – exatamente no mesmo dia – a população aborígene protestou no sopé do Morro do Parlamento, declarando que não havia sido feito mais nada que desse substância a essas palavras. Essa é precisamente a questão: um pedido de desculpas pode ser nobre, mas será vazio, incompleto e decepcionante para os que foram lesados se não for acompanhado pela ação.

É verdade que muitos aborígenes exercem funções proeminentes na Austrália hoje em dia, que podem receber uma educação que foi negada a seus antepassados e assumir cargos nos níveis estadual e federal do governo. Mas, infelizmente, só isso não basta; as ações necessárias a um atonement genuíno do mal feito aos aborígenes da Austrália ainda estão por ser realmente propostas ou vistas.

O pedido de desculpas coloca no seu devido lugar a base da recuperação. Mas simples palavras não são suficientes para o povo cujas famílias, comunidades e identidades foram lesadas de maneira irreparável. Sem ação, o pedido de perdão é vazio. Como vimos, sem a mudança de comportamento para lhe dar sustentação, a palavra perde o sentido. Para o atonement ser completo, o algoz precisa não só pedir perdão, não só se arrepender, mas também compensar, a não ser que a parte lesada dispense o procedimento. Essa reparação em geral assume a forma de parar com um tipo de comportamento, que deve ser substituído por outro que seja do desejo da parte lesada.

A verdadeira tragédia parece ser que o ressentimento das comunidades aborígenes só fez aumentar desde que foram testemunhas do pedido de desculpas, pois ele se fez acompanhar por uma falta gritante de prioridades às necessidades dos nativos australianos. Depois de um momento de esperança, ficaram furiosos por não ter havido mais mudanças desde o pedido de desculpas e que Rudd chegou até mesmo a estender a intervenção governamental do gabinete anterior no Território Setentrional (que restringe a forma de gastar o dinheiro fornecido pela previdência estatal) para Queensland.

Pat Turner, ex-diretor executivo da Aboriginal and Torres Strait Islander Comission [Comissão dos Aborígenes e Habitantes Ilhéus do Estreito de Torres], observa: "Você faz coisas simbólicas, é com isso que os governos e a Austrália branca se sentem bem; mas, quando chega a hora de pôr o dinheiro na mesa, nada acontece."

Para mim, esse é um exemplo triste e pungente do poder do atonement que não é usado. O atonement é a peça que está faltando nesse quebra-cabeça; é a ação comprometida, a compensação e a prova do arrependimento, e consegue ir bem longe quando se trata de reparar erros. Acho que é óbvio que dizer "perdão" não basta em certos casos. Quando você examina as fotos dos aborígenes australianos envolvidos nas remoções forçadas, vê as feridas emocionais expressas no rosto dessas famílias, mesmo nas crianças pequenas. É devastador. Hoje em dia, as necessidades das comunidades aborígenes foram jogadas para escanteio. Essas comunidades ainda estão sendo estereotipadas. E, em geral, sua expectativa de vida ainda é de 17 anos menos que a de um homem branco. Em algum momento vai ter de haver um reconhecimento verdadeiro de que isso não basta de jeito nenhum. Rudd e seu governo precisam percorrer a distância necessária para redimir o passado indo além de seu pedido de desculpas e realizando as ações necessárias para o atonement.

A Austrália é um exemplo moderno do quanto a feiúra do passado não fica a dever nada à do presente quando não é reconhecida e nada se faz a respeito. As injustiças não vão desaparecer; estão na memória viva e temos de assumir a responsabilidade pelo que acontece no mundo. Nesse momento da história, com nossos avanços tecnológicos e viagens pelo mundo inteiro, não podemos alegar ignorância. O que afeta um povo numa parte do mundo, afeta toda a família humana. Justiça e igualdade são direitos de todos. Temos de pensar no que sentiríamos se estivéssemos na pele dos outros. É desagradável, mas necessário, levar a sério e a nível pessoal o sofrimento em qualquer parte do mundo. Estes são problemas que não podemos manter à distância.

Os maus tratos a crianças, mães, pais, famílias e meio ambiente estão nos afetando e não há prova mais convincente disso que a destruição das florestas tropicais úmidas. O pedido de atonement à família humana vem do coração da Mãe Terra; logo não haverá onde se esconder dessa realidade. Quanto antes reconhecermos os lugares onde há desarmonia em nosso meio ambiente, tanto antes poderemos começar o trabalho de reparação da destruição que o nosso modo de vida causou. Como na declaração tocante do primeiro-ministro australiano, afirmamos que está na hora de admitir nossos erros coletivos, de admitir as consequências que agora vemos no mundo, descobrir o que precisa ser feito para compensar a destruição, e entrar em ação sem demora. Para compreender isso melhor, vamos viajar para um dos lugares mais remotos da terra, o coração da floresta tropical amazônica, os pulmões do nosso planeta.

Atonement amazônico

Em agosto de 2008, visitei a floresta tropical amazônica do Equador com Bill e Lynne Twist, cofundadores da Pachamama Alliance. Trabalham junto com as tribos nativas da região para preservar e proteger as terras, as comunidades e o modo de vida dos índios. O que experienciei e aprendi nessa viagem afetou-me profundamente. Fiquei chocada ao ver o quanto dessa floresta tropical virgem e intocada foi destruído. Mas, aqui, as crianças brincavam alegremente no rio. Os homens eram fortes e saudáveis, as mulheres cantavam suas músicas doces para nós e permitiram ao nosso grupo assistir cerimônias e rituais antigos. Toda manhã, acordávamos com uma cacofonia de sons, dos grunhidos roucos dos macacos-gritadores em época de acasalamento ao canto incessante das cigarras. Senti-me privilegiada e humilde. Dá para imaginar como é se sentir no meio de cinco milhões de acres de floresta tropical virgem? Os indígenas que viviam lá na época da minha visita são chamados de achuar. Eles têm uma relação com a natureza que muitos de nós esqueceram. A floresta tropical dá aos achuar tudo o que eles precisam para sobreviver: casa, comida, água – e remédios.

Um dia, nosso grupo estava andando na floresta com um indígena chamado Ruben. Ele nos levou até uma árvore. Golpeou a casca com o facão, enrolou uma folha para nos servir de xícara e pegou uma grande gota da seiva vermelha que vertia da ferida. Entregou-nos a xícara e mergulhamos o dedo nela; ele nos mostrou como esfregar a seiva na pele, onde ela se transformou numa substância branca e cremosa. Ruben disse-nos que essa seiva é aplicada em feridas, cortes e mordidas, e que tem muitos outros usos. Enquanto ele compartilhava esses conhecimentos conosco, fiquei impressionada porque, ao mesmo tempo, ele estava fechando a fe-

rida da árvore com um pouquinho de barro que havia pego do chão.
Nada de mais. Ele não chamou a nossa atenção para a maneira respeitosa com que tratou a árvore. No meio da selva amazônica, este homem estava vivendo em harmonia com a natureza. Essas comunidades e indivíduos têm um entendimento sofisticado de seu impacto sobre o meio ambiente e da interconexão de todos os seres vivos. Ruben teve de ferir a árvore para conseguir o bálsamo que curaria os seus machucados; mas, em troca, não deixou de tratar da ferida da árvore num ato de atonement. Para mim, este é um exemplo modesto, mas tocante, uma lição objetiva da vida no mundo natural como guardião, protetor, pai carinhoso do meio ambiente.
Quando reconhecemos que temos esse papel de guardiães e que somos apenas um único fio na teia da criação, de que maneira os nossos comportamentos mudam? Se pudéssemos ver e sentir o impacto de alguns de nossos atos, de que forma mudaríamos? Poderíamos começar as reparações vivendo em harmonia com a natureza, em vez de lutar contra ela? Não poderíamos procurar servir ativamente a natureza, descobrindo formas de ajudar com medidas compensatórias a impedir danos, preservar a vida ou limpar nossos oceanos e outros ambientes que permitimos que ficassem poluídos embaixo do nosso nariz? Nós, como guardiães, temos uma posição sagrada, uma "responsabilidade", isto é, temos de responder ao planeta por nossos atos. O que precisamos dar em nosso atonement individual e coletivo se quisermos todos sobreviver em harmonia com essa terra?
Essas são as perguntas que temos de fazer para começar o nosso processo de reparação e transformar nossa relação com este planeta que é o nosso lar. A situação dele afeta a todos nós. Um exemplo: todos nós temos um interesse crítico pela saúde da floresta tropical, que é os pulmões da nossa Mãe Terra. E pelos oceanos, que são uma parte crucial do nosso sistema de manutenção da vida. Todos nós, em pequena ou grande escala, consciente ou inconscientemente, lesamos a terra. Acho que isso significa que todos nós estamos sendo chamados a fazer reparações, a adotar novos comportamentos que terão mais harmonia com a Mãe Natureza.

phil cousineau

Da cura às reparações no Equador

No norte do Equador, bilhões de galões de água contaminada por resíduos tóxicos foram deixados para trás pela Chevron Texaco. A floresta tropical dessa parte do Equador não é a floresta que descobri em minha viagem. Mais de 10 bilhões de galões dessa água contaminada por resíduos tóxicos enchem 100 fossas a céu aberto numa área que é três vezes o tamanho de Manhattan. Trinta mil pessoas bebem essa água, que chega a ser 250 vezes mais tóxica que o limite para uma água ser considerada potável. As comunidades indígenas que vivem nesse ambiente envenenado estão sendo devastadas pelo câncer, defeitos congênitos e um aumento de 150% no número de abortos espontâneos desde que as companhias de petróleo se estabeleceram lá. O povo que viveu em paz aqui durante milhares de anos sofre as consequências da destruição por atacado em nome do lucro e do progresso. Se os indígenas que conheci eram guardiães das riquezas da Amazônia, o povo daqui é o "guardião" da contaminação, da doença e da pobreza.

Numa casinha situada nessa área contaminada vive um índio chamado Pablo Fajardo. Pablo cresceu nessa parte do Equador. Quando era apenas um adolescente de 14 anos, foi trabalhar para "a companhia"; logo se deu conta de que o que ela estava fazendo era lesar e envenenar sua comunidade, de modo que ele e seu irmão expressaram suas preocupações. Foram demitidos na mesma hora. Pablo e seu irmão resolveram criar uma instituição para deter as companhias de petróleo. Logo depois, o irmão de Pablo morreu de forma misteriosa, provavelmente assassinado. Reconhecendo que a instrução era crucial para a sua luta, Pablo começou a frequentar as aulas do ensino médio. E formou-se em direito há três anos. Hoje ele é o advogado que está à frente do processo contra a Chevron Texaco. Ele e um grupo de outros advogados estão pedindo uma indenização às gigantes do ramo do petróleo e ao grupo da Chevron Texaco por mais de 200 anos de danos ambientais no valor aproximado de US$ 16 bilhões. Essa gigante norte-americana está sendo chamada a fazer reparações num pequeno tribunal sul-americano por ter despejado

além do perdão

deliberadamente mais de 18 bilhões de galões de água contaminada por resíduos tóxicos na Amazônia equatoriana. Se Pablo e sua equipe vencerem, o processo tem o potencial de se tornar um precedente judiciário que vai beneficiar milhões de pessoas no mundo inteiro – as pessoas que sofrem por viver onde as companhias extraem o petróleo. No Texas, quando o petróleo era extraído, os resíduos eram devolvidos à terra; mas, aqui na floresta amazônica virgem, para economizar alguns dólares por barril, os resíduos do petróleo eram, e ainda são, deixados para trás. Sua negligência lesou a comunidade e a cultura do povo indígena e violentou sua filosofia e sua cosmologia. Não tenho como evitar comparar as ações de Ruben, como fazer um curativo na árvore depois de um pequeno talho na sua casca, com a incapacidade vergonhosa das companhias de petróleo fazerem reparações aos danos que a sua exploração causou.
O que mais me impressiona em tudo isso é que, quando lhe perguntam, Pablo diz que está movendo esse processo pela paz do espírito e da alma dos executivos e funcionários da Chevron Texaco. O povo indígena não esqueceu a verdade universal de quem ele é realmente, de quem somos todos nós, inclusive companhias de petróleo, governos corruptos e saqueadores globais. A maior parte do petróleo da bacia amazônica é usada para satisfazer as nossas necessidades de energia na América do Norte e no resto do chamado mundo desenvolvido. Mas a Amazônia está sofrendo. O problema não é só o petróleo. Os achuar não o veem só como petróleo – eles o veem como o sangue de sua mãe, a força vital de sua terra. Perdemos esse tipo de conexão, ou ela enfraqueceu, para justificar nosso consumo diário; mas, no fundo, sabemos que não podemos continuar desse jeito. Temos de mudar. Temos de fazer reparações. Se vivemos na Europa, nos Estados Unidos, na Austrália ou em qualquer outra nação desenvolvida, temos trabalho a fazer: atonement com a terra.
Atonement não é só um pedido de desculpas. É um processo de reconhecimento e depois compensação pelos danos causados para nos beneficiar, é um sobre-esforço para agir – tomar uma providência, fazer algum tipo de reparação – para corrigir o mal que foi feito. Atonement significa ter humildade e coragem suficientes para reconhecer a nossa parte nos acon-

tecimentos e assumir a responsabilidade por ela de uma forma tangível de modo que todos possam ver e sentir isso.

A superação dos ciclos de abuso e maus tratos

Nosso planeta está à mercê de uma visão de mundo insustentável, segundo a qual muitos de nós estão vivendo inconscientemente. Ao tomar conhecimento da história de Alison e das histórias de povos indígenas, surge um paralelo que nos permite alimentar esperanças em relação à situação em que estamos metidos. Os abusos e maus tratos a que temos submetido a terra podem ser vistos, de certa forma, como semelhantes à filha que sofreu nas mãos do pai abusivo, o indivíduo que deveria amá-la e protegê-la. Podemos nos sentir ameaçados de sucumbir ao olhar para os danos causados, os sofrimentos infligidos e a escala da destruição – e, apesar disso, existe no espírito humano uma faceta que possibilita a mudança, que possibilita corrigir o passado e recuperar-nos. Este é um poder que temos. Nossa capacidade de nos transformar é a prova viva de que nossa existência pode ser um exemplo de atonement – de reparação e de ação inspirada. Quer consideremos a necessidade de atonement em escala pessoal, isto é, em nossa própria vida, quer em escala global no interior de nosso país e lá fora, no exterior, em função de nossas crenças, gênero, raça ou meio ambiente, o que importa é dar às palavras uma base de sustentação com energia e medidas palpáveis. Se agirmos, podemos dar início à reconciliação de que precisamos em nome de nossas relações afetivas, de nossa família, de nosso país e de nosso meio ambiente.

Para conseguir isso, temos de praticar o atonement. Ele é o veículo que podemos usar para nos trazer de volta ao presente, para nos liberar do passado e esquecê-lo, e para restaurar nossa relação com a terra para uma relação de guardiães dela. Talvez nos pareça apavorante mudar nossa maneira de ser e corrigir o nosso modo de vida, mas dá para ver sinais de transformação em toda parte.

Enquanto cidadãos globais, temos de reconhecer urgentemente que aquilo que afeta uma pessoa afeta todas elas. Está mais que na hora de fazermos correções e dar os passos que sabemos que precisamos dar antes de ser tarde demais.

Nosso atonement mais profundo consiste em servir às pessoas que nos rodeiam. Os poderes combinados do atonement e do perdão, juntamente com a compaixão que existe no coração de todos nós, podem superar os problemas críticos do mundo. Não importam as circunstâncias do momento – quer sejam as diferenças entre uma empresa petrolífera gigante e uma comunidade envenenada; entre um governo e seu povo indígena; entre um pai e uma filha – a verdade universal pode ser expressa pelo termo *at-one-ment* – estado de comunhão, de harmonia. Não estamos apenas conectados; na verdade, somos um só.

As palavras de Lila Watson, uma aborígene australiana, esclarecem a natureza dessa unidade: "Se você veio me ajudar, está perdendo o seu tempo; mas, se veio porque a sua liberação está ligada à minha, então vamos trabalhar juntos."

Nota
A autora agradece a Alison Redwood, a Olivia Boyce Abel, à Pachamama Alliance e à tribo achuar por sua contribuição para este ensaio.

7
os doze passos para chegar ao atonement

Autor anônimo

AA não é uma história de sucesso no sentido comum do termo. É uma história de sofrimento transmutado – pela graça – em progresso espiritual.
– *Bill Wilson, cofundador da Alcoólicos Anônimos*

Quando me pediram para escrever sobre minha experiência com o método de doze passos para chegar ao atonement, fiquei surpreso ao descobrir que nove dos doze passos tratam direta ou indiretamente do atonement, o ato de fazer reparações pelo mal causado a nós ou aos outros. Aprendi esse método em função de minhas atividades na Alcoólicos Anônimos (AA). Neste ensaio, vou me referir à filosofia dos doze passos em termos mais gerais porque, hoje em dia, muitas instituições usam esses passos.
Em primeiro lugar, no meu círculo raramente pensamos estar fazendo atonement, porque, para os membros ativos, o atonement é uma parte absolutamente natural de nossa vida. É como se fôssemos peixes a quem disseram que nadam no oceano e só então tivemos condições de descobrir que estamos nadando na água. O atonement é uma parte tão fundamental da nossa vida que raramente pensamos nele. Nem sequer usamos a palavra, provavelmente porque a própria palavra pode criar uma barreira para a compreensão da essência subjacente ao atonement.

Eu diria que a última coisa que procuramos ao usar o programa de doze passos é consciência espiritual e formas de reparar os nossos erros.

Como acontece em qualquer linha espiritual, aqueles que aplicam os métodos dos doze passos provavelmente não conseguem transmitir toda a essência da nossa tradição em "forma de pílula", isto é, um resumo. Na verdade, em geral sentimos grande relutância em escrever sobre a metodologia. Acreditamos que, ao fazer isso, corremos o perigo de diluir a mensagem do modo de vida implícito nos doze passos. Em toda e qualquer tradição espiritual, os insights verdadeiros só podem acontecer em função de um acúmulo de experiências repetidas.

O programa de doze passos foi criado em meados da década de 1930 pelos fundadores da instituição Alcoólicos Anônimos e consistia em dois ou três grupos de pouco menos de 100 indivíduos que tinham adaptado princípios de religiões e outras filosofias para suas necessidades específicas. Esses passos foram publicados pela primeira vez em 1939. Penso muito na AA e nos membros de sua família como uma democracia espiritual – porque não há figuras de autoridade e sua filosofia tem condições de evoluir para satisfazer as necessidades de todos os participantes por meio de propostas horizontais. Desde a fundação da AA, muitos grupos, em geral voltados para a recuperação, adaptaram estes mesmos princípios às suas respectivas comunidades. Entre esses grupos temos a Al-Anon (basicamente para amigos e familiares de membros da AA), Overeaters Anonymous [instituição voltada para quem come compulsivamente], Gamblers Anonymous [Jogadores Anônimos] Nicotine Anonymous [Fumantes Anônimos] e muitos outros. Minha experiência de aprendizado não se limitou a uma única instituição. Contribuo para este volume anonimamente em respeito a todas as tradições de doze passos, uma vez que, para todas elas, os princípios vêm antes das personalidades. Meu objetivo é apenas comunicar parte da essência do modo de vida proposto pelos doze passos com um foco especial no atonement.

Nesse método, a primeira conexão específica com o atonement é feita nos Passos 8 e 9, que dizem o seguinte: "8. Faça uma lista de todas as pessoas que você prejudicou e disponha-se a fazer reparações a todas

além do perdão

elas." "9. Faça reparações diretas a essas pessoas sempre que possível, exceto quando isso lhes fizer mal, ou fizer mal a terceiros."
Antes de continuar, preciso falar de alguns insights a respeito dos passos que precedem esses dois, pois os passos anteriores nos preparam para o atonement. Nessa discussão, vou me desviar deliberadamente do jargão dos passos adotados pela AA a fim de esclarecer melhor a questão do atonement para o público em geral, mesmo que isso dilua as declarações originais.
Os três primeiros passos são o que chamo de passos fundamentais para realizar mudanças reais na vida. No Passo 1, reconheço que meu modo de vida atual não está me satisfazendo e que me tornei impotente para alterar alguns (ou muitos) de seus aspectos. Em geral, esse passo de capitulação é uma experiência angustiante. Só depois de admitir que minha abordagem à vida não está dando muito certo é que consigo, no Passo 2, encontrar um poder maior que o meu próprio para me ajudar a restabelecer uma vida mais centrada. Esse poder pode ser o "Deus" da religião que escolhi; mas, para evitar a polarização potencial entre o grande número de tradições espirituais (mais de 36 mil seitas só no cristianismo), referimo-nos a ele simplesmente como um "Poder Superior". O Passo 2 é importante porque estou me preparando para receber ensinamentos, para abrir a minha cabeça. No Passo 3, tomo a decisão de seguir um modo de vida espiritual e obedecer as orientações do meu Poder Superior com o qual acabei de me conectar tal como são reveladas nos passos restantes, e por meus companheiros de viagem.
No Passo 4 é onde começa o trabalho duro. Aqui eu faço um inventário pessoal. Minha primeira experiência real com essa tarefa foi que só consegui acessar alguns dos erros mais gritantes da minha memória. Usamos frequentemente a metáfora do iceberg, pois só conseguimos enxergar uma pequena parte de nossa vida. Depois que limpamos essa camada superior e a lançamos ao mar, 10% da parte restante emerge. Essa metáfora é um lembrete delicado para sermos pacientes conosco mesmos e para sabermos que nossa viagem é profunda e contínua.
Digamos que meu inventário pessoal tenha revelado que, certa vez, roubei dinheiro de meu amigo Bob. Quando descobrimos nossos vários erros

e traços de personalidade no Passo 4, o que pode indicar uma necessidade de atonement, partimos para o Passo 5, no qual damos essas informações a uma outra pessoa. Em geral, essa pessoa é o que algumas tradições chamam de "irmão ou irmã de fé", um/a camarada. Também podemos chamá-lo de padrinho ou instrutor espiritual. Ao revelar nossos pensamentos e atos errados a alguém que nos apoia, e não a alguém que foi vítima de nossas violências, conseguimos ter insights sobre as questões em pauta. Este é um apoio de valor incalculável à medida que marchamos rumo ao clímax do atonement com nossas reparações diretas no Passo 9. Mas antes temos de viver os Passos 6 e 7.

No Passo 6, somos iniciados em outro processo que nos prepara para o atonement. Temos de estar dispostos a ver nossos defeitos removidos pelo Poder Superior de nossa eleição. Em seguida, no Passo 7, pedimos ao Criador para remover nossas falhas. Passei a acreditar que poucos de nós conseguem desenvolver um estado mental de atonement sem uma disposição interna e uma mudança afetiva. A essência dessa mudança afetiva talvez seja o fator isolado mais importante do processo de atonement. Pois o que é o atonement se o coração não estiver presente? Todo mundo sente o vazio.

Ao chegar ao Passo 8, fazemos uma lista de todas as pessoas que prejudicamos. Em meu exemplo simples, Bob está nessa lista. O Passo 9 me dá a oportunidade de me encontrar com Bob. E, quando nos encontramos de fato, digo a ele que o roubei. Admito para ele que eu estava errado e peço o seu perdão. Isto é o que eu chamaria de fase do perdão do meu processo de atonement. A fase seguinte deste passo seria fazer reparações, que poderiam ser algo assim: "Bob, quero devolver o seu dinheiro e posso fazer isso nos próximos meses. Além disso, não vou mais fazer isso. E também," digo a ele, "queira Deus que eu consiga dar um jeito na minha vida e nunca mais roubar ninguém." Esse formato simples pode ser usado para questões mais complexas como problemas conjugais, intrigas, dívidas ocultas, disputas entre vizinhos, mal-entendidos comerciais e assim por diante. Aliás, um ato simples de atonement com um amigo pode ser uma boa forma de praticar para conseguirmos resolver as questões mais complexas e sombrias da nossa vida.

além do perdão

Anos atrás eu tinha um prédio de apartamentos com meus investidores. Uma das locatárias deixou de pagar o aluguel alegando que o fluxo de água do seu apartamento era insuficiente. Inspecionei o apartamento e concluí que o fluxo de água estava perfeito. Depois entrei na justiça com um processo contra ela – o pai era o seu advogado. Ganhei a causa – ela apelou. Mas resolvi não lhe mandar mais nenhuma notificação. E a minha companhia de seguros assumiu o caso porque ele tinha elementos de um processo malicioso – aquele que é instaurado com a intenção de criar problemas para o réu, como custas, honorários de advogados, angústia ou distração quando não há uma base substancial para esse processo. Embora eu estivesse convencido de que ela estava completamente errada, eu havia assumido uma atitude arrogante quando não quis que ela recebesse notificações a respeito das mudanças, além de não ter tido sensibilidade bastante para resolver a questão com harmonia.
Este drama me consumiu inteiramente. Por fim, contrariando as recomendações do meu advogado, telefonei para ela a fim de pedir desculpas pelo meu papel no caso. Expliquei que estava ligando por ser bom para mim, por estar de acordo com a minha interpretação dos princípios da filosofia dos doze passos. Para minha grande surpresa, ela disse que compreendia, pois seu irmão participava ativamente de um programa similar. Ela expressou compaixão para comigo; mas, apesar disso, considerava-me responsável. O fato de eu nunca falar nada a respeito do que ela fez de impróprio permitiu que a discussão fosse frutífera, a meu ver.
O medo, a raiva e o ressentimento que tinham feito a minha vida parar durante algum tempo dissolveram-se inteiramente. Resolvemos o caso. Chegamos até a nos tornar amigos e conversávamos de vez em quando.
Aprendi muitas lições com esse episódio. Em primeiro lugar, ser sincero e cortês em relação a problemas que parecem secundários, pois eles podem ser importantes para o outro. Em segundo lugar, quando vitorioso, permita à oposição manter um senso de dignidade, mesmo que a questão pareça frívola. O atonement ainda precisa ser completado depois que o juiz dá a sentença. E, em terceiro lugar, não burle as leis, não corte despesas nem apele para fraudes, pois essas coisas criam facilmente um ambiente de desarmonia que, um dia, também pode precisar de atonement.

Em outra ocasião, meus esforços para conseguir um atonement depararam-se com uma grande resistência. Um amigo íntimo e eu nos encontramos num bar e gastamos uma nota. No passado, ele alegara muitas e muitas vezes estar sem dinheiro. Vezes demais, pensei eu, acabei tendo de pagar a conta. Era algo que, de alguma forma, ficava implícito. Nessa noite em particular, resolvi lhe dar uma lição ali mesmo, naquela hora. Saí do bar e deixei-o lá para pagar a conta, embora soubesse que ele não tinha um tostão no bolso. Isso aconteceu quando o termo *agressão passiva* era um conceito novo. Infelizmente, minha partida súbita acabou com a sua reputação comercial. Quando o procurei para pedir desculpas, minha tentativa não foi nem um pouco bem recebida. Suas palavras não foram esclarecedoras. Mesmo assim eu senti força interior por ter feito a minha parte em termos de reparação. Tinha pedido desculpas. Tempos depois, ficamos amigos de novo, e respeitosos um com o outro. Chegamos até a nos referir ao fato de uma coisa levar à outra. Meu medo de usar a técnica de atonement diminuía a cada encontro. Eu me beneficiei porque descobri que eu era humano e falível. Mais ainda: aprendi que eu tinha de ficar humilde, de me submeter à misericórdia dos outros.

Com a prática do atonement, aprendi que, quando há desarmonia, a outra pessoa também pode ter feito algo errado contra nós. A tendência natural é focar-nos no mal que nos fizeram. Mas, para gente como eu, isso não funciona. Teoricamente, o atonement deve acontecer em ambas as direções. Admiro quem consegue uma coisa dessas. No entanto, minha abordagem é focar-me nos *meus* erros. Acredito que isso pode significar liderança pelo exemplo. Com o tempo, o outro pode se juntar a você para completar um processo pendente de reconciliação.

Alguns podem dizer que os Passos 8 e 9 são formas de praticar para uma vida de atonement. Isso porque, no Passo 10, somos chamados a continuar procurando erros em nossos pensamentos, palavras e atos. E depois somos chamados a fazer imediatamente as reparações necessárias. Enquanto que, no Passo 1, que trata de oração e meditação, somos encorajados a rever e monitorar os aspectos mais sutis de nossos pensamentos e sentimentos, que podem precisar de um exame em regra.

Em minha comunidade espiritual dos doze passos, a maioria de nós sente-se extremamente feliz pelo fato de dividirmos constantemente as nossas "sacadas", os insights que temos da vida de verdade. Certo dia, entrei num clube que atraía membros dessa minha comunidade e um amigo me cumprimentou:
– Como vai? – perguntou.
– Estou puto da vida, – respondi.
– Ah, – respondeu ele lentamente. – Você não conseguiu o que queria.
Gaguejei por um momento, depois continuei, tentando explicar:
– Ela não fez isso assim assado... e fez aquilo outro.
Ele replicou:
– Sim, você quis dizer que não conseguiu o que queria.
Aí, sim, é que eu fiquei putíssimo da vida. Ele tinha pegado no nervo. Eu sabia, mas não tinha a menor ideia do que responder.
Algumas semanas depois, mencionei o episódio a outro amigo. Ele disse:
– Ah, claro. *Raiva* significa "Não consegui o que queria hoje." *Ressentimento* significa "Não consegui o que queria ontem."
Pensei com meus botões, "Ele pegou outro nervo."
– Aliás, – continuou ele, – *medo* significa "Talvez eu não consiga o que quero amanhã."
Na mosca!
Passei os dez anos seguintes concentrando-me na relação entre esses três bloqueios ou obstáculos espirituais – raiva/ressentimento, medo, desejo – e consegui aceitar o fato de que provavelmente vou continuar focado neles pelo resto da vida.
Mas, de acordo com o espírito do Passo 10, continuo fazendo um inventário pessoal tal como ele é apresentado na literatura do meu grupo. Precisei de 20 anos de trabalho diligente para adquirir uma compreensão maior desse passo. Ele se transformou numa aventura de descoberta pessoal. Em termos gerais, além de examinar os erros crassos, os Passos 4 e 10 pedem-nos para olhar para três aspectos da nossa vida: raiva/ressentimento, medo e desejos excessivos ou impróprios. Acredito que esses aspectos do inevitavelmente difícil processo de reconciliação são discutidos de forma direta e convincente nas tradições de sabedoria do budismo,

do taoísmo e do hinduísmo, e que são trabalhados de forma mais oblíqua no judaísmo, no islamismo e no cristianismo. Mas acho que a técnica dos doze passos é única.

Aqueles dez anos foram uma fase muito difícil da minha vida, tendo incluído até mesmo um divórcio e problemas financeiros. Se alguém tivesse me perguntado se eu alimentava ressentimentos, eu teria respondido que não – provavelmente com os dentes cerrados. No entanto, meus amigos mais próximos perguntavam coisas do gênero, "O que anda lhe passando pela cabeça?" "Essas pessoas e esses acontecimentos estão na sua cabeça sem pagar aluguel?" "Ressentimento quer dizer 'sentir de novo'." Se uma história não lhe sai da cabeça, provavelmente há ressentimento.

Tenho de admitir que eu tinha muitas histórias que não me saíam da cabeça. Provavelmente era uma técnica de sobrevivência, porque eu tinha de acusar os outros pelos meus problemas. Eu não poderia ser o culpado. Poderia? Os membros laicos do meu grupo tinham me ensinado que, se eu estava ressentido, o problema era meu. Não importa de quem era a culpa. Como dizem muitas vezes, "O ressentimento é como um veneno; e eu tomo o veneno na esperança de que o outro passe mal."

Portanto, naqueles dias, eu tinha optado por ser uma vítima. Minhas técnicas de negação eram tão eficientes que eu consegui manter o meu iceberg submerso. Mas, por fim, as forças do ressentimento superaram a minha negação e eles vieram à tona como pipocas estourando na panela. Fiquei debilitado em consequência dos dramas que estavam sendo encenados na minha cabeça.

Minha orientadora espiritual ensinou-me uma técnica maravilhosa. Disse que eu devia pôr no papel declarações do tipo, "Eu perdoo X e X me perdoa." Ela disse que sempre havia uma conexão de duas mãos. Portanto, eu devia escrever uma declaração todas as manhãs: uma para cada situação que estivesse me ocupando a cabeça. Eu devia lê-la em voz alta ao mesmo tempo em que visualizava a outra pessoa sorrindo para mim e nós dois apertando a mão um do outro. E foi o que eu fiz. Para minha grande surpresa, cinco dos ressentimentos desapareceram logo no primeiro dia. Nos dez dias seguintes, os cinco restantes dissolveram-se. Você poderia dizer que esse processo incluía apenas metade do processo de reconciliação, a metade equivalente ao perdão. Eu concordaria. No entanto, na maioria dessas situações, não havia outra vítima além de mim. Eu era vítima dos meus pensamentos. Portanto, na realidade, eu estava fazendo uma reparação a mim mesmo. Com isso eu esperava ter feito mais bem que mal ao mundo à minha volta.

Por fim aprendi a abençoar e agradecer por esses ressentimentos porque eles foram os arautos de uma consciência amplificada. Admitir esses ressentimentos permitiu-me desviar-me do caminho da negação. Os ressentimentos eram como um cata-vento que me mostravam a direção do vento. No passado, tentei virar o cata-vento para outra direção. Agora não sou mais uma vítima, suposta ou real.

Há pouco tempo, uma nova amiga minha descreveu o processo que usa para se manter calma e centrada quando alguém a ofende ou magoa. Ela me disse que, quando alguém lhe faz um gesto obsceno na via expressa, ela pensa que a criatura teve um dia ruim em casa ou no trabalho. Outras vezes ela pensa no motorista enfurecido como alguém que está vivendo num nível mínimo de clareza e que está fazendo o melhor que pode. Por muito que esses exemplos tenham me impressionado, o que realmente me chamou a atenção foi ela ser capaz de despersonalizar a experiência ao dizer a si mesma que aquilo não tinha nada a ver com ela, que teria acontecido a qualquer um que, por acaso, estivesse no caminho daquele motorista raivoso. Minha amiga concluiu me dizendo que a técnica da despersonalização pode ser usada para ofensas mais graves, como roubo e até abuso sexual. Tive de lhe dizer que achava essa uma forma maravilhosa de evitar a armadilha de se fazer de vítima que impregna a nossa cultura.

Em meu grupo de doze passos, somos encorajados a seguir esse curso de ação. Vemos um agressor como alguém doente. Por isso rezamos por seu bem estar. Por fim, perguntamos em nossas orações o que poderíamos fazer por esse indivíduo.

Nosso atonement mais verdadeiro e mais completo acontece na última fase, o Passo 12. Ali tentamos praticar nosso novo modo de vida em todas as dimensões da vida. Esta pode ser uma panaceia para todos os males, um recurso a ser usado em toda e qualquer reparação que não foi possível completar, como acontece quando o outro já morreu ou não é possível localizá-lo, ou quando alteramos os números de nossa devolução de imposto de renda. Um exemplo: suponha que eu roubei dez dólares da minha avó, que agora já morreu. Eu poderia deixar uma nota de dez dólares em cima do seu túmulo, ou procurar sistematicamente oportunidades de fazer alguma coisa em favor das avós com que entro em contato na minha vida hoje. A maior parte de nós concordaria em que essa é uma boa forma de reparação.

Portanto, com o tempo e consciência constante, mudamos. Nosso desejo de ajudar os outros é uma verdadeira chamada dos atores para entrarem em cena e representarem a peça do atonement. Descobri em primeira mão o poder deste processo.

O programa dos doze passos inclui um brinde de doze *tradições* e doze *Conceitos de Servir* que podem nos orientar muito bem no sentido de encontrarmos a melhor forma de fazermos nossa interface com o mundo. A Tradição 11 diz: "Nossa política de relações públicas baseia-se mais na atração do que na promoção; precisamos manter sempre o anonimato pessoal em termos de imprensa, rádio e cinema." A Tradição 12 também declara o seguinte: "O anonimato é a base espiritual de todas as nossas tradições, sempre nos lembrando de colocar os princípios antes das personalidades." Muitos de minha comunidade levam essas tradições muito a sério, no que fazem muito bem.

Em minha vida pessoal, o exemplo mais esclarecedor disso aconteceu quando alguém que eu não conhecia direito desrespeitou duas das tradições que muitos de nós consideram sagradas. Essa pessoa, na opinião de muitos de nossa irmandade, desrespeitou ambas essas tradições fazendo publicidade da AA na televisão de um país vizinho. Como corrigir a situação? Depois de refletir, cheguei à conclusão de que era impossível impor o que quer que seja. Finalmente me reconciliei com o fato de que eu só podia trabalhar comigo mesmo: podia praticar a tradição tal como a compreendia, com a esperança de que outros seguissem o exemplo. Esse incidente impactante me fez lembrar do desafio de Gandhi: "Seja a mudança que quer ver no mundo." Eis aí um conselho sábio; mas, para mim, o alfa e o ômega do verdadeiro atonement são revelados numa história que Bill W. contou em seu livro *Alcoholics Anonymous:*

"Meu colega de escola me visitou", escreve ele, "e eu lhe confessei todos os meus problemas e deficiências. Fizemos uma lista das pessoas que eu tinha prejudicado ou contra as quais eu alimentava ressentimentos. Disse-lhe que estava inteiramente disposto a procurar esses indivíduos e admitir os meus erros. Nunca eu devia criticá-los em nada. E devia tentar resolver todos esses problemas com o máximo de habilidade de que eu era capaz."

Parte Dois
Histórias de atonement

Não existe agonia maior do que ter dentro de si uma história que não foi contada.
- *Maya Angelou*

8
lembranças de meu avô
Atonement à moda de Gandhi

Arun Gandhi

O ódio e a intolerância são os inimigos do bom entendimento.
– *Mohandas Gandhi*

Quinto neto de Mohandas Gandhi, o ativista sociopolítico Arun Gandhi seguiu os passos do avô ao dedicar sua vida ao ensinamento das virtudes da não-violência. Este ensaio revela as raízes da crença de seu avô nos pilares gêmeos de satyagraha *– perdão e atonement – e ilustra o poder que as histórias têm de promover a resolução de conflitos sem violência, de uma geração para outra e de uma cultura para outra. Aqui, Arun Gandhi conta pela primeira vez – para ser publicada – o estranho pano de fundo do assassinato de seu avô e a lição extraordinária que tirou dele: que "o perdão sempre tem de ser incondicional" e que temos de praticar o atonement limpando o ódio do nosso coração. Ele conclui com um testemunho tocante da influência permanente que seu avô exerceu sobre sua missão de vida, que é transformar o mundo ajudando a sociedade a entender melhor "a futilidade do ódio e do preconceito".*

Durante a adolescência, meu avô foi influenciado por um jovem colega de escola que era muçulmano e que parecia ter respostas para todas as perguntas, inclusive sobre a independência da Índia e do porquê os britânicos conseguiram colonizar o país. Certo dia, ele disse a meu avô: "Se você quer realmente expulsar os ingleses da Índia, vai ter de comer carne como eu e ficar grande e forte como eu."

Esse amigo era atlético e meu avô estava compreensivelmente impressionado com suas façanhas na pista de corridas e no campo esportivo da escola. Era um corredor veloz e ninguém da escola jamais teve a ousadia de competir com ele.

Meu avô não poderia dizer as mesmas coisas a respeito de seus próprios atributos físicos. Era pequeno e fraco, atormentado constantemente por medos reais ou imaginários. Meu avô tinha um medo mortal do escuro, ao passo que todos os outros – inclusive sua esposa adolescente – andavam por cômodos escuros sem nenhuma dificuldade. Todos esses problemas, insistia o seu amigo, eram resultado de uma alimentação vegetariana.

Comer carne era tabu não só na família de Gandhi, mas na casa de muitos hinduístas do estado de Gujarat que, nessa época, sofria a influência dos ensinamentos do vaishnaísmo e do jainismo – ambas essas seitas religiosas abominavam a carne e os ovos. Meu avô já tinha idade suficiente para compreender que o consumo de carne teria de ser feito clandestinamente, mas não sabia até que ponto teria de se rebaixar para conseguir seus objetivos. Tulsidas, irmão mais velho do meu avô, já havia sucumbido ao experimento alimentar desse amigo, embora por outros motivos. Tulsidas era fisicamente maior e mais forte e não sentia nenhum dos medos que afligiam o meu avô. Acho que isso convenceu o meu avô de que poderia haver um grão de verdade no poder do consumo da carne. Aceitou prontamente participar do experimento.

O desejo compulsivo do meu avô de ficar forte fisicamente e não sentir medo levou-o a desafiar as proibições familiares de não comer carne, nem fumar cigarros, embora tivesse consciência do quanto seus pais ficariam mortificados se soubessem o que os dois irmãos estavam fazendo.

Em sua autobiografia, intitulada *My Experiments with Truth* [*Meus experimentos com a verdade*], meu avô diz que nunca tomou gosto pela carne, mesmo tendo persistido no seu consumo por mais de um ano. A carne era sem gosto e borrachenta, e ele sentia o estômago pesado à noite.

Com o tempo, ele se deu conta de que estava caindo cada vez mais nas profundezas da conspiração e das mentiras. Para comprar carne e mandar prepará-la, ele tinha de roubar dinheiro em casa. Certo dia, como não encontrou dinheiro algum, roubou uma joiazinha e vendeu-a. Além disso, tinha de mentir para a mãe para explicar porque não estava comendo em casa. Mas simplesmente não conseguia ficar em paz com o fato de estar enganando a família.

Não são muitos os adolescentes apaixonados pela moral e pela ética, pois, como os nossos, estão numa idade em que a maioria dos jovens se entrega a todo tipo de experimento. Por isso é interessante notar as reações muito diferentes dos dois irmãos culpados do mesmo crime. Mentiras e enganação não pareciam incomodar Tulsidas tanto quanto incomodavam Mohandas, meu avô. Mohandas descobriu que, em vez de curá-lo de seus medos e torná-lo mais forte, esse experimento o estava arrastando para as profundezas do "inferno", como o chama.

Em sua autobiografia, meu avô dá o título de "Atonement" ao capítulo onde descreve esse incidente. Certo dia, quando já não estava suportando mais, meu avô resolveu livrar-se da culpa confessando-se ao pai dele; mas, como estava sem coragem de fazer isso verbalmente, escreveu uma carta longa e cheia de remorsos onde contava todos os seus pecados. Mas não citou Tulsidas nesta sua confissão. Chegara à conclusão de que as atitudes do irmão não lhe diziam respeito. E então, depois de deixar a confissão quieta por um dia, reuniu coragem na tarde seguinte para entregar a carta ao pai, e ficou de pé ao lado da cadeira onde ele estava sentado, lendo-a de forma deliberadamente lenta.

Meu avô esperava um sermão em regra, se é que não ia levar uma surra, de modo que ficou surpreso quando viu lágrimas rolando pelo rosto do pai. Seu pai pôs a carta de lado e abraçou o filho, e as lágrimas "de ambos misturaram-se para lavar os seus pecados". Nessa carta, meu avô prometera nunca mais fazer nada de errado.

Foi a reação magnânima de um pai aflito que ensinou a meu avô a importância do atonement e a caridade do perdão incondicional. Atonement e perdão são dois lados da mesma moeda. É fundamental aqui insistirmos nas outras reações possíveis, consideradas normais nas relações afetivas de nosso tempo. Se o pai o tivesse castigado ou manipulado a culpa do filho sempre que a oportunidade se apresentasse, talvez o meu avô não tivesse

tido a experiência de limpeza que misturou as lágrimas de pai e filho.
Se o perdão e o atonement são dois lados da mesma moeda, então o perdão sem o atonement tem tão pouco valor quanto o atonement sem o perdão. Mas, por outro lado, atonement tem um duplo sentido – transformar o eu e transformar as questões criadas pelos outros que geraram o conflito. Durante toda a sua vida, meu avô esteve envolvido com o auto-aperfeiçoamento e com a melhoria da sociedade ajudando-nos a tomar consciência do quanto cada um de nós contribui para o conflito. Embora seja mais fácil aperfeiçoar o eu, nem sempre é simples mudar os outros, o que não significa que não devemos tentar ambas as coisas.
O homem que assassinou meu avô, Nathuram Vinayak Godse, fizera oito tentativas contra sua vida antes de ter êxito na sua tarefa em 1948. Depois da terceira tentativa, em meados da década de 1930, Godse foi pego por alguns voluntários e levado diante do meu avô, que o recebeu com a maior boa vontade, convidando-o a sentar-se e discutir os problemas como deviam fazer todos os adultos saudáveis. Durante várias horas, meu avô tentou estabelecer um diálogo inteligente com seu agressor; mas, no fim, quando se deu conta de que não havia mais nada que pudesse dizer para convencer aquele homem da futilidade de seus esforços, deixou seu futuro assassino ir embora com suas bênçãos. Meu avô acreditava que todos nós devemos fazer aquilo que considera obrigação sua fazer. O homem não foi entregue à polícia – não foi feita sequer uma queixa. A moral da história é que, às vezes, o atonement não tem condições de se consumar inteiramente, mas isso não deve significar que é preciso negar também o perdão. O perdão sempre tem de ser incondicional.
O meu medo é que o castigo raramente resulta em reforma de caráter; temo que ele só faça a pessoa afundar ainda mais no buraco da vergonha. Muitas foram as vezes em que ouvi presos – em meu trabalho no programa Gandhi for Children [Gandhi Em Favor das Crianças] – perguntarem: "Estamos dispostos a fazer reparações por nossos pecados; mas será que a sociedade está disposta a nos perdoar?"
Este incidente ensinou duas lições importantes a meu avô: a primeira é que é importante ser sincero ao confessar um erro; a segunda, igualmente importante, ou talvez mais ainda, é que o atonement se faz acompanhar

de um ato de perdão incondicional. Além de desempenharem um papel importante na vida pessoal do meu avô, o perdão e o atonement também se tornaram os pilares de sua filosofia de não-violência.

Durante toda a sua vida, ele refletiu longa e intensamente sobre toda ação e, quando ela resultava em erro, ele não tinha o menor problema em confessar sinceramente as suas "trapalhadas monumentais". Foi essa transparência que caracterizou a sua liderança e conquistou uma confiança implícita não só de seus seguidores, mas também dos adversários contra os quais lutava.

No final da década de 1930, os britânicos lançaram uma campanha de difamação para sujar a imagem do meu avô. Publicaram mentiras e indiretas, e jogaram lama em sua integridade moral. Tudo isso foi feito com as bênçãos de Churchill. Um fato significativo foi que a pessoa que defendeu meu avô publicamente e atacou o governo britânico era, nada mais, nada menos que o primeiro-ministro sul-africano, o General J.C. Smuts, contra o qual meu avô lutara durante 21 anos. O General Smuts disse que não concordava com meu avô a respeito de muitas questões políticas, mas que, quando se tratava de ética e moral, ele não conhecia ninguém que fizesse sombra a Gandhi. Smuts desafiou o primeiro-ministro inglês a mostrar a mesma integridade moral de um homem que ele um dia considerara um ser humano de segunda por ser negro.

Outra lição diretamente ligada ao atonement e ao perdão, mas quase totalmente esquecida pelos intelectuais que interpretaram a vida e a filosofia de Gandhi é a lição sobre "a administração da raiva". Meu avô acreditava fervorosamente que, sem a capacidade de administrar a própria raiva e de usar essa energia com inteligência, o atonement e o perdão seriam praticamente impossíveis. É possível que o pai de Gandhi tenha sentido raiva com a infração de seu filho. Pense na humilhação que a família teria de suportar se todos ficassem sabendo que meu avô se tornara um consumidor de carne. No entanto, em vez de explodir num momento de raiva, seu pai canalizou a energia de forma inteligente e reagiu positivamente à confissão do filho.

Mais ou menos na mesma época do incidente da carne, meu avô aprendeu com sua mulher, minha avó Kastur, o que ele definia como "uma lição muito importante sobre resolução de conflitos sem violência". Kastur nunca foi à escola e não sabia ler, nem escrever; apesar disso, ensinou a ele uma lição de grande profundidade. Ambos tinham 13 anos quando se casaram, mas só passaram a viver juntos aos 15 anos. Meu avô era um jovem impulsivo e ressentia-se com o fato de ela não ser atormentada pelos mesmos medos que ele sentia – enfrentava o escuro corajosamente. O chauvinismo masculino veio à tona e ele queria mostrar a ela quem é que mandava naquela casa. Foi à biblioteca local e folheou livros sobre as relações entre marido e mulher. Quanto mais lia, tanto mais se dava conta de que até autores ocidentais acreditavam que o marido devia ser o senhor e que devia definir as regras em sua casa e impô-las com o maior rigor.

Depois de ler sobre a dominação masculina, meu avô chegou em casa certa noite e, na privacidade do quarto de dormir, disse asperamente à minha avó: "A partir de amanhã, você não sai dessa casa sem a minha permissão. Essa é a lei e você vai obedecê-la ao pé da letra."

Minha avó não respondeu, nem teve um ataque de raiva. Afastou-se dele calmamente e foi dormir. Na manhã seguinte, a vida continuou como se nada tivesse acontecido. Ela saiu da casa com as esposas dos outros irmãos, pois estavam todos vivendo sob o mesmo teto como uma "família extensa".

Bem, agora é necessário explicar que, na Índia tradicional, quando se vive numa "família extensa", durante o dia os homens e as mulheres vivem em partes diferentes da casa. Se a minha avó Kastur tivesse de pedir permissão ao marido toda vez que precisasse sair, seria obrigada a invadir a seção masculina da casa e teria de pedir licença ao marido na presença de todos. Ela nunca tinha visto ninguém fazer isso e chegou à conclusão de que a nova lei era ridícula demais para ser obedecida.

De modo que ignorou totalmente a nova regra.

Meu avô tinha conhecimento do entra-e-sai da casa. Certa noite, enfrentou-a de novo:

– Como ousa me desobedecer? – perguntou ele fervendo de raiva.

Essa explosão não impressionou minha avó nem um pouco. Com uma voz calma e suave, perguntou a meu avô:

– Ensinaram-me, desde que eu era criança, a sempre respeitar os mais

velhos da casa, e acho que, nesta casa, seus pais são os mais velhos. Você está sugerindo que não devo obedecer à sua mãe, e sim a você? Se for isso, devo dizer à sua mãe amanhã que não vou mais obedecer a ela, e sim a você?
Isso não podia acontecer.
Meu avô jamais diria à minha avó que ela devia desobedecer à sua mãe, de modo que a questão foi resolvida de maneira calma e pacífica. Meu avô declarou em sua autobiografia que este incidente foi a primeira e a mais profunda lição que ele teve sobre resolução de conflitos sem violência. Mais tarde, ao desenvolver sua teoria da não-violência, aprender a usar a raiva de forma inteligente e positiva foi um requisito importante.
É só quando a pessoa aprende a usar a raiva positivamente que ela encontra formas de perdoar um opressor. Os primeiros exemplos da vida do meu avô foram-lhe muito úteis quando ele chegou à África do Sul, quando era um advogado jovem determinado a ter êxito em seu escritório, e que, em vez disso, tornou-se vítima de um preconceito extremo. Sofreu maus tratos físicos e emocionais, e seu orgulho clamava por vingança, enquanto o senso comum procurava afastá-lo da noção prevalecente do olho por olho e dente por dente e aproximá-lo de uma forma mais saudável de justiça – uma mudança no coração.
Meu avô passou pela ignomínia de sofrer a primeira violência física sem reagir; mas, na segunda vez, quando quase foi morto por uma ralé branca, resolveu pôr sua filosofia em prática. Nessa ocasião, a polícia de Durban (África do Sul) havia prendido alguns agressores brancos. Meu avô foi chamado à delegacia para dar queixa; ele foi, mas recusou-se a dar a queixa. Disse ao grupo que o agredira, assim como à polícia, que puni-los não ensinaria a eles a lição de que o preconceito e a discriminação não são um comportamento civilizado normal.
– Eu os perdoo, – disse ele. – Mas espero que reflitam sobre o incidente e compreendam que o ódio pode ser mais destrutivo para vocês do que para as suas vítimas.
– Se não der queixa contra eles, teremos de soltá-los, – avisou a polícia.
Meu avô não mudou de ideia. Os homens foram soltos. Ao menos um desses quatro homens se tornou um amigo de meu avô pelo resto da vida,

e um de seus seguidores. Durante toda a sua existência, meu avô perdoou aqueles que tentaram prejudicá-lo, convencido de que esta era a coisa certa a fazer.

Quando fui viver com meu avô, eu tinha 12 anos e estava irado pelo fato de ter sofrido na África do Sul o mesmo tipo de preconceito violento que o meu avô sofrera mais de 30 anos antes de mim. Mas eu não tinha a sabedoria dele. Estava decidido a revidar quando necessário. Meu avô me ensinou que a não-violência é muito mais que uma estratégia para resolver problemas de forma pacífica. A não-violência não é uma arma; é um modo de vida.

As lições que ele me ensinou durante os 18 meses que fiquei com ele, além do pai que Manilal, o segundo filho de Mohandas, foi para mim na África do Sul, assim como Sushila, ajudaram-me a perceber que o que o meu avô estava tentando explicar às pessoas era que elas precisavam ampliar o seu conceito de violência. Supomos que a violência seja apenas física; que, enquanto não lutamos e não matamos nossos semelhantes, somos basicamente criaturas pacíficas. Meu avô dizia que criamos toda uma cultura de violência que está tão profundamente arraigada que impregnou todos os aspectos da vida humana. Nossa linguagem, nossas relações afetivas, nosso comportamento, nossa atitude – na verdade, tudo à nossa volta é violento.

Como forma de introspecção, ele me ensinou a construir uma árvore genealógica da violência com dois ramos, o ramo físico e ramo passivo. Todo dia, como parte de minha experiência de aprendizado, eu tinha de analisar todos os acontecimentos do dia e colocá-los em seus devidos lugares na árvore. A violência física era fácil de definir. Consistia em todas as formas em que a força física é usada; agressões, assassinatos, estupros, guerras, espancamentos e assim por diante. Difícil era definir a violência passiva. O que é violência passiva? Eu tinha de usar um quadro de referências simples. Se a ação – quer realizada por mim, quer por outra pessoa – causou angústia ou lesão emocional, ou tornou alguém infeliz, então era violência passiva. Poderia ser qualquer coisa, como desperdiçar os recursos globais; desperdiçar comida ou outras coisas valiosas em casa; excesso de consumo, como acontece nos Estados Unidos e em outros

além do perdão

países ricos; discriminação, opressão, xingamentos ou provocações. Todos estes são atos de violência passiva.

Depois de alguns meses, eu tinha uma parede inteira do meu quarto coberta com listas de atos de violência passiva. Foi então que o meu avô explicou a conexão entre as duas violências. Cometemos violência passiva todos os dias, consciente e inconscientemente, e isso causa raiva na vítima, que recorre à violência física para fazer justiça, ou para se vingar. Portanto, poderíamos dizer que a violência passiva é o combustível que alimenta a violência física. Se quisermos apagar o fogo da violência física, precisamos acabar com o suprimento de combustível. Como todos nós contribuímos para o combustível, "Temos de nos tornar a mudança que queremos ver no mundo", como meu avô sempre gostava de dizer. A não ser que mudemos nossos hábitos, os hábitos do mundo não vão mudar.

Se hoje a paz parece fugidia, é porque tentamos apagar o fogo com uma das mãos enquanto continuamos a jogar lenha na fogueira com a outra. A conflagração amaina, dando a ilusão de paz, mas depois o fogo volta, como uma centelha soprada por um vento devastador.

A não-violência pode ser usada como ferramenta para atingir objetivos imediatos, mas essas vitórias não são duradouras, assim como a paz obtida sob a mira de uma arma é ilusória. O que acontece hoje em dia na Índia, na África do Sul e em outros países que conquistaram a liberdade por meio de ação não-violenta é triste, porque esses lugares continuam sofrendo uma violência mutuamente destrutiva quase que incessantemente.

O debate sem resposta até agora é: o que veio primeiro, a cultura da violência ou a cultura do materialismo? Na verdade, elas estão interligadas e alimentam uma à outra. A cultura da violência procura controlar através do medo, enquanto a cultura da não-violência procura o controle através do amor. O medo intensifica sentimentos negativos como a ganância, o ódio, o preconceito e a falta de compreensão e de respeito. A negatividade também leva à violência.

O amor, por outro lado, evoca pensamentos e sentimentos positivos, como respeito, entendimento, compaixão. Uma tradição dos nativos norte-americanos tem uma história que vem a calhar para explicar o que quero dizer. Sentado embaixo de uma árvore no meio da selva, um avô

diz ao neto que, dentro de todo ser humano, há dois lobos que estão em guerra um contra o outro.
– E qual deles vence? – pergunta o neto
– Aquele que você alimenta, – responde o avô.
Numa sociedade egoísta e materialista, tendemos a alimentar o lobo violento e arrogante até que ele nos ataca, e ficamos mal. Meu avô disse certa vez que o mundo consegue produzir o suficiente "para as necessidades de todos, mas não para a ganância de todos." No mundo contemporâneo, nós nos tornamos gananciosos e todos nós estamos tentando agarrar para si a maior fatia que puder do bolo. Isso levou a desequilíbrios graves na distribuição da riqueza e na satisfação das necessidades básicas. Alguns de nós têm em abundância tudo de que precisamos, enquanto outros, mesmo em países ricos, não têm nada, ou muito pouco. Em nossa arrogância, sentimos pena dos pobres e muitas vezes os descrevemos com desprezo como "vagabundos imprestáveis". Pena é consequência de uma arrogância material. Em vez de mostrar que sentia pena dos pobres e dar-lhes de bandeja o que pensamos que eles precisam, meu avô dizia que é muito mais construtivo mostrar compaixão e, trabalhando junto com eles, ajudá-los a reconstruir seu autorrespeito e sua autoconfiança. Sentir pena é fácil. A gente pode assinar um cheque e mandar entregá-lo, e sentir-se feliz por ter feito a boa ação do dia. A compaixão precisa de bem mais compromisso e dedicação para trabalhar com os pobres numa parceria igualitária.
Uma parte essencial da filosofia da não-violência é o conceito de "administrador de bens" que, segundo a definição de meu avô, significa que não "somos donos" dos talentos que possuímos, e sim que somos "administradores" desses talentos. Quando nos vemos como donos de um talento, ficamos egoístas e exploramos esse talento em nosso benefício pessoal, sem quase nenhuma consideração pelas outras pessoas; como administradores, ajudamos os menos afortunados a encontrar soluções para seus problemas usando as nossas capacidades.
É claro que aprendi muitas lições valiosas com o meu avô. Entre elas há duas que ele me ensinou quando eu tinha 13 anos e morava com ele. Essas lições, sobre o perdão e o atonement, pôs a vida em perspectiva para

mim e me transformou. Cresci na África do Sul, onde, como o meu avô, fui submetido à violência física por causa da cor escura da minha pele. Isso me encheu de raiva, e eu naturalmente fiquei obcecado pelo desejo de vingança e pela forma de justiça do olho por olho, dente por dente. Meu avô me disse que, se eu reagisse ao ódio com mais ódio, só aumentaríamos o ódio que há no mundo. Disse que precisávamos transformar aqueles que nos odiavam mostrando por eles um amor incondicional. Para conseguir amar aqueles que me odiavam, tive de perdoá-los e praticar o atonement, primeiro livrando-me do ódio dentro de mim e depois ajudando a sociedade a ver a futilidade do ódio e do preconceito. Desde essa época com o meu avô, esta tem sido a minha missão na vida.

9
a cura das feridas de guerra
Práticas de atonement para veteranos

Edward Tick

Uma coisa estranha a respeito das *feridas de guerra:* quanto mais velho você fica, tanto menos orgulho sente delas.
– *Coronel Werner Visser* em Hart's War

Edward Tick, PhD, começou a atender veteranos da Guerra do Vietnã na década de 1970 e, desde então, tratou de veteranos de inúmeros conflitos, da Guerra Civil Espanhola à Guerra do Iraque. Seus métodos para curar aqueles que estavam sofrendo os efeitos de longo prazo do combate baseiam-se em seu estudo de tradições espirituais, mitológicas e psicológicas do mundo inteiro. Neste ensaio, Tick revela sua fé ardente na ideia de que a espécie humana compartilha uma unidade essencial, uma unidade que é abalada pela violência da guerra, mas que pode ser restaurada. Ele descobriu que a cura dos veteranos desses conflitos começa muitas vezes quando eles contam sua história, o que, por sua vez, tem o potencial de levá-los a perdoar a si mesmos e e – o que é crucial – pode levá-los também ao estágio seguinte, fazer reparações. "Os atos de atonement", diz ele, "reparam e restauram simultaneamente o mundo exterior ao curarem o mundo interior. A guerra abala mundos. O atonement os reconstitui – dentro e fora." As palavras de Tick fazem lembrar os versos poéticos de Pierre Teilhard de Chardin: "Somos um só, afinal de contas, você e eu. Juntos sofremos, juntos existimos e sempre nos recriaremos um ao outro."

A guerra explode, fragmenta, incinera, devasta, fuzila, esfrangalha, esmaga, esfaqueia e destrói. É um ato violento de divisão e desconstrução realizado com poderes cósmicos numa escala cósmica. Nosso mundo existe em unidade essencial; a guerra é seu oposto. A guerra acaba com a Unidade.

Quando vamos para a guerra, declaramos que não estamos e não podemos estar em harmonia com o outro. Agora chamamos o outro de "inimigo" – uma palavra que, em suas origens, significa "que não é amigo" – e os tratamos como adversários. Não cooperamos mais com ele, nem procuramos um entendimento. Fomos incapazes de convencer ou persuadir o outro da legitimidade do nosso ponto de vista, necessidades, direitos, crenças e até de nossas terras e pertences. E não aceitamos mais a legitimidade dos dele. Todos os canais de comunicação por meio dos quais mantemos uma comunidade coesa foram obstruídos. Acreditamos que o outro se tornou uma ameaça de tal magnitude que temos de recorrer à violência para neutralizá-lo e ficarmos em segurança de novo. Ficamos tão alienados um do outro que achamos que esse outro tem de ser humilhado, vencido ou destruído. Para matar, temos de tornar esse outro alienado em algo menor que nós, em algo que não chega a ser humano. A guerra destrói a Unidade em todos os aspectos da existência e suas consequências podem ficar tão impregnadas de dor, sofrimento, perda, ódio, fracasso, traição, fome de vingança, prostração, confusão, luto, vergonha e culpa que parece impossível algum dia nos reconciliarmos com o nosso antigo inimigo – ou conosco mesmos.

Por sorte, ao longo de toda a história as comunidades humanas desenvolveram práticas para recuperar o que a guerra destruiu. O atonement é uma delas.

A raiz de *atonement* é "unidade", "tornar-se um com". Em essência, atonement não significa apenas acordar ou trocar expressões de sentimentos de empatia, amizade ou perdão, mas também *realizar atos de reparação que unam outra vez o que foi separado, dividido ou despedaçado*. Restaurar o que foi quebrado, unir o que foi dividido, recriar a unidade dentro de cada um dos povos e nações – e entre eles – com os cacos que restaram de seus mundos depois da carnificina da guerra – estes são os objetivos torturantes, mas essenciais, de cura e reparação possíveis de conseguir por meio do atonement. O atonement é necessário para os soldados e as nações voltarem para casa e se recuperarem da guerra. Sem um atonement depois da guerra, nossos sobreviventes e seu mundo continuam demolidos por dentro e por fora. Mas, com um atonement, reparações são feitas, relações afetivas são restauradas e o que a guerra despedaçou pode voltar a ser inteiro de novo.

Como psicoterapeuta que trabalhou com veteranos por mais de 30 anos, vi o atonement funcionar muitas e muitas vezes com ex-combatentes e outros sobreviventes de guerra que não encontraram outra forma de se recuperar.

As transformações da unidade e da intimidade durante a guerra

Em 1936, William Herrick entrou para a Brigada Abraham Lincoln para lutar contra o fascismo na Guerra Civil Espanhola, sobre a qual fala em seu romance semiautobiográfico intitulado *Hermanos!*

Jack Starr, o protagonista do romance, é um jovem norte-americano comunista e idealista que os líderes do Partido acham que daria um bom oficial. Ele é tirado da linha de frente do cerco de Madri para ser testado pela elite do Partido. Escoltado até uma masmorra-prisão, Jack assiste enquanto, um por um, inimigos são levados até a sala e fuzilados.

Quando fazem entrar o último prisioneiro, Jack fica estarrecido ao ver que o homem é um aliado da linha de frente, o líder de um partido camponês. Querendo consolidar seu poder, os comunistas tinham marcado todos os que professavam uma ideologia concorrente como "inimigo". Como este líder camponês havia sido um companheiro honrado e corajoso no campo de batalha, seus captores concederam-lhe a realização de seu último desejo – escolher seu carrasco.

O líder camponês olha no fundo dos olhos de cada captor. Aponta para o jovem americano idealista e diz: "Prefiro que seja ele a se casar comigo."[1] Não só neste exemplo, mas também ao longo da história, a palavra *casar* teve um uso muito difundido como gíria para atos como algemar, torturar e executar, atos que ligam as pessoas por meio da violência, e não do amor. Isso pode significar que aqueles que perpetram violência têm, em algum plano, consciência da intimidade e irrevogabilidade profundas de seus atos.

Mais de 30 anos depois, em meados da década de 1960, Wilbert Michel, um nativo norte-americano da tribo kutenai, servindo na infantaria do exército, matou seu primeiro inimigo combatente nos Planaltos Centrais do Vietnã. Ele diz que primeiro viu o rosto do inimigo e depois atirou nele, e que passou o resto da vida vendo aquele rosto e sentindo que o soldado inimigo lhe havia dado uma chance de viver.

As culturas tradicionais do mundo inteiro ensinam que, seja na guerra, no crime, na caça ou em acidentes, somos responsáveis pela alma daqueles que entregamos à morte. Ouvi um líder dakota tradicional declarar essa crença no caso dos guerreiros: "Quando você mata um guerreiro inimigo, fica responsável por sua alma." Os veteranos de qualquer origem étnica podem sentir essa responsabilidade, desejar assumi-la imediatamente após uma morte e ser incapazes disso por causa das práticas militares modernas ou das condições do campo de batalha.

Como cresceu numa reserva de Montana, Wil aprendera com os velhos que, depois de um ato de matar, seja na guerra, seja na caça, ele precisa apaziguar e sustentar o espírito dos mortos explicando o motivo que o levou a lhes tirar a vida. Ele havia feito isso quando caçava em sua terra natal. Mas os combatentes indígenas como Wil sofreram décadas de angústia mais tarde por não conseguirem encontrar palavras, nem pensamentos, que justificassem essa matança de outros jovens de um povo tradicional muito parecido com o seu.

Em geral, pensamos na guerra e na violência como inerentemente destrutivas. Pensamos no assassinato como o oposto da intimidade. Mas, como mostram essas histórias, e como os veteranos me confessaram durante décadas, o ato de tirar uma vida é profundamente íntimo, um ato que engendra uma ligação permanente com o outro. Alguns sobreviventes de guerra sentem-se mais próximos daqueles que mataram durante as batalhas, ou dos feridos ou cadáveres de que cuidaram do que de qualquer ser vivo com quem tiveram intimidade antes ou depois. Alguns sentem que estão ligados para sempre, por meio do ato de tirar a vida, àqueles cuja vida tiraram, ou por meio dos sacrifícios que os companheiros fizeram uns pelos outros no campo de batalha. Mas é raro esses sobreviventes terem os meios para transformar essa ligação em relações positivas ou afirmadoras da vida. Por isso podem se sentir assombrados ou incompletos pelo resto da vida. E, como seus atos levaram à destruição e à morte, muitos sobreviventes não se permitem mais nenhuma intimidade. Reproduzem a brutalidade da guerra em suas relações íntimas, ou sentem que o amor só vai levar à destruição. Além disso, matar, como amar, é penetração. Mas não é desejada, é forçada, feita com brutalidade em vez de ternura, feita para tirar, e não para criar ou restaurar a vida. Portanto, matar é um ato tão íntimo e final que define e determina a forma da vida de uma pessoa e liga para sempre sobreviventes e vítimas. Por todas essas razões, a guerra alimenta uma *intimidade às avessas,* uma união que não significa comunhão, nem paz.[2]

A nível político também a guerra é uma força unificadora nacionalista mesmo quando acaba com a unidade mundial. A guerra reforça a crença em "uma nação" opondo-a à unidade com o outro ou com o mundo externo. Como declarou o correspondente de guerra Chris Hedges, "A guerra é uma força que nos dá sentido", unindo o povo de mesma nacionalidade que, sem ela, poderia entrar em crise ou conflito interno com um mito ou causa comum. A cultura percebe uma ameaça comum e une-se para enfrentá-la, quer essa ameaça seja ou não real ou verdadeira.[3]

Portanto, os combatentes, quer sejam indivíduos, quer sejam nações, são "casados". Ironicamente, a guerra cria a unidade de um mesmo destino, unidade essa nascida do fogo do inferno do combate. Mas esse casamento de almas, culturas e histórias é uma relação negativa, apavorada e sofrida. É um casamento que leva não a uma unidade alegre, mas à incompletude e ao sofrimento constante. Esse casamento de almas – tanto a nível individual quanto coletivo – por meio da guerra e da violência precisa ser transformado de algum modo para deixar de ser uma intimidade destrutiva e passar a ser uma intimidade que afirme a vida.

O novo casamento precisa cuidar de todos os aspectos da unidade que foram lesados durante a guerra. Ouvindo de perto a agonia da ferida a que damos o nome de distúrbio de estresse pós-traumático (DEPT), ficamos sabendo que o sobrevivente lamenta a perda de unidade, harmonia e paz consigo mesmo, com outras pessoas importantes na sua vida e com sua própria cultura e nação; com os indivíduos, cultura e nação do inimigo contra o qual lutamos; com os grandes princípios da moralidade, da história e do destino; com os mortos de todos os lados; e com a vida e a morte em si. Em resposta a essa perda e à sua culpabilidade nela, muitas vezes o sobrevivente fica aleijado por uma culpa esmagadora. Os danos recebidos ou causados em cada uma dessas áreas não precisam somente ser reconhecidos, lamentados e perdoados, mas também discutidos e tratados por meio de uma forma particular de ação – fazer reparações em resposta direta ou simbólica às feridas que a pessoa abriu.

O atonement possibilita isso.

Lembre-se de que, após assistir ao primeiro teste com a bomba atômica, Robert Oppenheimer recitou um fragmento do *Bhagavad Gita*: "Transformei-me na Morte, a destruidora de mundos." Com os avanços de hoje nas armas tecnológicas, uma quantidade trágica de vidas inocentes é perdida em batalhas no mundo todo e é muitíssimo frequente um soldado se sentir um "destruidor de mundos", alguém que transgrediu a ordem cósmica. Tão grande é a destruição causada pela guerra que, depois dela, o próprio cosmo precisa de cuidados. Graças aos princípios, rituais e atos de atonement, podemos realmente tornar inteiro novamente aquilo que se quebrou. Sei por experiência própria que esse trabalho de cura é mais que um simples chavão; ele cura as feridas que não se vê – em indivíduos e entre ex-inimigos e nações.

Vamos ver o seu modus operandi.

Atonement depois da Guerra do Vietnã

Há muitos anos, numa tentativa de ajudar a curar as sequelas da guerra, ajudei a dirigir uma cerimônia pública de reconciliação em minha comunidade de Albany, Nova York, destinada a todos os norte-americanos lesados pela Guerra do Vietnã. Veteranos, familiares e sobreviventes, assim como ativistas antiguerra, reuniram-se para pôr de lado velhas diferenças

além do perdão

e descobrir o que tinham em comum. Um casal abriu o evento. O marido era um combatente veterano; a esposa, uma manifestante pacifista. Seu casamento, declararam eles, é prova de que, enquanto geração e enquanto nação, é possível chegar à unidade depois da dissolução.

Eles começaram nossa conferência acendendo uma vela para a Guerra do Vietnã, chamando-a de "nossa grande mestra". Pendurada sobre o nosso tablado havia uma faixa com os seguintes dizeres: "Você nunca foi meu inimigo."

O evento trouxe uma mudança significativa para a nossa comunidade local. Por meio do testemunho, do perdão, das histórias contadas e da cerimônia – todos públicos – procuramos transformar nossa relação com o sofrimento da guerra e reconciliar-nos uns com os outros, e respeitar-nos uns aos outros, quaisquer que tenham sido nossas experiências ou posição política durante a guerra.

Depois de décadas de trabalho como psicoterapeuta de veteranos, passei a ter uma ideia das limitações de tratar as feridas de guerra exclusivamente dentro das fronteiras tradicionais de uma relação terapêutica tradicional. Resolver os sentimentos despertados pela participação em destruição e morte maciças ajudava, mas não era o suficiente para curar as feridas traumáticas dos veteranos.

Em busca de uma cura e uma reconciliação mais amplas do que normalmente se consegue no ambiente tradicional da psicoterapia ou em eventos públicos na terra natal, comecei a coordenar viagens anuais ao Vietnã a partir de 2000. Nessas viagens eu tomei providências para que meus viajantes veteranos e civis se encontrassem com antigos aliados e ex-inimigos, vissem as consequências de longo prazo da guerra, participassem de práticas espirituais dos budistas e de outras tradições, estabelecessem relações e ajudassem vietnamitas feridos durante a guerra e jovens nascidos depois dela, e realizassem projetos filantrópicos de restauração. Simultaneamente, nossos viajantes contam histórias e sondam a alma uns dos outros e dos vietnamitas para descobrir suas contribuições ou cumplicidade na guerra e procurar corrigi-las e restaurar a harmonia.

John Fischer foi um observador privilegiado durante a maior parte da guerra, três vezes o único a sair vivo das selvas explosivas antes de finalmente acabar sua turnê junto às equipes de artilharia. Sofreu durante décadas por ser incapaz de aceitar ou encontrar paz depois da destruição e das mortes que ajudou a causar. Ele diz o seguinte:

> Eu nunca quis fazer mal a ninguém. Nem mesmo na guerra. Minha natureza é cuidar da saúde e curar. Eu não estava qualificado para fazer isso durante o conflito, de modo que me deram um rifle e ensinaram-me a usá-lo. E então eu o usei – um monte de vezes. Muitos inimigos mortos, e eu voltei para casa cheio de remorsos e manchado. Agora sou um bom quiropata; mas, lá no fundo, sempre sinto desespero por causa das mortes que causei. Oferecer aos pacientes a oportunidade de uma nova vida é gratificante, mas eu também tirei vidas.

Fisher fez grandes esforços para se curar por meio de psicoterapia, escrita[4] e volta ao Vietnã diversas vezes, primeiro com um grupo só de veteranos e depois comigo, para tratar das feridas de sua alma, e agora está coordenando viagens de recuperação para o Vietnã em nome de nossa instituição, a Soldier's Heart. Ele finalmente se deu conta de que curar a si mesmo não bastava; seus esforços teriam de incluir atos de atonement, que ajudariam a reparar o mundo que ele ajudara a demolir. No começo de 2009, ele coordenou sua primeira viagem de volta exatamente à mesma região onde lutara, de modo que ele e os outros veteranos e terapeutas puderam oferecer os serviços de Fisher como quiropata aos vietnamitas, com a intenção de aliviar parte de seu sofrimento.

> Voltei à terra dos meus pesadelos; meus instrumentos de cura incluídos na bagagem. Como seria trabalhar com essas pessoas? E se um ex-inimigo se deitasse na minha maca? Eu queria isso, queria até demais. Equivaleria aos danos causados? E então, aconteceu – um homem sem um braço, depois outro sem as pernas.

Fisher se deu conta de que curar "o outro", o antigo inimigo, era uma forma de curar a si mesmo.

além do perdão

Centenas de pacientes estavam chegando à minha clínica, muitos mais do que eu jamais atendi num dia só nos Estados Unidos. Foi surreal, como estar numa máquina do tempo. Meu trabalho humanista tornou-se o motivo de minha missão. Eu poderia reparar a minha participação na destruição da guerra oferecendo-me para curar a eles, não a mim! O passado sequer chegava a ser problema para os vietnamitas. E quanto a meus ex-adversários? Será que sua presença passava despercebida durante o trabalho entre as multidões? Quando terminei, saí da sala da clínica e os vi. Os homens cujos corpos eu tinha acabado de manipular para curá-los em cima da minha maca de quiropata estavam esperando em fila pelo almoço. Estiveram de fato na guerra – lutando contra os americanos.

Contemplar aquelas longas filas de veteranos vietnamitas idosos e incapacitados contra os quais lutara deu a Fisher uma visão da reconciliação e do seu papel nas reparações a serem feitas e no mundo a ser restaurado:

Olhei para aqueles homens que um dia eu tentara matar, mas cujas vértebras também eu acabara de ajustar. Estas são ambas experiências extremamente íntimas. Não importa se eu estava tratando de um carpinteiro no meu país ou de um ex-vietcong na minha clínica vietnamita. Enquanto trabalhava, nunca pensava se algum dia o meu paciente tentara me matar, ou eu a ele. Estávamos ali juntos com um propósito – em ambas as vezes em que nos encontramos. Dessa vez, nosso encontro tornou-se uma oportunidade para eu perdoar – mas não o que qualquer um pensaria. Tornou-se um momento para eu perdoar a mim mesmo por ter me envolvido com a desumanidade da guerra. Meus pacientes daquele dia, meus antigos inimigos, permitiram-me instilar meu amor pela quiropraxia nas suas colunas vertebrais. O perdão nunca foi um problema no coração deles, nem no meu. Aquilo significou vida nova para mim. Se eu tinha matado um irmão seu, eles me liberaram de carregar o fardo de sua alma. Os túmulos do fundo do meu coração encheram-se. Depois de todos os tratamentos, parece difícil dizer quem ficou mais saudável, afinal de contas – o paciente ou o médico.

E então, um veterano do Exército do Vietnã do Norte pegou a mão de seu ex-inimigo e beijou-a.

Por meio de atos de atonement depois da guerra, quando ajudamos a recuperar o corpo e a terra dos nossos antigos adversários, eles nos ajudam a recuperar a alma. Muitos veteranos de guerra procuram fazer reparações de modo a ficarem em paz consigo mesmos, a rehumanizar-se e reconciliar-se com o outro e a restaurar a ordem do mundo que havia sido desfeita. Grupos de veteranos do mundo inteiro trabalham para retirar minas e bombas, construir clínicas médicas e restaurar serviços vitais em lugares onde lutaram. Em toda viagem que coordenei para o Vietnã, envolvemo-nos em projetos que não trazem só sentimentos de perdão, mas que fazem reparações por meio de atos que corrigem os males causados, restauram o mundo desfeito, recriam a intimidade dos ex-combatentes e a unidade perdida de nossos povos alienados. Eis aqui alguns exemplos: Bob Reiter, fuzileiro naval veterano, atirador de porta de helicóptero durante a guerra, voltou duas vezes comigo ao Vietnã. Em sua primeira viagem de volta, comprou uma búfala com o bezerro e doou-os a uma família de lavradores pobres que vivia exatamente na região em que ele cuspiu muito fogo com a sua metralhadora durante a guerra. Em nossa cerimônia de apresentação, ele confessou ter matado muitas dessas criaturas durante a guerra e pediu perdão diretamente aos camponeses vietnamitas. Seu pedido de perdão não lhe pareceu completo sem o ato de restauração. O agricultor vietnamita abençoou-o, disse-lhe para perdoar a si mesmo por erros passados e convidou-o a voltar no futuro como seu primo norte-americano. Em sua segunda viagem de volta, Bob e outros veteranos perambularam pelas ruas do Vietnã, praticando "atos aleatórios de bondade" com sorrisos enormes enquanto distribuíam notas de dólares aos pobres que encontravam.

Talvez o atonement seja o segredo gêmeo do perdão. Tendemos a pensar no perdão, a abrir o coração, a aceitar os horrores que vimos e fizemos,

além do perdão

aceitar o que foi feito a nós, abençoar todos os sobreviventes e encorajá-los a viver e seguir em frente como suficientes para restaurar a totalidade. Mas não são. Na cabeça e no coração dos sobreviventes, as bombas ainda caem, o interior do país ainda está em chamas, as almas ainda gritam – e somos responsáveis. O trauma moral é um germe não reconhecido no fundo da ferida, um germe chamado DEPT que precisa ser enfrentado diretamente. Atonement – fazer reparações – vai além do perdão: significa reparar literalmente os danos causados. O atonement restaura o revigorante movimento para a frente, transformas as relações entre agressor e vítima num vínculo positivo e transforma a identidade do agressor em alguém que protege, preserva e repara – um guardião e um terapeuta. Fazer reparações cura o trauma moral.

Depois de 37 anos, Bob Reiter finalmente conseguiu dizer sobre suas matanças da época da guerra, que "Não fui eu quem fez aquilo." Finalmente conseguiu aceitar as transformações inevitáveis e horripilantes que acontecem durante épocas de guerra e afirmar sua nova identidade positiva.

Durante a guerra, Art Meyers serviu no Primeiro Batalhão da Polícia Militar em Da Nang. Tinha preferido proteger o aeroporto de uma grande base segura a caminhadas estafantes pelo mato em combate. Mas, durante a Ofensiva Tet, numa emergência, ele teve de levantar a arma e matar. Embora mais tarde tenha se tornado um eletricista e pai de família bem sucedido, Art sofria de DEPT. Teve de manter seu "problema com a guerra" em sigilo por causa da impopularidade da mesma. Sentia-se um homem sem pátria.

Art e sua mulher Linda retornaram comigo ao Vietnã. Quando chegamos a Da Nang, metade da viagem, Art sentiu-se à vontade, a ponto de explorar sua antiga base sem o grupo. Contratou um motociclista como guia. No fim do dia, Art voltou radiante. Seu motociclista tinha sido um vietcong. Levou Art a um memorial vietcong, situado no local onde ficava a antiga PX e juntos acenderam um incenso e lamentaram os mortos de ambos os lados. Depois ele levou Art a um restaurante improvisado de beira de estrada usado pelos operários que construíram o memorial, onde tiveram uma conversa. Embora o guia escrevesse um inglês perfeito, não sabia falar a língua. Mesmo assim, Art sentiu que se entenderam.

Naquele ano, nosso grupo doou uma Casa da Compaixão, uma casa pré-fabricada onde cabe uma única família, destinada a feridos de guerra, viúvas, órfãos, incapacitados ou a gente que perdeu tudo. Demos a casa a uma aldeia pobre que ficava na periferia da antiga base de Art. Convidamos Art a dar de presente a casa nova à família pobre de um veterano de guerra incapacitado. Art fez um discurso para os habitantes da aldeia, manifestando sua alegria ao dar este presente a um lugar onde ele tinha ferido e matado. E concluiu: "Desde que voltei da guerra, não consegui me sentir em casa nos Estados Unidos. Mas hoje, aqui, em sua aldeia e com sua comunidade vietnamita, finalmente voltei para casa." Depois Linda declarou que sua família ia sustentar dois filhos jovens dessa família vietnamita até eles concluírem o ensino médio.

No Natal seguinte, em vez de dar presentes a seus oito filhos adultos, Art e Linda deram o dinheiro para construir uma segunda Casa da Compaixão no Vietnã. O casal escreveu bilhetes à sua prole dizendo que este presente foi dado em seu nome. A placa que está na parede da Casa da Compaixao tem os seguintes dizeres. "De Arthur e Linda Myers, estado de Washington, EUA, e seus filhos Melissa e Scott, Jason, Karl, Russell, Laura, James, Peter e Gregory. De nossa família para a sua, em espírito de amizade e paz."

Dessa forma, não só o nosso veterano, mas toda a família Myers, fez reparações pela participação de Art na guerra, conquistando a unidade como veteranos irmãos e como família extensa da qual fazem parte todos os vietnamitas. São lembrados em sua aldeia vietnamita como benfeitores amados e parentes norte-americanos.

Daniel Martin, um fuzileiro naval veterano da Guerra do Vietnã, não teve filhos biológicos – outra perda frequente de muitos veteranos, sobre a qual não se fala. Mas ele retornou várias vezes ao Vietnã, a primeira vez em 1999, em companhia de um veterano da Segunda Guerra Mundial que lhe disse não ser responsável por todo o morticínio e destruição da guerra. Daniel voltou de novo em 2001 e resolveu adotar uma menininha vietnamita, ainda bebê, tirando-a de um orfanato de Da Nang. Conheceu sua futura filha, Jessie An Joli, no Dia dos Pais de 2002 e levou-a para casa naquele mês de agosto. E estava criando a menina, mas não só como sua filha. Lembrando-se da recomendação de Gandhi a um manifestante para criar o filho de um inimigo em sua própria religião, Daniel estava criando Jessie como vietnamita. Daniel voltou de novo ao Vietnã, uma vez comigo e outra vez com um grupo de veteranos. Retornou mais uma vez ainda, em 2009, ao país que chama de "minha segunda pátria", com sua mulher e sua filha "para Jessie poder conhecer sua mãe biológica, os dois meio-irmãos, a avó e a bisavó. Acho que temos o que poderia ser chamado de "adoção aberta". Jessie já falou que gostaria de voltar outra vez, de modo que retornaremos daqui a alguns anos." Daniel estivera numa depressão prolongada por causa de sua participação na guerra destrutiva. Agora considera toda a família biológica de sua filha a sua própria família extensa, composta de norte-americanos e vietnamitas, e ajuda a sustentá-la. Num ato de atonement que ajuda a nos unir a todos, os Martins e os vietnamitas tornaram-se uma só família.

Stephen Priesthoff tinha só 15 anos quando John, seu irmão mais velho e melhor amigo, foi morto em combate no Vietnã. A família de Stephen caiu num luto profundo e crônico. "Eu sentia como se algo lá dentro tivesse se quebrado e não fosse possível consertar o estrago."

Em 2008, Stephen voltou conosco ao Vietnã. Com a ajuda de mapas antigos, dos companheiros de seu irmão que tinham sobrevivido à guerra e de vietnamitas que moravam na região, encontramos o lugar onde seu irmão estava enterrado e lá realizamos uma cerimônia fúnebre e outra de atonement. Mas nem isso foi suficiente para pacificar Stephen a respeito do fato de seu irmão ter morrido na guerra. Em resposta tanto às necessidades dele quanto dos vietnamitas do local, resolvemos construir uma enfermaria para o Centro de Crianças de Rua de Da Nang e dedicá-la à memória de seu irmão John. Veteranos vietcongs e veteranos do Exército da República do Vietnã (ERV) que constituíam a equipe do centro receberam bem a ideia de um memorial ao norte-americano morto, prometendo construir um altar em sua memória e realizar uma cerimônia budista em favor de sua alma. Stephen faz uma declaração a respeito: "Meu irmão foi lutar e matar; mas, em seu nome, crianças podem ser curadas. Este projeto completou o círculo rompido de minha vida e da vida de minha família." Como ato de atonement, este dá fim a décadas de luto mal resolvido da família, dá sentido à morte de seu irmão, cria unidade da família com os vietnamitas e ajuda alguns dos companheiros sobreviventes de seu irmão a encontrar uma resposta.

Os vietnamitas compreendem a necessidade de fazer reparações e a paz que esses atos trazem consigo. Citam um ensinamento budista: "A doação é o melhor consolo", sugerindo que, ao devolver o que tiramos, ao criar onde destruímos, a cura e a recuperação são possíveis. Além disso, ensinam a lição budista, baseada nas leis do carma, segundo a qual, quando nos sentimos mal a respeito de más ações que cometemos no passado, não temos de sofrer ou entrar em um colapso incapacitante, nem de nos entregar ao desespero. O que seus monges disseram a nossos veteranos foi: "Abram o coração e façam o bem. Mudem o seu carma por meio de atos de compaixão."

Os veteranos vietnamitas são testemunhas dessa possibilidade de recuperar a unidade depois da guerra. Compreendem que a guerra alimenta de fato uma intimidade e que os sobreviventes tornaram-se responsáveis uns pelos outros, e por darem testemunho juntos. O Tam Ho, de 90 anos, conhecido como o Senhor Tigre, é um veterano de 25 anos de guerra contra três nações invasoras diferentes. Ele diz o seguinte a meus grupos de norte-americanos visitantes: "Os veteranos vietnamitas e norte-americanos são irmãos e irmãs que sobreviveram ao mesmo inferno." Tam Tien, um veterano vietcong que foi ferido gravemente durante a guerra, recebe alegremente o nosso grupo de visitantes veteranos e civis em seu lar no delta do Mekong. Com uma gargalhada, insiste em ouvir suas histórias, "para o caso de termos nos encontrado antes em outras circunstâncias" e compara cicatrizes com seus congêneres. Tam diz o seguinte: "Durante o resto da vida, veteranos norte-americanos e vietnamitas devem ser os lábios e a língua da mesma boca, contando ao mundo a mesma história."

Durante essas viagens de cura e recuperação que fazemos hoje ao Vietnã, descobrimos que é possível alcançar a unidade e a paz de novo, mesmo depois que uma guerra brutal e prolongada destruiu estes mesmos princípios. No Vietnã praticamos a confissão e o testemunho, praticamos contar histórias e perdoar antigos inimigos, abençoando e respeitando as feridas uns dos outros, e também atos de restauração. O atonement é um de nossos princípios e o nosso objetivo fundamental, pois tem o poder de curar profundamente almas torturadas pela guerra.

Atonement com história e verdade

Podemos e devemos estender os princípios do atonement a todas as guerras e a todas as grandes forças que moldam a nossa vida: a história, o destino e o cosmo. A guerra arranca-nos da história e lança-nos numa zona de horror infindável. Como Ésquilo afirmou há 2.500 anos, "A primeira baixa da guerra é a verdade." Temos de nos tornar unos de novo com a história e a verdade. Isso significa que precisamos encontrar os meios de afirmar nosso destino, seja o que for que tivemos de fazer durante a guerra. E podemos realizar atos de justiça em casa e em nossa sociedade, bem como nos lugares onde lutamos, para fazer as reparações.

Lembra-se da história de Wilbert, o combatente nativo norte-americano que supunha injustificável o seu primeiro morto? A história desse veterano ficou trancada dentro dele em silêncio durante 40 anos. Ele foi torturado pela tristeza, pela culpa, pela ira, pela solidão e pela sensação de ter traído o caminho tradicional do guerreiro que seu povo lhe havia ensinado. Por fim, em 2008, ele compareceu a um retiro de recuperação de veteranos coordenado por mim. Sentamo-nos em círculo com Lee, um jovem fuzileiro naval – combatente do Iraque – que tinha mais ou menos a mesma idade de Wil quando ele esteve no Vietnã. Lee declarou que não era só o matador profissional bem treinado que os militares tinham feito dele, como também um assassino. Ele se perguntava se poderia haver qualquer esperança ou redenção para alguém como ele. Achava que era o único a carregar uma angústia dessas e que ninguém mais o compreenderia.

Wil sentiu profunda simpatia e preocupação com o sofrimento deste fuzileiro naval. Para ajudar um jovem veterano, ele rompeu o silêncio de 4 décadas. O veterano mais velho disse o seguinte ao novo sobrevivente: "Não guarde suas histórias trancadas a cadeado. Conte-as para mim. Confie em mim. Eu guardei a minha trancada a sete chaves e sofri com uma solidão e uma tristeza interminável. Vejo-me em você. Não quero que sofra como eu."

E então Wil contou sua história com todos os detalhes.
O veterano do Iraque respondeu contando a todo o nosso grupo, pela primeira vez, parte de suas histórias de guerra. Depois de nosso retiro, Lee passou a confiar nos veteranos mais velhos, conseguiu parar de alimentar o vício em substâncias químicas e começou a participar regularmente de um grupo de veteranos, na esperança de finalmente superar sua autocondenação.
A coragem que Wil teve de falar foi um ato de atonement que conseguiu várias coisas. Deu sentido às mortes que ele causou, que até então tinham sido incompreensíveis para ele, ao usar sua experiência como uma parábola para um novo veterano. E declarou sua fraternidade e devoção à geração seguinte de veteranos e sua disposição em representar o papel de guerreiro mais velho. Em essência, ele finalmente conseguiu responder ao espírito de seu inimigo morto com uma mensagem: "Perdoe-me por ter tirado sua vida – mas finalmente dei um sentido a esse ato. Juntos vamos ajudar a trazer cura, paz e compreensão para os que acabaram de ser feridos." Wil aceitou sua história e tornou-se um com suas vítimas, e também com Lee e a nova geração de veteranos, tudo isso por meio de um único ato sagrado de contar histórias num retiro em sua terra natal quatro décadas depois do seu serviço militar.
Quando era um jovem fuzileiro naval durante a Segunda Guerra Mundial, Ed Bloch lutou em Okinawa, onde foi ferido. Quando a guerra terminou, ele não foi mandado para casa, e sim para a China, durante as insurreições culturais que acabaram desembocando no governo comunista. Um jovem tenente e líder do pelotão que usava rifles, Ed recebeu ordem de voltar as armas de sua unidade contra uma aldeia inocente. Ele conta o que houve:

> Quando dei a ordem de atirar contra uma aldeia do norte da China – junto com uma unidade kwantung do exército japonês (que tinha metralhadoras Nambu) e suas marionetes chinesas – os caras do meu pelotão me amaldiçoaram pela minha insanidade. Fazia poucas semanas que os japoneses e nós, norte-americanos, estávamos matando uns

> aos outros, e os aldeães chineses deviam ser nossos amigos. Precisei de vários meses para finalmente me perguntar que diabos estávamos fazendo na China que justificaria estarmos cometendo atrocidades contra civis chineses.

Este incidente assombrou Bloch durante toda a sua vida, moldando a sua psicologia e definindo sua relação com a história. "Todo mundo tem consciência", diz ele. "Mas, quando uma transgressão é feita num palco mundial – com possíveis consequências para todo o planeta – é diferente. Quando totalmente reconhecida, tem um efeito entorpecedor e mortal sobre o perpetrador. O primeiro instinto é, claro, manter o segredo terrível trancado a sete chaves."
Bloch guardou realmente este segredo durante anos, ao mesmo tempo em que a moralidade da guerra em si e a culpabilidade e responsabilidade de cada cidadão tornaram-se interesses obsessivos. "Eu estava sozinho no meu pecado?" pergunta ele. "A resposta é não, óbvio. Mas então toda a operação da Primeira Divisão dos Fuzileiros Navais na guerra civil chinesa foi silenciada, exceto na história oficial do Corpo de Fuzileiros Navais dos Estados Unidos na Segunda Guerra Mundial – um reconhecimento de culpa criminal, se é que algum dia houve algum."
Agora com mais ou menos 85 anos, Ed Bloch é um membro ativo da instituição Veterans for Peace [Veteranos em favor da paz] e um líder de organizações de veteranos no estado de Nova York. Ele diz o seguinte:

> Minha atrocidade no norte da China tornou-se meu catalisador de mudanças. Não perdoo a mim mesmo – eu devia ter sido julgado pela Corte Marcial dos Estados Unidos. Mas, na falta desse julgamento, eu mesmo posso me permitir uma vida nova *com uma condição:* sinto-me obrigado a fazer absolutamente tudo para que o mundo inteiro saiba o que fizemos há 64 anos e as circunstâncias em que cometemos atrocidades nesse momento da história evolutiva.

Ed Bloch declara que não vai conseguir ficar em paz enquanto não vir essa atrocidade encontrar seu devido lugar na história. Continua sua cruzada solo para recordar este acontecimento, escrevendo e fazendo palestras sobre o massacre desconhecido na China com a maior frequência possível.[5] Assumir o seu devido lugar na história e dar testemunho da verdade dos acontecimentos históricos, em vez de permitir que eles sejam distorcidos, diluídos ou mantidos em segredo, é um ato de atonement não só para consigo mesmo e com o outro a quem se fez mal, mas também para com a história e a verdade. A primeira baixa da guerra é a verdade, e restaurar a verdade liberta-nos. Em sua busca incansável para conseguir o reconhecimento de sua atrocidade e das atrocidades de nossos fuzileiros navais em épocas de guerra, Ed está fazendo reparações pelo mal que foi feito não só a inocentes vítimas chinesas, mas também às forças da história e da verdade.

Conclusão: atonement com o cosmo

É comum os combatentes se sentirem "destruidores de mundos". Como vimos, servir como combatente transforma a identidade de alguém na identidade de um assassino, um destruidor, de alguém que tira vidas. O atonement restaura a identidade, que agora passa a ser de criador, preservador, construtor e terapeuta. Mas os combatentes não destruíram somente pessoas, infraestrutura e a terra, mas a própria vida. "Conspirei para explodir o mundo", disseram-me veteranos da Guerra Fria. Os veteranos precisam passar da desordem para o restabelecimento de uma conexão e uma ordem positiva, criativa, afirmativa e íntima não só consigo mesmos, mas com a totalidade da vida.

É possível experienciar a desordem cósmica de épocas de guerra ser corrigida e substituída por uma visão de restauração e inclusão também cósmicas.

Michael Broas, que voltou duas vezes comigo ao Vietnã, serviu como operador de rádio e telefonia da linha de frente durante a guerra. Ficava sozinho frequentemente numa casamata avançada, do outro lado da linha de frente, recebendo informações sobre artilharia e ações inimigas, bem como de ataques aéreos. A partir de sua primeira batalha, três dias depois de sua chegada, Michael sentiu-se sozinho, alienado e afastado dos outros veteranos, bem como dos civis. Sua guerra se transformara em segredo e a própria vida parecia incompleta e desordenada.

Durante a guerra, Michael estabeleceu um vínculo muito forte com os *Montagnards*, o nome coletivo de todas as populações indígenas do Vietnã. "Num mundo enlouquecido", explicou ele, "eram os únicos a oferecer amor, esperança e hospitalidade. Durante a guerra, perdi toda a fé na humanidade – exceto nos montagnards." Tornou-se crucial para ele voltar. Juntos visitamos suas aldeias tradicionais nos Planaltos Centrais. "Certa noite em Pleiku", diz ele, "sentado ao pé de uma fogueira sob a lua cheia, numa aldeia montagnard, fui levado para outro mundo pela música encantadora do gongo e pela dança rítmica, mágica, de meninas e moças."

Como retribuição à cerimônia de boas vindas que os montagnards fizeram para nós, Michael fez um discurso para sua comunidade, onde agradecia e elogiava o fato de terem cuidado dele durante a guerra. Depois pediu para chamarem o chefe da aldeia e deu-lhe de presente um colar de dentes de búfalo dos Estados Unidos. "O búfalo é sagrado para ambos os nossos povos", disse ele ao chefe. "Eu gostaria de ter a honra de iniciá-lo no clã do búfalo norte-americano."

Depois da cerimônia, Michael e eu e alguns outros entramos na selva escura à noite, mas iluminada pela lua cheia. Na mitologia vietnamita, a lua é Hang Ngha, a deusa do amor e da beleza. Foi a primeira vez que Michael entrou na selva sem uma arma. E continua a sua história:

> Erguemos os olhos para ver o céu e as estrelas num alinhamento místico. Havia uma beleza radiante na lua cheia, lançando sobre todos nós as carícias de sua luz benevolente com bênçãos suaves de paz e perdão. A constelação de Órion apareceu, mas parecia diferente de algum modo nesse lado do planeta – com a espada apontada para a terra! E depois Marte, o planeta e deus da guerra, apareceu aninhado exatamente no meio do caminho que tínhamos acabado de percorrer. Compreendi, naquele instante profundamente mágico e místico, que o universo inteiro alinha-se

> com as intenções de paz e cura da alma, e lhes dá sustentação. Há muitos anos, exatamente nessas montanhas, meu coração estava tão ferido e destroçado que nunca pensei que fosse possível recapturar qualquer sentimento de inocência, ordem ou sentido. Por fim, nos recessos mais escondidos da minha alma, compreendi que era verdade aquilo que esses vietnamitas estavam querendo me dizer – que, na realidade, não havia necessidade alguma de perdão. Compreendi que o verdadeiro significado de atonement não é "penitência pelos meus pecados", e sim abrir meu coração e minha alma para a experiência de ser um com a totalidade da vida. Só neste lugar é que a Graça adquire vida e dá paz a uma alma demolida.

Michael saiu daquela selva nesta segunda vez sentindo como se o cosmo tivesse se alinhado na mais perfeita ordem e harmonia "para mim!" e que voltar para casa e recuperar a ordem do mundo inteiro depois de uma guerra era de fato possível.

A guerra destrói a unidade essencial em pedaços disparatados e conflitantes dentro do indivíduo e dentro dos povos, dentro de uma sociedade e dentro das culturas e nações em luta. O atonement – tornar-se inteiro de novo – é necessário para curar o eu e reconciliá-lo com o outro, e para curar dentro de uma nação, dentro de todas as nações e de todo o cosmo. Atos de atonement conseguem realizar a façanha dessa reunificação reparando, substituindo ou recuperando o que foi quebrado ou destruído no mundo físico. E quando quem faz as reparações é a mesma pessoa que foi a primeira a fazer o mal, aí o trauma moral é invertido, a identidade é recriada e a alma se cura. Nesses casos, os sintomas do DEPT evaporam muito frequentemente; os veteranos torturados por pesadelos passam a dormir em paz de novo. Portanto, os atos de atonement reparam e restauram simultaneamente o mundo exterior ao recuperarem o mundo interior. A guerra destrói mundos – o atonement os reconstitui – dentro e fora.

Jesus disse que devemos amar os inimigos. Devemos amar aqueles que tentaram nos matar? Aqueles que tentamos matar? Aqueles que desumanizamos e demonizamos, ou que nos desumanizaram e demonizaram? Aqueles contra quem gastamos recursos inumeráveis e sacrificamos a vida de entes queridos?

O Mestre estava certo. É possível chegar a esse amor depois de uma guerra. É um amor profundo como o cosmo e é o atonement supremo.

Notas
1. William Herrick, Hermanos! (Nova York: Simon & Schuster, 1969), p.255.
2. Para dispor de uma exploração exaustiva das formas de intimidade resultantes da participação em combate, ver Edward Tick, *War and the Soul*, (Wheaton, Ill.: Quest Books, 2005), pp. 119-133.
3. Chris Hedges, *War Is a Force That Gives Us Meaning* (Nova York: Public Affairs, 2002).
4. John Wesley Fisher, *Angels in Vietnam* (2002) e *Not Welcome Home* (2006), ambos disponibilizados pelo autor em http://www.johnwesleyfisher.com.
5. Ed Bloch, "An Unknown Side of the 'Greatest Generation's' War", *Veterans for Peace Newsletter*, 7; Kate Gurnett, "A Call for War-Crime Justice", *Times Union*, 15 de setembro de 2000, pp. D1 e D3; Paul Grondahl, "A Vet Seeks Atonement", *Times Union*, 25 de abril de 2005, pp. A1 e A4; Bob Conner, "Veteran for Peace Unloads His Secret", *Schenectady Gazette*, 21 de novembro de 2005, p. B1; e Nick Reisman, "Fighting for Peace", *Post Star*, 22 de outubro de 2007, pp. A1 e A7.

O autor agradece a todos os veteranos mencionados aqui por seu amor, coragem, capacidade de servir, devoção e confiança ao contar essas histórias. Nomes, histórias e citações foram usados com permissão.

Vietnã e outros nomes vietnamitas foram grafados todos eles, no original em língua inglesa, como duas palavras, em não como uma só, como usa a versão ocidentalizada.

10
depois da morte do meu filho: minha viagem de perdão e atonement

Azim Noordin Khamisa

Quando o coração chora pelo que perdeu,
a alma ri pelo que encontrou.
- *Aforisma sufi*

Desde o assassinato de Tariq, seu filho de 20 anos, em 1995, Azim Noordin Khamisa é um ativista social fervoroso que dedicou a vida a ajudar a romper o ciclo de violência infantil por meio de uma série de palestras, workshops, seminários, livros e entrevistas para a mídia. Ao fundar a Tariq Khamisa Foundation em homenagem a seu filho morto, ele conseguiu difundir o evangelho da não-violência entre os povos do mundo inteiro e muitas vezes com Ples Feliz, o avô de Tony Hicks, o adolescente de 14 anos que assassinou o seu filho. A mensagem de Azim combina as virtudes e a moralidade do perdão à compaixão e humildade do atonement, que inclui estender a mão para outros que também perderam entes queridos em atos de violência. Além de suas palestras e textos, seu website posta milhares de histórias escritas por estudantes e outros cuja vida foi atingida pela violência. Para Azim, contar a própria história, qualquer que seja a idade da pessoa, é onde começa uma reconciliação duradoura. Como descreve essa entrevista, o perdão e a oportunidade de fazer reparações que ele ofereceu ao assassino de seu filho são semelhantes à reconciliação mais profunda que é possível para aqueles cuja vida também foi destroçada. Nunca alguém capaz de subestimar a dificuldade dessa tarefa, ele dedicou a vida a despertar a esperança nas vítimas e nos algozes igualmente. "Nós, seres humanos, enfrentamos constantemente momentos decisivos em nossa existência", escreveu ele em algum lugar. "Nesses momentos somos capazes de operar milagres e produzir transformações em nós mesmos e nos outros."

No dia 21 de janeiro de 1995, meu único filho homem, Tariq Khamisa, foi morto quando estava entregando uma pizza em San Diego. Tariq tinha só 20 anos. Estava noivo. Seu assassino era um adolescente de 14 anos, Tony Hicks, que entrara há pouco tempo para uma gangue de rua, tinha brigado com a mãe e estava sendo criado pelo avô.
Desmoronei. Tinha pensamentos suicidas. Em resumo, perdi meu filho de 20 anos. Tariq era um membro muito importante de minha família. Não foi alguém que morreu ao nascer, nem aos 50 anos. Tinha acabado de ficar noivo e planejava ter filhos com Jennifer, sua amada. Era um menino incrível, muito carismático, generoso e bom, com um senso de humor maravilhoso.
Quando Tariq morreu, perdi o chão embaixo dos pés porque foi muito súbito, muito aleatório, muito sem sentido. Embora o sentido tenha acabado por vir à tona, naquele momento eu não sabia viver sem o meu filho. Eu estava com 40 e poucos anos e, de repente, tornei-me um bebê outra vez. Tive de reaprender a viver. Por isso eu me perguntava constantemente "Como seguir adiante?"
O que eu fiz foi ir em frente, passo por passo, do luto ao perdão e do perdão ao atonement. Acho que consegui isso por que a minha prática espiritual muçulmana me ajudou a enfrentar a tragédia. Uma parte muito importante do nosso ritual fúnebre era que eu tinha de descer ao túmulo e pegar meu filho nos braços. Isso me ensinou uma lição crucial sobre perdão, sobre soltar, deixar ir embora.
A tradição sufi diz que, quando você está dentro de um túmulo segurando nos braços o corpo do seu filho— como foi o meu caso – ou de um outro familiar, não há como negar o acontecido. Quando você atira a primeira pá de terra sobre o corpo, esse gesto é um lembrete visceral de que o seu ente querido se foi. O que acontece a muitos pais e mães é que eles não

têm essa vivência profundamente física e ficam em estado de negação da morte de seus filhos. Um homem que conheci recentemente me contou que foram precisos 20 anos para ele admitir que seu filho morrera.

Muito me ajudou a sabedoria oferecida a mim por meu mentor espiritual. Ele me disse que, durante o período de 40 dias após a morte, a alma ou espírito da pessoa fica muito perto de seus entes queridos e familiares. Esses dias devem ser usados para o luto e as orações. Fazemos orações todos os dias, mas temos orações especiais no décimo e no décimo terceiro dia, enquanto as orações mais significativas devem ser feitas no 40^0. dia após a morte.

Mas 40 dias não foram suficientes para superar o assassinato do meu filho. Falando francamente, eu estava muito sozinho. Não tinha uma vida social. Escrevi um livro, *Azim's Bardo: From Murder to Forgiveness – a Father's Journey* [O bardo de Azim: do assassinato ao perdão – a jornada de um pai]. Criei a Tariq Khamisa Foundation em homenagem a meu filho. Caminhava pela praia dia e noite. Fazia ginástica na minha academia. Por fim, depois de três anos e meio, vislumbrei um raio de sol. Uma noite, em Washington DC, tive meu primeiro encontro com minha amiga Rene. Quando gargalhei de verdade com uma piada, tive de pôr as mãos na boca, em estado de choque. Ela até perguntou, "Você está bem?" E eu respondi: "Estou ótimo – mas eu não ria há anos, tanto que me pareceu esquisito."

Foi naquele momento que eu soube que não estava mais de luto.

Claro que é importante guardar o luto. Por meio do luto, da imersão numa tristeza profunda, você pode expandir a capacidade de sentir alegria. Mas os sufis acreditam que um *luto exagerado* depois dos 40 dias atrapalha a viagem da alma. Ensinaram-me que, em vez de me entregar ao luto, eu devia realizar boas obras. Isso porque as boas obras são "moeda espiritual" que você pode transferir para a alma que se foi, que então recebe "combustível aditivado" para a longa viagem que tem pela frente.

Portanto, embora seja importante você guardar o luto, também é muito importante sair dele finalmente. Você tem de parar de viver como vítima. Quando você assume o papel de vítima, não tem qualidade de vida. Se ficar preso ali, está, basicamente, vivendo de muleta. Você tem de deixá-la para trás. Eu sabia que não tinha vontade de passar a vida dizendo, "Perdi meu único filho homem. Sintam pena de mim."

A maneira de tocar a vida em frente passa tanto pelo perdão quanto pelo atonement. A maneira de superar o luto é *fazer reparações* ou, como me disse meu guia espiritual, é devolver algo à sociedade. Este é o poder do atonement.

Segundo a minha perspectiva, atonement dizia respeito a enfrentar o luto. Eu gostaria de ter protegido o meu filho. Eu gostaria de ter estado lá com ele. Nesse caso, eu teria posto o meu corpo entre ele e o atirador.

Embora eu tivesse uma vida muito plena quando meu filho estava vivo, levo agora uma vida muito mais plena. Eu era um banqueiro que fazia investimentos internacionais. Hoje meu trabalho é diferente: trabalho com crianças e adultos e sou um ativista que promove a paz e o perdão.

A jornada da reconciliação

Na noite em que Tariq morreu, tive uma experiência fora do corpo. Foi como se uma bomba tivesse explodido dentro de mim. Doía tanto que eu não consegui realmente ficar no meu corpo. De modo que saí dele. Desde então ouvi falar de muita gente traumatizada, como vítimas de estupro, que saiu do corpo. Fui além disso: fui direto para o abraço amoroso de Deus. E fiquei nos seus braços por muito, muito tempo. Quando as explosões amainaram, Ele me mandou de volta para o meu corpo com a sabedoria de que *há vítimas de ambos os lados da arma*. Essa percepção não foi algo que veio da minha cabeça para o coração; foi algo que veio do meu Deus.

Para essa parte do processo de reconciliação e cura, você tem de transcender sua cabeça e seu coração. A cabeça é onde vive o seu intelecto, e o coração é onde vivem suas emoções, e nenhum dos dois é uma faculdade muito confiável. Você tem de ir além deles. Foi o que eu fiz; fui além da cabeça – fui para a alma. A alma constitui uma faculdade muito mais potente do que a cabeça ou o coração. A alma é onde você medita, e eu passei anos meditando, e meditar é uma espécie de preparação para tempos difíceis. Uma bênção é quando a preparação se encontra com a graça. De certa forma, perdoar é uma graça. Com a morte de Tariq, recebi um tipo de presente ou bênção: aprendi a praticar uma forma suprema de perdão. Quando você tem tanta capacidade assim de conter o espírito divino, pode fazer um bem muito maior ao mundo.

Por mais surpreendente que pareça, encontrei grande resistência a qualquer ideia de perdão. Uma hora e meia depois de receber a notícia da morte de Tariq, meu melhor amigo chegou e disse:

– Quem quer que sejam os meninos que mataram Tariq – espero que fritem no inferno.

De repente eu estava de volta ao meu corpo.

E respondi a ele:

– Vejo vítimas de ambos os lados da arma.

Agora eu estava expressando o tipo de sabedoria a que tive acesso durante a minha experiência fora do corpo, que me levou ao perdão e ao atonement. Depois que Tariq morreu, muitas pessoas que frequentavam a minha mesquita visitaram-me durante 40 dias. Segundo a nossa tradição de luto, você não deve cozinhar, nem realizar nenhuma outra tarefa doméstica. Você deve se entregar completamente ao seu luto. Sabendo disso, as pessoas vinham e sentavam-se na minha sala de visitas, trazendo-me comida para o desjejum, o almoço e o jantar. Recebi tanta comida em casa que fui obrigado a dar um pouco. Todas as minhas visitas rezavam comigo. Mas, como Tariq morrera tragicamente, queriam saber os detalhes. Eu contava a história; eu conseguia dizer a palavra *Tariq*, mas não conseguia dizer *morreu*. Seu nome era uma corrente de 2 mil volts passando por todo o meu tronco. Mas as pessoas da mesquita esperavam e encorajavam-me a contar a história, mesmo que eu estivesse pensando, *Não consigo contar essa história mais uma vez.*

Quando olho para trás e volto para aqueles momentos, vejo que contei toda a história da morte de Tariq todas as vezes, para cada visita. Era um não acabar de contar a história, e era penoso. Cada vez que eu contava a história de novo, era como arrancar a casca de uma ferida; no entanto, cada vez que a casca se refazia, a ferida estava um pouco menor.

Em retrospectiva, acho que o que eu estava fazendo realmente era tentar perdoar o assassino do meu filho – por *mim* – porque não queria passar o resto da vida como vítima. Queria *de volta* a plenitude da vida que eu tinha quando meu filho estava vivo, o que era essencialmente egoísta, pois eu não queria viver ressentido. Lembro-me de uma citação do Nelson Mandela – uma frase que não foi ele quem criou, mas foi ele quem a tornou célebre: "O ressentimento é como um veneno que você toma e espera que seu inimigo morra." Quando você fica paralisado pela raiva, pelo ressentimento ou pela condição de vítima, você lesa a si mesmo em primeiro lugar. Trata-se, na verdade, de maus tratos contra si mesmo. Se pegasse um chicote e fustigasse o seu corpo, daria mais ou menos na mesma. Por que ter esse terreno importante de sua psique ocupado por alguém que lesou você? Por que não perdoar e liberar aquele terreno para que o amor e a alegria possam viver nele?

Mas o perdão é apenas um terço da jornada de reconciliação; o arrependimento é o segundo terço. E a reconciliação não é completa enquanto você não vai além do perdão e do arrependimento para chegar ao *atonement*.

No livro *O profeta*, de Kahlil Gibran, há uma história linda que fala de alegria e sofrimento. Gibran diz que, quando a alegria está dormindo em sua cama, você está sofrendo; e quando o sofrimento está dormindo em sua cama, você está alegre. É a mesma coisa. Ele dá o exemplo de um ceramista que está produzindo uma obra-prima de argila. Primeiro umedece a argila com suas lágrimas. Depois, para fazer irradiar a beleza da argila, ele tem de colocar sua obra-prima num forno de 800 graus durante 18 horas. Eu sei como é estar ali. Se você interpreta dessa maneira a dor – que ela está ajudando você a irradiar sua beleza, que é como o ceramista ajudando a argila a se transformar em porcelana – então é possível ver a dor ajudando você a expandir a sua alegria. Sempre há recompensas. Até um processo doloroso pode ser um processo de aprendizado.

De modo que perdoei o assassino do meu filho e, mais tarde, possibilitei que ele fizesse reparações pelo mal causado.

Os três passos

Os passos que dei para percorrer o caminho do perdão e do atonement foram essencialmente um *processo*, e não um acontecimento. Você não consegue dizer simplesmente, "Eu perdoo" e pronto, acabou. É uma prática diária. É isso que ensino. Digo a meus alunos que você passa por três marcos quilométricos, três passos imensos, que descobri na minha viagem e que foram inspirados por minha fé sufi.

O *primeiro* marco quilométrico ou passo é muito difícil. Você tem de reconhecer que lhe fizeram mal, o que leva a um processo de luto muito doloroso.

O *segundo* passo é abrir mão de todo o ressentimento resultante do primeiro. Este também é um passo muito difícil. Se você tirou a vida do meu filho, quero a vida de um dos seus! Esta é a mentalidade do olho por olho, dente por dente. Mas ela não traz um filho de volta. Não acaba com o luto, nem com o sofrimento. O segundo passo leva você a conhecer a *intenção* e a *empatia*. Faço isso através da meditação. Eu meditava uma hora por dia; mas, quando Tariq morreu, eu não conseguia comer, nem dormir – minhas funções biológicas mudaram. Tudo mudou depois que ele morreu. Eu não era mais a mesma pessoa.

Nesse sentido, acho que até o meu DNA mudou e está diferente agora. O livro *The Biology of Belief* [A biologia da fé] explica que o DNA pode mudar. Cunhei o termo *almular* para explicar o que acontece quando mudamos a nível da alma, que é uma mudança mais profunda que a nível celular. Temos trilhões de células; mas, quando mudamos a nível almular, essa mudança leva a uma transformação do nosso DNA, que se reorganiza. Por meio do processo de meditação e de intenção, é possível nos libertamos de todo o ressentimento resultante.

O processo de libertação de todo o ressentimento exige *empatia*. Na história do meu filho, a empatia derivou da minha crença de que havia vítimas de ambos os lados da arma. Consegui enxergar humanidade no garoto que matou o meu filho. Não demonizei Tony Hicks, o assassino do meu filho. Eu o vi como outro ser humano, um ser humano que cometeu um erro muito grande. Se você examinar um incidente de violência, qualquer que seja, vai ver que sempre há duas vítimas. Desde a morte do meu filho, conheci membros de gangues que faziam parte de cinco gerações do ciclo de violência e trata-se basicamente da mesma história. As pessoas perguntam o tempo todo como foi que conseguir perdoar Tony, e eu respondo que não foi fácil, mas que era necessário para uma reconciliação completa com o que aconteceu.

Cinco meses depois da morte de Tariq, conheci Ples Feliz, o avô do adolescente que matou meu filho. Esse encontro me permitiu conhecer Tony cinco anos depois. Sentei-me a seu lado na prisão e olhei em seus olhos durante muito, muito tempo. Eu o vi com os meus "verdadeiros olhos" e lembro-me de tentar ver se havia ali um assassino. Não enxerguei nenhum; não encontrei ali um assassino. Vi uma outra alma, muito parecida com a minha; encontrei nele a minha própria alma. Não vi diferença alguma entre nós. Através dos seus olhos eu consegui entrar em contato com a sua alma e sentir sua humanidade. Acho que isso aconteceu porque, quando você olha com seus *verdadeiros olhos*, você se dá conta de que a empatia é importante. Compreende que você e o outro são um só a nível almular. De modo que a segunda peça do quebra-cabeça da reconciliação é libertar-se de todo o ressentimento.

O *terceiro* passo é ir além do perdão e *estender a mão para o agressor com amor e compaixão* a fim de criar uma "moeda espiritual" para os mortos.

O atonement vive nessas ações. Significa que você pegou algo sem sentido, aleatório, trágico, indesejado e sombrio e transformou-o em luz. Você estendeu a mão e deu-se conta de que não é diferente da pessoa que o lesou – que somos todos seres humanos. Você se dá conta de que a pessoa cometeu um grande erro, mas isso não significa que ela perdeu a condição humana.

No entanto, para sentir empatia, você tem de conhecer o outro.

No caso de Tony, tive de tomar conhecimento de todos os desafios que ele teve de enfrentar desde criança. Nasceu de uma adolescente de 15 anos. Seu pai não queria saber dele e o espancava; seu primo favorito levou um tiro. Por fim, quando ele tinha 8 anos, a mãe desistiu dele e o mandou morar com o avô, embora agora participe novamente de sua vida.

Quando Tony tinha 11 anos, era um menino irado. De modo que entrou para uma gangue. Certa noite, quando estava bêbado e em estado de consciência alterado pelo uso de drogas, alguém lhe deu um revólver. Seus hormônios estavam a mil por hora. O que ele fez naquela noite, praticamente qualquer um teria feito se estivesse em seu lugar. A maioria das pessoas teria tomado a mesma decisão que ele se estivesse na encosta escorregadia onde ele se encontrava.

Falei de perdoar alguém, mas tem mais. Para mim, perdoar – e parar por aqui – não bastava.

Meu atonement pessoal

É no fazer que a recuperação chega ao atonement. E que fazer é esse? Estendi a mão no terceiro passo – para Ples, o avô de Tony – e expliquei-lhe que ambos havíamos perdido um filho. "Meu filho morreu, e o seu foi para a cadeia. Não há nada que eu possa fazer para trazê-lo de volta do reino dos mortos, embora eu quisesse muito que houvesse. E também não há nada que você possa fazer para tirar seu neto da prisão. Ele entrou para a gangue aos 11 anos e agora vai ficar trancafiado durante 25 anos de sua vida. Mas o que você e eu podemos fazer é impedir outros meninos de cometerem o mesmo erro. Você está ligado a essa tragédia porque o seu neto tirou a vida do meu filho. Cabe a nós assumir a responsabilidade aqui. Temos de fazer alguma coisa. Comecei com a Tariq Khamisa Foundation, que se propõe "impedir crianças de matar outras crianças" por meio de um programa que pode ajudar a romper o ciclo da violência juvenil. Ao dar às crianças condições de fazerem as escolhas certas, elas não vão participar de gangues pelos motivos errados. Vim convidá-lo a se juntar a mim. Salvamos vidas, pregamos a paz, ensinamos o perdão."

Ples e eu trabalhamos juntos, como irmãos, durante 15 anos. Agora nossa fundação atinge oito milhões de crianças e eu desenvolvi outro programa de intervenção que agora está sendo aplicado em oito cidades espalhadas por todo o país. Depois de tudo isso, posso dizer honestamente que nunca conheci um delinquente que também não fosse uma vítima. Descobri que, quanto mais grave o crime, tanto mais abominável a vitimização. Temos uma questão cultural aqui. Importante é ter empatia no coração – não o desejo de vingança. Dar esse último passo acontece depois que você foi além do perdão e chegou a um ato de reparação, que é o atonement. Ajudei Ples criando uma oportunidade para ele salvar as aparências. Eu lhe disse o seguinte: "Não estou olhando para isso com sentimentos de vingança, ou de ódio e ressentimento. Não estou assumindo a postura de que o seu neto tirou a vida do meu único filho homem, de modo que vamos pendurá-lo no poste mais alto que encontrarmos. Isso não faz nada para melhorar a sociedade. Vim procurá-lo com sentimentos de perdão e empatia. Além de todos esses desafios que estamos enfrentando, e por causa de nossa história, podemos tentar garantir que nenhum outro garoto vai cometer o mesmo erro que o seu neto. Estou tratando disso agora. Não posso trazer meu filho de volta; você não pode tirar o seu neto da prisão. Que tal salvar outros meninos? Você me ajuda?"

Ples aceitou imediatamente o meu perdão e o convite para tomarmos providências juntos.

Para mim, foi graças a esse trabalho que eu consegui fazer reparações – e ele também – por termos fracassado de algum modo com os jovens que estávamos tentando criar. Às vezes acho que Ples é quem carrega o fardo mais pesado. Tariq está morto; ninguém pode lhe fazer mais nenhum mal. Mas Tony, que é jovem, bonito e carismático, está numa prisão para adultos. Corre perigo todo dia. Seu avô Ples acorda toda manhã preocupado com isso.

Segundo a minha perspectiva, atonement diz respeito a elaborar a culpa, quer você seja ou não responsável por certos atos. Eu gostaria de ter protegido Tariq. Eu gostaria de ter estado lá naquela noite. Eu gostaria de ter sabido que ele não devia ser um entregador de pizza. Eu gostaria de ter passado mais tempo com ele, pois estava divorciado naquela época e ele tinha se mudado para San Diego, vindo de Seattle, onde morava com a mãe. Sofri por não ter estado presente em nenhum desses momentos. Se eu *estivesse* lá, teria posto o meu corpo entre ele e Tony quando a arma disparou.

O bom é que não ficou nenhuma questão pendente entre nós. Eu o vi 12 dias antes de ele morrer. Eu tinha acabado de chegar da Índia. Ele me disse que queria um tapete verde. Ele adorava o verde-garrafa, de modo que passei por umas 20 lojas à procura de um tapete verde-garrafa e investi tempo para encontrar o tapete certo. Fiquei sabendo como o tapete foi feito. Quando lhe dei o tapete, depois do jantar, vi que ele o adorou. Foi a última refeição que fizemos juntos.

além do perdão

Depois que ele morreu, uma das minhas tias teve um sonho onde sentiu a presença de Tariq e ouviu-o dizer que, se a sua namorada Jennifer quisesse entrar em contato com ele, devia meditar em cima daquele tapete. Este foi um sonho impactante.

Em resumo: quando falamos de atonement, estamos falando de perdão. Lidamos essencialmente com dois fatores. Lidamos com o ressentimento pelo que foi feito contra nós ou enfrentamos a culpa por algo que fizemos – ou deixamos de fazer.

Quando consegui estender a mão com amor e compaixão e criar a fundação junto com Ples, que um dia vai incluir Tony, que vai se juntar a nós quando sair da prisão, eu estava, em primeiro lugar, prestando uma homenagem a meu filho. Seu nome está na bandeira da fundação. Fazemos o trabalho em seu nome e, por isso, sinto que cheguei ao atonement. Desapareceu a culpa que eu sentia por ter estado longe dele e me divorciado de sua mãe. Agora passo muito mais tempo com ele do que jamais na vida, porque ele está me ajudando lá do outro lado. Está aqui, por assim dizer. Lembro-me de uma história comovente a respeito de Yoko Ono e John Lennon. Depois que Lennon foi baleado e morto, um jornalista perguntou a Yoko Ono: "Deve ter sido duro para você, pois você e John estavam juntos 90% do tempo." Tinham sido inseparáveis. Sua resposta foi: "Agora estamos juntos 100% do tempo." É assim que me sinto em relação a meu filho Tariq. Agora trabalhamos juntos 100% do tempo.

O atonement de Tony

Em algum momento todos temos de pegar o nosso luto e transformá-lo em "moeda espiritual", o que significa realizar boas obras em nome dos que se foram. Tento fazer isso todo dia. Este é o trabalho que me inspira, aquele conselho em particular que recebi durante os 40 dias de orações depois que meu filho morreu.

Quando criei a fundação, o que me inspirou foi o fato de ser pai. Eu queria fazer algo por meu filho. Quando você sai de férias, compra um presente para o seu filho antes de comprar alguma coisa para si mesmo. Toda manhã, quando me levanto, sei que tenho de sair e criar moeda espiritual para Tariq, que consiste em boas obras, em obras de compaixão, porque sinto que ele não está morto; está aqui em forma espiritual. Sinto sua presença e acredito que um dia estaremos juntos. Meu trabalho é agora uma viagem. Quero criar milhões e milhões de "dólares" dessa moeda espiritual para que ele possa concluir sua viagem pela vida numa espécie de nave espacial. Quando comecei, minha intenção era criar a fundação para ele, mas ela está ajudando a mim também.

Estes atos levam ao atonement que se encontra além do perdão. Se eu só tivesse perdoado Tony e tocado a minha vida em frente, o atonement não teria acontecido. Mas acho que a combinação de perdão e atonement – pôr as palavras em ação – e depois dar aquele terceiro passo de estender a mão para se conectar com o resto da humanidade ajuda ambos os lados. Quando perdoei Tony, não tinha a mais pálida ideia de que esse perdão teria o impacto que teve sobre o assassino do meu filho e sua família.

Agora vamos falar de Tony e do atonement de acordo com a sua perspectiva. Eu perdoei Tony de verdade, mas logo descobri que estava difícil para ele perdoar a si mesmo.

Há cinco passos neste processo. Na condição de infrator, o *primeiro* passo é que você tem de assumir a responsabilidade pelos seus atos. A maioria de nós não costuma fazer isso, embora todos nós façamos coisas erradas; todos nós cometemos erros. Mas raramente assumimos a responsabilidade pelos nossos atos.

Nove meses depois de criada a fundação, perdoei Tony e também estendi a mão para o seu avô. Mas o julgamento de Tony não aconteceu por mais um ano, pois estavam tentando saber se ele devia ser julgado como menor ou como adulto. Como menor, ele poderia ser posto em liberdade aos 25 anos; como adulto, eles simplesmente o manteriam preso e jogariam a chave fora. No dia 1º. de janeiro de 1995, o estado da Califórnia reduziu a idade mínima de responsabilidade penal de 16 anos para 14; Tony cometera o assassinato no dia 21 de janeiro. Tornou-se o primeiro adolescente de 14 anos a ser julgado de acordo com a nova lei, e nosso processo foi acompanhado por jornais do mundo inteiro.

Bem, eu já tinha perdoado Tony e já criara a fundação nessa época em que houve a audiência do tribunal. Eu também havia trabalhado muito com

além do perdão

um homem chamado Mike Reynolds, que se encontrou com Tony 22 vezes para lhe explicar que o processo não ia girar em torno do ódio e do ressentimento, que eu já o havia perdoado e que agora estava trabalhando com seu avô. Mas essas coisas não eram captadas pela tela do radar de Tony, pois ele sequer entendia o que era perdão. Vinha de um mundo de vingança; "Você pegou um dos meus; bem, eu vou pegar um dos seus."
Na véspera da audiência, Tony mudou – a nível almular.
Na sala de audiências, Tony disse: "Atirei e matei Tariq Khamisa, uma pessoa que eu não conhecia e que não estava me fazendo nenhum mal." Suas palavras foram exatamente essas. Ele não disse, "Sou inocente." "Sou inocente" é o que os réus dizem 99% das vezes. O juiz ficou surpreso. Não houve julgamento, porque Tony disse "Eu fiz isso." Quando você é condenado por assassinato, tem um novo julgamento automaticamente. Mas não havia motivos para um novo julgamento. Tony abriu mão desse direito. O que significou uma economia de milhões de dólares dos contribuintes.
Hoje o nosso processo é considerado um caso clássico em faculdades de direito de todo o país só porque Tony, em sua audiência, assumiu a responsabilidade e confessou. Em seu discurso impactante e cheio de remorso, ele disse: "Atirei e matei Tariq Khamisa, uma pessoa que eu não conhecia e que não estava me fazendo nenhum mal."
É isso que ensinamos na fundação criada em nome do meu filho: você tem de assumir a responsabilidade pelos seus atos.
O *segundo* passo de um infrator é pedir perdão às pessoas a quem lesou. Quer você o consiga, quer não, tem de pedir. Tem de criar o pedido de perdão; faz parte do processo de perdão *e* atonement.
Em seu discurso no tribunal, Tony também disse: "Rezo a Deus, pedindo para que o Sr. Khamisa me perdoe pelo sofrimento que lhe causei." Ele sabia que eu já o tinha perdoado, mas pedir-me perdão diretamente foi muito importante e autêntico. Ensino isso agora. Quando você perdoa *sem autenticidade*, como quem diz, "Eu o perdoo *se...*", não é perdão. Não pode haver condições. Quando ele é autêntico, quando há sinceridade, quando há integridade, aí então o processo de atonement pode começar. Não há como você fazer o mal, cometer um ato terrível e não lhe ser ar-

189

rancado um pedaço de sua humanidade. Não há como você lesar alguém e não lesar a si mesmo. O remorso é uma peça grande do quebra-cabeça da reconciliação. O discurso de Tony em seu julgamento estava cheio de remorso. Concordo com Michael Nagler (Capítulo Três) de que o atonement *dissolve* o ressentimento tanto da vítima quanto do algoz. Mas repito: o atonement está no fazer, na ação; neste exemplo, na expressão do remorso.

Fazem-me certas perguntas quando dou o meu curso sobre perdão: "E se você perdoar com a cabeça, mas não com o coração? Está perdoando assim mesmo? E se a outra pessoa não mudar o seu comportamento?" Respondo que, se a outra pessoa, a pessoa que lesou você, não mudou, então você precisa examinar a qualidade do seu perdão. É provável que ele não seja real. Quando ele é autêntico e real, *você muda a outra pessoa!* Se não conseguir, então ainda há algo que não é autêntico ou real na sua consciência; há um obstáculo ao progresso."

A moral é: faça a coisa certa. Não é importante quem dá o primeiro passo, quem pede desculpas ou quem faz as reparações. Se você está esperando, não está perdoando. Não é uma reconciliação autêntica.

O *terceiro* passo é, para os infratores, perdoar a si mesmos – e, para eles, é a parte difícil.

O *quarto* passo é o atonement. Não tenho comprovação científica, mas acredito que *o atonement pode mudar alguma coisa dentro do infrator*, uma coisa a que dei o nome de *mudança almular*. Como vai além do perdão, o atonement pode mudar o comportamento de uma pessoa.

Quando conheci Tony, cinco anos depois do assassinato do meu filho, tive uma conexão por meio do olho no olho, mas eu também queria preencher algumas lacunas dos acontecimentos da última noite de Tariq, porque Tony foi a última pessoa a ver o meu filho. Ele me ajudou a preencher as lacunas dos momentos finais do meu filho. Contou-me exatamente o que aconteceu entre ele e Tariq na noite do assassinato.

E então eu lhe disse: "Não só o perdoei, como quero que você saiba que pode nos procurar e participar da fundação quando sair da cadeia. Ok?"

Com essa finalidade, estou trabalhando junto à equipe do governador para conseguir que Tony saia da prisão antes de cumprir toda a sua pena para

poder vir trabalhar em minha fundação. Ao fazer isso, criei um espaço que vai permitir a Tony se redimir. Isso é atonement. Quando eu lhe disse que ele poderia trabalhar na fundação, isso causou nele uma mudança profunda. Nessa época, ele tinha 19 anos. Por causa desses primeiros cinco anos de encarceramento, como Ples admitiria, Tony lhe disse: "Pai, vou morrer na prisão." Portanto, estava sendo muito difícil para ele estar na cadeia. Eu lhe dei esperanças ao dizer: "Você tem um emprego à sua espera na Tariq Khamisa Foundation. Você pode vir trabalhar com seu avô e comigo." Aquilo deu a Tony a esperança que ajudou sua consciência a mudar.
Depois desse encontro, ele começou a estudar. Passou nos seus exames de ensino médio; tornou-se um autodidata. Agora está lendo cinco livros por mês, mesmo que antes detestasse a leitura; e agora escreve bem. Chegou até a fazer cursos equivalentes a faculdades. Eu lhe disse: "Agora você tem tempo suficiente para dois PhDs na prisão." Desde então, o delegado tomou providências para eu o entrevistar na cadeia. Temos duas horas e meia com ele sob as câmeras. É um material incrível, que usamos em nossas salas de aula. Dizemos que Tony não é mais a mesma pessoa; não é violento; não é membro de gangue. Nunca mais vai ser um infrator. No rolo do filme feito com ele aos 14 anos, dá para ver o membro de gangue nele: a roupa, os gestos, a fala. Agora ele parece um monge!
O que aconteceu? Acho que é um exemplo de mudança almular.
O *quinto* passo é a redenção, que é uma parte importante das reparações por algo que você fez. Tony vai conseguir se redimir trabalhando na fundação. Vai ser capaz de olhar para todos aqueles garotos quando estiver no tablado comigo e com seu avô e dizer-lhes francamente: "Quando eu tinha 11 anos, entrei para uma gangue e, quando tinha 14, tirei a vida do filho do Sr. Khamisa. Passei um monte de anos na cadeia e estou aqui pra lhes dizer que não vale a pena."
Veja o poder disso! A mudança de Tony vai transformar outros adolescentes porque sua *entonação* vai ter a força de alguém que puxou o gatilho. Quando Tony descreve as consequências de seus atos, o poder de suas palavras vai ajudá-lo a chegar ao atonement. Ele vai ter condições de dizer: "Estou fazendo alguma coisa para me redimir." Esta é uma peça importante do quebra-cabeça do perdão e do atonement.

Em primeiro lugar, empatia

Você não muda, nem se reequilibra, quando duas forças *iguais* se encontram. Não haveria nada fora do comum num encontro entre Mohandas Gandhi e Martin Luther King Jr. Mas, quando duas forças *opostas* se encontram, você muda o universo. Em última instância, esta é uma história sobre o meu encontro com Ples: duas forças opostas se encontrando, na esperança de pôr novamente as coisas no lugar. Esses encontros podem gerar grandes transformações. Acreditando nisso, digo às pessoas: "Prestem atenção a uma coisa aqui. Sou um banqueiro focado em investimentos, o que significa que tenho PhD em avareza e ganância. Ples era um Boina Verde, Forças Especiais, um assassino bem treinado que fez duas turnês ao Vietnã." Digo-lhes que não se trata de um encontro de Gandhi com King para falarem de perdão. Esta é a história de um banqueiro que trabalha com investimentos e um Boina Verde em espírito de perdão. A nossa é uma história de forças opostas que se chocam para criar uma mudança monumental e reequilibrar o mundo.

Não há reconciliação sem um processo completo de recuperação. Digo que *a empatia leva à compaixão, a compaixão leva ao perdão, o perdão leva ao atonement*. Esses sentimentos são os pré-requisitos de uma reconciliação verdadeira. Você não pode ter empatia por alguém que não conhece, de modo que vocês têm de se encontrar, olhar para a sua história e estabelecer aquela conexão espiritual e física. O que ensinamos na nossa escola é que *empatia* é uma palavra grandiosa. Você só me conhece depois de se colocar na minha pele por um bom tempo; eu não conheço você enquanto não me ponho na sua pele por um bom tempo. Então, vamos lá. Se eu me puser na sua pele durante um bom tempo, você vai me conhecer e eu vou conhecer você. Isso é empatia.

Eis aqui um exemplo de um curso que damos sobre empatia. Havia um menino de origem hispânica na sala de aula, que estava cursando o sétimo ano e que, por sua maneira de andar, por seus maneirismos, tinha tudo para ser um membro de gangue, ou imitava muito bem um deles. Mas, quando demos aulas sobre empatia, as histórias tocaram o garoto. Havíamos dito aos meninos: "Agora pratiquem a empatia. Deem um jeito de

conhecer alguém que não conhecem ainda pondo-se na sua pele durante um bom tempo. Depois, na próxima semana, quando vierem para a nossa aula sobre compaixão, vocês contam a experiência do dever de casa."
Quando eles voltaram para o curso, a professora com quem estávamos trabalhando – e que também é minha filha Tasreen – perguntou-lhes: "Quem quer falar sobre o dever de casa a respeito de empatia?"
O menino hispânico levantou a mão. E era o garoto mais explosivo da classe! Hesitei, perguntando-me se queria arriscar que ele arruinasse a aula, mas dei-lhe a palavra assim mesmo. Mas o que ele disse foi que as regras são muito simples; foi brilhante.
– Eu estava entrando no gueto na semana passada, – disse ele – e aquele menino me olhou feio. Um cara do sétimo ano! Era afro-americano; eu sou hispânico. Quando um cara olha feio pra você, você vai lá e arrebenta ele. Mas, como vocês me disseram que 'Você não me conhece enquanto não se põe na minha pele, e eu não conheço você enquanto não me ponho na sua pele', parti pra cima dele e perguntei: "Por que você está me olhando feio?" O garoto respondeu: "Não estou olhando feio para *você*. *Eu* estou com raiva porque meu irmão levou um tiro e morreu ontem à noite." E então eu estendi a mão e segurei a mão dele, e choramos juntos. E eu lhe disse: "Eu sei como é, porque o meu tio levou um tiro e morreu há seis meses."
Você entende o poder disso?
Pense nisso. Isso é empatia. O que poderia ter sido um ato de violência transformou-se num ato de compaixão. Ele se deu o trabalho de dizer ao outro garoto: "Quero saber quem é você." Depois que você estabelece essa conexão, consegue sentir empatia; e não consegue cometer um ato de violência. Ambos os meninos sabem o que o outro está sentindo. Uma conexão foi feita. E este garoto tem oportunidades assim todo fim de semana.

A jornada do atonement

O atonement está no fazer. Eu gostaria de enfatizar esse ponto. Se eu não estivesse fazendo nada, minha própria viagem de luto e reconciliação teria sido muito incompleta, muito vaga. Acredito que todos nós temos um objetivo espiritual. O presente que meu filho me deu foi o meu objetivo espiritual, que não era ser um banqueiro. Meu objetivo espiritual era fazer *isso*, trabalhar com crianças. Tenho uma vida plena agora. Adoro esse trabalho. Não ganho tanto quanto antes, mas esse trabalho salva vidas. Tem muito mais propósito, muito mais sentido. Sinto agora que estou no meu caminho espiritual. O universo está nos dando pistas o tempo todo. O presente que Tariq me deu foi um novo propósito para a minha vida. Trágico? Ou significativo espiritualmente? Bem, ambas as coisas. Eu adoraria tê-lo de volta por um minuto que fosse – mas sua morte também inspirou este trabalho. Começamos com oito mil dólares no banco. Agora temos 50 funcionários e estamos nos mudando para Escondido. Temos seis projetos e planejamos disseminar a franquia por todo o território norte-americano. Em uma das escolas mais agressivas do país, ajudamos a diminuir a violência em cerca de 25% numa área onde 3% é estatisticamente relevante. Estamos divulgando os princípios da não-violência, de fazer as pazes, da empatia, do perdão e do atonement. E estamos fazendo essa divulgação de um modo muito real. É no *fazer* que você encontra o mais significativo de sua vida. Sem o fazer, você já está um pouco condenado; a viagem do perdão ao arrependimento é incompleta. Você tem de entrar em ação, fazer alguma coisa que crie moeda espiritual para quem já se foi, ou algo melhor para o ambiente social.

Acredito que o trabalho que estou fazendo vai melhorar o mundo. Portanto, *eu* sou uma pessoa melhor agora em decorrência da minha decisão de perdoar e fazer reparações, e ajudar outros a chegarem ao atonement. A Tariq Khamisa Foundation está indo de vento em popa. Quando vamos às escolas, os projetos começam com alguém dizendo aos alunos, "O neto deste homem aqui assassinou o filho daquele homem ali." Com que frequência esses meninos veem ou ouvem uma coisa dessas? Com que frequência eles ouvem dizer que o desejo de vingança pode se transformar em perdão? Que as pessoas podem chegar ao atonement? Isso tem tanto poder que, mesmo quando falamos em escolas de ensino fundamental – que é o pessoal para quem é mais difícil falar, porque os hormônios dos estudantes estão saindo pelo ladrão – faz-se um silêncio sepulcral. Eles veem algo muito diferente do que estão acostumados a ver. Nossa mensagem é autêntica; nossos projetos não teriam tanto impacto se não houvesse correspondência entre o que falamos e o que fazemos. Não estou pregando o perdão usando conceitos que estão na Bíblia, no Corão ou na Torá. Sou um exemplo do perdão. Percorri essa estrada. Estou dizendo que perdoei o assassino do meu filho e aqui está o avô deste assassino. Eu o conheci, e consegui realizar essa façanha. Nas culturas ocidentais, e na maior parte das culturas orientais, a maioria de nós não faz essa opção, ao contrário: 99% fazem a outra opção, a opção do "olho por olho e dente por dente". E logo, como já dizia Gandhi, o mundo inteiro está cego.

Catorze anos depois da morte violenta do meu filho, posso olhar para trás e dizer com uma clareza meridiana que *fiz a escolha certa.* Se eu tivesse feito a outra opção, onde estaria eu agora? Mas, por causa da minha escolha, não vivi como vítima. O trabalho que estou fazendo é significativo, impactante, tem propósito. Ajudei a mim mesmo no meu caminho, que se abriu quando fiz a escolha difícil de não procurar me vingar, e sim oferecer a Tony uma chance de atonement.

Minha história faz sentido porque fez de mim um vencedor, e fez de Tony outro vencedor; e também fez de Ples um vencedor, fez de Tariq outro vencedor; foi uma vitória para a sociedade. Faz sentido e me faz bem porque diz respeito ao atonement e ao perdão se combinando para recuperar vidas. O atonement a que Ples e eu chegamos ajuda-o a carregar seu fardo, e ele me ajuda a carregar o meu. Ples sempre me diz: "Estou aqui para lhe dar apoio. Peça o que quiser." Damos força um para o outro. E agora ele é um membro importante da minha família, da minha vida. Sem Ples a minha vida não seria completa. Este é um bom exemplo do velho ditado, segundo o qual "Não há chão mais sagrado que aquele onde um ódio do passado se transforma num amor do presente."

O atonement enquanto justiça restaurativa

Na Tariq Khamisa Foundation, procuramos transmitir seis mensagens-chave:

1. A violência é real e faz mal a todos.
2. Os atos têm consequências.

3. Todos nós podemos fazer opções boas e não-violentas.
4. Prefira o perdão à vingança.
5. Todos, inclusive você, merecem ser bem tratados.
6. A partir do conflito é possível criar amor e unidade.

Estes são os princípios da não-violência, da compaixão e da paz. Isso é tudo quanto eu quero fazer: transmitir essas seis mensagens fundamentais a todas as crianças do mundo para que elas tenham paz, amor e unidade. Desses ensinamentos deriva a seguinte equação: *perdão + ação (fazer reparações) = atonement.*
Agora estamos envolvidos num processo criminal: o estado da Califórnia contra Tony Hicks. Nosso código criminal deriva de matrizes como as nações europeias, cuja maior parte é de monarquias, onde o rei ou a rainha eram proprietários da maioria das terras, e do povo. Quando era cometido um crime, era sempre contra o rei ou a rainha. Não temos realeza nos Estados Unidos, claro, de modo que o crime é contra o Estado. Mas o que o Estado tem a ver com este crime? Num crime há três partes: a vítima, o agressor e a comunidade. Mas as coisas estão mudando. Agora existe o sistema de justiça restaurativa que, na verdade, deriva das comunidades aborígenes da Nova Zelândia e da Austrália, onde a fórmula para se fazer justiça é muito diferente. O Estado é o facilitador; não é uma parte do processo judicial em curso. *O objetivo é recuperar a integridade da vítima.* Mas não pode trazer meu filho de volta. Tony gostaria de poder fazer o relógio andar para trás, mas não pode. Mas, por fim, trabalhar com Ples vai me restaurar, vai me recuperar em alguma medida. Se Ples tivesse ficado com raiva, as coisas teriam sido muito mais difíceis. Mas ele disse imediatamente: "Vou ajudá-lo." E depois acrescentou: "Vou *provar* minha cooperação juntando-me a você. Vou lhe dar apoio." Tony fez a mesma coisa. Acho que foi porque ambos conseguiram ver que o meu perdão era autêntico.
Isso é justiça restaurativa. Primeiro você tem de recuperar a integridade da vítima. Depois você tem de devolver o agressor à sociedade na condição de membro funcional, de um membro que contribui para ela. Quando um jovem comete uma infração na Austrália ou na Nova Zelândia, a

além do perdão

aldeia inteira comparece e diz algo positivo. Depois todos se sentam em círculo e pedem-lhe para fazer reparações. Não lhe passam sermão. Aqui nós o trancafiamos e jogamos a chave fora. Quando os jovens estão ligados à sociedade, é menos provável que voltem a cometer infrações. Mas, quando você os isola, você cria um problema. E a população carcerária continua aumentando – não é um caminho muito holístico para percorremos. O terceiro passo é você restaurar a comunidade. Quando uma criança morre, a perda é de todos. Todas as crianças são filhas de todos os adultos. Fico pasmo com o fato de nosso sistema de justiça criminal derivar da cultura sofisticada e avançada dos europeus e a justiça restaurativa derivar de culturas aborígenes que falam uma língua primitiva. Qual é a mais civilizada? Você decide.

Mas, para haver uma reconciliação verdadeira, é preciso haver uma mudança de comportamento, isto é, uma redenção. Não basta você dizer "Desculpa aí!" e sair andando. O que você está fazendo para se redimir? Como vai me provar que não vai fazer isso de novo? Como vai ajudar outras pessoas? Tem de haver uma mudança almular. Repito: é preciso tomar uma providência, realizar um tipo qualquer de ação. A recuperação – a cura – está no fazer e ele é de fato profundo. Claro, há recuperação no sentido filosófico de dizer "Eu perdoo você"; mas, quando você começa a entrar em ação, a cura é realmente profunda.

O último passo para uma reconciliação completa é pegar toda a sua tristeza, que é essencialmente energia, e transformá-la em ação positiva. Não acho que a vingança está no nosso DNA; mas acho que o atonement está. Quando você está sentindo compaixão, perdão ou empatia, essas são emoções de vibrações muito elevadas.

A tragédia de meu filho foi um acaso. Se não tivesse sido Tariq, teria sido qualquer de outros dez entregadores de pizza. Foi um ato totalmente aleatório, sem sentido, bizarro e brutal. E, apesar disso, olha só o significado que ele manifestou. O Senhor trabalha de formas misteriosas e encoraja-nos a fazer reparações por nossos erros. O ato de atonement cria reconciliação entre duas forças opostas, o que é algo verdadeiro e impactante. Vejo-o em ação na minha amizade com Ples. Somos muito próximos; andamos juntos. Ele vai para a Austrália comigo este ano; viaja mais comigo. Viajamos juntos para as escolas toda semana. Conhecemos a família um do outro. Fomos assistir a uma peça de teatro esta semana, sobre dois pais, um que perdeu um filho e o outro cujo filho matou. Foi inspirada em nossa história, embora seja um pouco diferente. Falamos ao público e elaboramos com os estudantes a confusão gerada por essa história.

Há duas viagens nessa tragédia: a viagem da vítima e a viagem do algoz. De onde então vem todo o ódio? Acho que vem do fato de termos sido criados dentro de um sistema punitivo. Esse sistema não tem espiritualidade, que é uma parte relevante de quem somos; é um emaranhado. Espiritualidade significa ter padrões morais elevados e ensinar os conceitos de amizade, empatia, compaixão, perdão e atonement. No meu dia a dia, procuro não fazer juízos de valor e tento não sentir raiva, ressentimento, ciúme, ganância e avareza. Não é aí que a felicidade vive. Ela vive nessa emoção de vibrações mais altas que todos nós sentimos. E o desafio é estar ali o tempo todo. É isso que temos de fazer para educar nossos filhos, se quisermos sobreviver.

Nota

Este ensaio baseou-se na entrevista que Phil Cousineau fez com Azim Noordin Khamisa em La Jolla, Califórnia, no dia 19 de janeiro de 2009.

11
dez dias de atonement

Rabino Michael Lerner

O Dia do Perdão só resolve os pecados de um homem contra outro depois que o pecador fez as pazes com sua vítima.
– *Talmud, "Yoma"*

Michael Lerner é um rabino norte-americano, ativista político, autor prolífico e editor da revista judaica ecumênica Tikkun, *um termo que designa a recuperação de um mundo destroçado. Nessa entrevista, o Rabino Lerner defende as estratégias de atonement e generosidade, perdão e compaixão, em vez da vingança e da represália. No cerne do atonement judaico, explica ele, existe uma prática que vai além do perdão: uma mudança afetiva é indispensável para uma reconciliação duradoura entre os indivíduos, as comunidades e as nações. Para ele, o espírito da prática do atonement no judaísmo é sua urgência, que, a seu ver, funciona como "uma psicoterapia intensiva de curto prazo" e é "um processo espiritual brilhante". Falando contra o mal-entendido popular segundo o qual o pedido de desculpas e o atonement são atos de fraqueza, ele conclui afirmando a crença antiga de que, na verdade, eles fortalecem as relações sociais. Juntos, conseguem gerar as transformações espirituais e políticas que possibilitam existência de comunidades amorosas. Seus comentários são um eco ousado de um dos lembretes mais antigos do judaísmo, o velho ditado que diz: "Deus quer o coração."*

O atonement é um tema primordial no mundo judaico. É um reconhecimento da falibilidade inevitável dos seres humanos. É uma percepção do fato de não estarmos inteiramente encarnados no nosso ser, que foi criado à imagem de Deus e como manifestação do sagrado. Ao contrário das religiões que veem os seres humanos como essencialmente defeituosos, como frutos de uma forma qualquer de pecado original – quer seja um pecado metafísico, um pecado do gene egoísta ou uma tendência inerente de dominação, maldade, destruição ou poder masculino – o judaísmo não tem, em última instância, declarações negativas a nível psicológico, biológico ou metafísico sobre a condição humana, ao contrário.

A visão do judaísmo é que os seres humanos têm um elemento *teotrópico* – isto é, uma tendência a voltar-se para Deus – que é fundamental; nós nos voltamos para o amor e a bondade do universo. Portanto, as manifestações concretas do mal e da capacidade de destruir são uma distorção do que somos realmente. Mas isso não significa que essas manifestações não são reais e terríveis, ou que não precisam ser combatidas. Elas precisam ser combatidas, sim.

Para isso, o judaísmo tem uma prática de atonement embutida na sua doutrina. A prática consiste em, uma vez por ano, dedicarmos dez dias exclusivamente ao processo de arrependimento por tudo o que fizemos de errado e à tentativa de restabelecer nossa rota espiritual. Nesses dez dias de arrependimento, dizemos: "Tudo bem, perdemos o rumo e precisamos voltar a nos conectar a nosso ser superior."

Essa prática não significa ficar confinado durante os dez dias de arrependimento. Três vezes por dia, todos os dias exceto aos sábados e feriados religiosos, a oração Amida recitada por religiosos judeus contém um apelo a Deus: "Perdoa-nos e ajuda-nos a conseguir o *teshuva*." Esta é a palavra hebraica que designa o retorno ao nosso eu superior. Os dez dias de teshuva, ou arrependimento, são só uma parte do que é uma prática realizada durante o ano inteiro, e seu objetivo é concentrar toda a nossa atenção no processo de transformação interior e entregar-nos completamente a ele.

O processo

O Talmud deixa claro que o propósito dos dez dias de arrependimento (o último deles é chamado de Yom Kippur, o Dia do Perdão) é nos apresentar uma forma de fazer reparações por nossos pecados. Mas esse processo só funciona para os nossos pecados contra Deus. Não funciona em relação aos pecados cometidos em nossas relações com outros seres humanos. A lei religiosa judaica exige de nós que usemos esses dez dias para fazer reparações concretas e diretas às pessoas que prejudicamos. É uma exigência de procurarmos todos aqueles a quem fizemos mal, intencionalmente ou não, e pedir-lhes perdão. Este é um dos elementos que compõem os dez dias.

Como membro do Jewish Renewal Moviment [Movimento Judaico de Renovação], trabalhei na revista Tikkun para desenvolver um processo no qual mostramos às pessoas como se concentrar exatamente no que elas deveriam estar fazendo. Exploramos as questões que a pessoa devia estar levantando em sua vida: suas relações com outros seres humanos, com Deus, com a recuperação e transformação da sociedade e com o próprio corpo. Estas são questões importantes que precisam ser discutidas. A tarefa não é só bater no peito e dizer, "Ai, eu pequei!" A tarefa é traçar um plano concreto para as mudanças que se fazem necessárias.

Acho muito impactante esse processo de dez dias, durante o qual você é levado a refletir sobre a diferença entre quem você é – sua essência – e quem você se tornou na prática, isto é, como você *viveu de fato* o ano anterior. Depois você é orientado no sentido de reconhecer as maneiras pelas quais se perdeu, ou pecou.

Em hebraico, a palavra traduzida como "pecado" – *cheyt* – significa realmente "errar o alvo". A ideia é que somos como uma flecha que está se dirigindo para "a mosca" – o centro do alvo – e então, de algum modo, a flecha sai do seu curso e não atinge o alvo "na mosca". Os dez dias de arrependimento têm por objetivo fazer com que a flecha volte ao seu curso, isto é, fazer com que nós voltemos ao nosso curso até compreendermos que nossa essência é a bondade, a generosidade e o carinho, e que só saímos da rota. Por esse motivo, esses dez dias podem ser um processo extremamente impactante, uma transformação espiritual.

Exatamente pelo fato desse processo trazer dentro de si a ideia de que o décimo dia de atonement é realmente quando o seu destino está sendo selado – seu carma está pronto para ser gravado em pedra para o próximo ano – o atonement cria uma urgência que faz dele uma psicoterapia intensiva de curto prazo. Ele não pretende ser uma psicanálise de dez anos, ao contrário: no judaísmo, o atonement pretende ser um processo de dez *dias* de "Vamos conseguir chegar lá juntos *agora*."

Acho essa noção de atonement imensamente útil e brilhante enquanto processo espiritual. É o passo que nos ajuda a voltar para quem somos no mais fundo do nosso ser e reconectar-nos com nosso eu mais verdadeiro, o eu que é uma personificação do sagrado, à imagem de Deus.

A tradição teshuva

Tenho uma congregação pequena, só umas 100 famílias. Mas esse número já é muito grande para o trabalho a ser feito nesses dez dias. Procuro me encontrar com as famílias da congregação nesse período. Mas o grosso do nosso trabalho é com indivíduos. Bem, quando vejo alguém se desviando muito da rota, posso dizer alguma coisa no sentido de ajudar a pessoa a voltar para o seu caminho. Embora eu também tenha um diploma de psicoterapeuta e tivesse um consultório particular antes de me tornar rabino, a maioria dos rabinos não faz um curso formal para serem conselheiros espirituais, função que exige muitos conhecimentos que não são dados no tipo de curso por meio do qual obtive o meu doutorado. E o clero precisa ter uma formação de aconselhamento espiritual porque essa é uma qualificação que, em geral, as pessoas esperam quando vêm falar conosco. Por sorte da maioria dos membros do clero, muita gente com quem nos relacionamos já tem uma compreensão intuitiva do que fazer para voltar à sua rota – mesmo assim, procuram-nos em busca de ajuda. Em nossa congregação desenvolvemos um sistema diferente do aconselhamento espiritual que você vê em outras tradições religiosas: temos "companheiros de teshuva". Pedimos às pessoas que formem duplas com alguém que não conhecem, ou que conhecem pouco, ou ao menos com alguém com quem tenham uma relação que não vai dificultar para elas falarem honestamente sobre o que está acontecendo na sua vida.

O que pedimos é que todos se encontrem todo dia com seu par teshuva durante os dez dias de arrependimento para verificar a quantas anda realmente o processo teshuva – o processo de arrependimento – para determinar se a pessoa está pronta para chegar ao atonement. Você não consegue chegar realmente ao atonement se não tiver retificado suas relações com as pessoas que você prejudicou. Além disso, também queremos saber se você traçou um plano para o que vai fazer *diferente* em suas relações sociais e afetivas no próximo ano.

Para os companheiros teshuva, a tarefa não é dar conselhos no sentido de orientar ou dizer às pessoas, "Escuta, que tal fazer isso, aquilo e aquilo outro?" Sua tarefa não é fazer juízos de valor ou dar conselhos – sua tarefa é apenas ser um ombro amigo, por um lado e, por outro, repetir mais uma vez para o outro o que ouviu dizer que esse outro está enfrentando. Todo companheiro teshuva oferece um ombro amigo para o outro através desse processo de audição ativa.

Esse processo espiritual de dez dias tem um impacto tremendo. Encoraja as pessoas a levarem a sério o processo inteiro, em vez de simplesmente ir à sinagoga dizer, "Ai, eu pequei!" – e depois voltar para a sua vida e não conseguir levar o processo para o nível seguinte, que é fazer todo o possível para fazer as pazes e conseguir o perdão daqueles a quem ofenderam. Esse processo também encoraja as pessoas a traçarem um plano concreto para o que pretendem fazer diferente no próximo ano. A ideia é que, quando você finalmente chegar ao atonement no Yom Kippur, você está se *comprometendo* a realizar o plano que você mesmo traçou.

Arrependimento e atonement

É preciso fazer algumas distinções entre arrependimento e atonement. Arrependimento é o processo de definir e planejar o que vai ser diferente. No mundo judaico, originalmente atonement era oferecer algo a Deus para aplacar a Sua ira. Mas nós nos desenvolvemos e fomos muito além desse conceito de Deus. Houve uma época em que os judeus achavam que o que Deus queria realmente era uma boa posta de carne de cordeiro, ou perfumes doces disso ou daquilo. Mas a destruição do Segundo Templo no ano 70 d.C. levou a um novo desdobramento do judaísmo onde, em primeiro lugar, existe a ideia de que o que Deus quer realmente é uma mudança no coração.

Àquela altura, atonement passou a ser a prática de oferecer a própria alma e o próprio coração a Deus da maneira mais plena possível. Foi nisso que se transformou realmente o processo de atonement no mundo judaico – uma oferenda a Deus de todo o coração e de toda a alma. Quando você está carregando dentro de si toda a raiva, todas as mágoas e sofrimentos do ano passado, não é possível chegar ao atonement. O processo de atonement e arrependimento tenta superar todas essas mágoas e distorções do ano passado para que você tenha condições de oferecer-se a Deus e assumir um compromisso sério de renovar sua alma e fazer dela uma personificação pura do espírito de Deus.

No processo de atonement, sem a carga das distorções que nos deformaram durante o ano passado, oferecemos todo o nosso coração e toda a nossa alma a Deus com pureza. Bem, essa oferenda não significa que você tem de se lançar numa pira e deixar-se queimar até morrer. Não significa que a pessoa vai deixar de viver a sua vida e se tornar um rabino, ou um religioso de tempo integral. O que significa de fato é que a pessoa está oferecendo a sua intenção de estar completamente vivo para o que Deus quer de nós e de estar presente para ela em sua vida.

Portanto, o Yom Kippur pretende ser o começo de um novo modo de vida. O novo modo de vida é aquele onde você está cada vez mais presente para a realidade espiritual do universo. Por isso atonement é *at-o-ne-ment* – um estado de harmonia, de comunhão, de unidade. O processo diz respeito a ir de encontro àquele momento de estar uno com Deus de uma forma que nos ajude a manter essa experiência e essa consciência ao longo de todo o ano.

Mas o judaísmo reconhece que estamos vivendo num mundo que reforça constantemente aquilo que é o mais negativo e destrutivo. Vivendo nesse tipo de mundo, não podemos alimentar esperanças de conseguirmos ser totalmente o que queremos ser. Precisamos de ajustes e regulagens. É por

além do perdão

isso que precisamos passar por esse processo todo ano.

É claro que, num certo nível, sempre estamos unos com Deus porque não há nada *fora* de Deus. Deus é a totalidade, a realidade espiritual do universo do qual fazemos parte. Mas, embora isso seja verdade no plano metafísico, nem sempre é verdade no plano da consciência. O atonement e o arrependimento levam-nos a um ponto onde a verdade sobre essa unidade é muito consciente, e a tradição encoraja-nos a nos apegarmos a essa percepção. Os dez dias de arrependimento pretendem ser um lembrete de que o atonement deve ser praticado 365 dias por ano. Uma das formas de discutirmos isso em nossa congregação – e uma prática que outros participantes do Jewish Renewal Moviment adotaram – é a ideia da Oração do Perdão. É uma oraçãozinha que recitamos todas as noites, uma espécie de exercício espiritual, quando tentamos trazer para a consciência todos a quem podemos ter ofendido, e corrigir essa relação. Também tentamos trazer para a consciência qualquer pessoa que tenha nos irritado ou magoado de alguma forma. Pedimos a Deus que perdoe essa pessoa.

As práticas apresentadas na chamada abaixo foram publicadas pela revista *Tikkun*. Não tenho de ser praticante do judaísmo para usar essas práticas de pedir perdão e perdoar os outros. Elas podem ser usadas por qualquer pessoa – inclusive por ateus e indivíduos de toda e qualquer religião – em qualquer momento do ano que for o melhor para você.

PRÁTICA 1: Arrependimento

Faça um exame cuidadoso de sua vida, reconhecendo para si mesmo o mal que fez a certas pessoas e onde sua vida perdeu o rumo, afastando-se de seus ideais mais elevados. Procure um lugar onde você possa ficar a sós em segurança e depois diga em voz alta o nome das pessoas que você prejudicou e de que maneira você prejudicou a elas e a si mesmo. No caso dos outros, procure-os e diga-lhes claramente o que fez e peça perdão. Não "doure a pílula", não "explique" – só reconheça e peça perdão sinceramente. Não partimos da premissa de que todos se tornaram maus, longe disso. Vemos os "pecados" – sejam quais forem – como "errar o alvo". Nascemos puros e com as melhores intenções de nos tornarmos o ser espiritual mais elevado que pudermos. É como se fôssemos uma flecha sendo lançada diretamente para Deus a fim de nos conectarmos mais plenamente; apesar disso, em vários momentos de nossa vida a flecha se desvia ligeiramente de sua trajetória e erra o alvo. O arrependimento não passa de um ajuste feito no meio do caminho para voltarmos à nossa rota.

PRÁTICA 2: Perdão

Toda noite, antes de dormir, ou toda manhã antes de se levantar e se envolver com suas diversas tarefas, projetos e interações com os outros, faça uma revisão de sua vida: procure lembrar-se das pessoas que você acha que o magoaram ou traíram e contra as quais você ainda sente rancor ou ódio. Depois procure um lugar para dizer em voz alta uma oração de perdão.

Rabino Michael Lerner, "A Spiritual Practice of Forgiving and Repentance", *Tikkun*, novembro de 2008. Trecho adaptado e usado com permissão de Michael Lerner e da revista *Tikkun*.

O atonement é uma prática espiritual

O atonement é evidentemente uma *prática* espiritual. Requer energia, esforço e atenção; requer estar presente consigo mesmo, com o outro e com Deus.

O atonement é certamente a essência da ideia judaica de que há necessidade de haver reconciliação entre as pessoas. O objetivo não é acabarmos castigando uns aos outros por sermos maus, e sim transformarmos uns aos outros e a nós mesmos de formas que nos permitam conviver enquanto comunidade amorosa. A parte central desse processo é nos conectarmos uns aos outros, sermos mais amorosos e generosos, mais carinhosos em espírito.

Dizer que estamos fazendo um atonement com Deus é dizer que estamos fazendo a nossa parte para sermos mais da energia de Deus no universo. Significa sermos mais conscientes dessa energia, mais presentes para esse aspecto de nosso eu potencial.

Hoje em dia, no Jewish Renewal Movement, nosso modelo de Deus é uma energia amorosa que impregna o universo e torna possível a transformação e a cura. Acreditamos ser tarefa nossa personificarmos essa energia em nossa vida individual e coletiva, e criar uma ordem social que reforce – em vez de corroer – essa capacidade que temos de amar.
Uma tarefa e tanto.
A realidade é que precisamos fazer tantas mudanças quantas pudermos em nós mesmos, seja por meio do processo do Dia do Perdão, seja por meio do processo de arrependimento que começa em Rosh Hashanah e continua até o Yom Kippur. Isso também é possível em nossa prática diária de perdoar outras pessoas quando revemos o nosso dia toda noite. Todos esses processos são importantes. Mas eles correm o risco constante de serem minados porque vivemos numa sociedade que incentiva o egoísmo e o materialismo. Além disso, nossa sociedade vê a represália como o principal meio para lidar com as pessoas que perderam a direção, em vez de amar, ter carinho e aceitar essas pessoas para ajudá-las a se transformarem nas pessoas que querem ser realmente. Isto se reflete em todo o nosso sistema penal, bem como na chamada guerra contra o terrorismo. Em vez de reconhecer que é possível transformar as pessoas com amor e carinho e um espírito de generosidade, nossa sociedade age como se nossa única opção fosse fazer aqueles que se perderam sofrerem o máximo possível. A ideia de amar uma pessoa a ponto de levá-la a se tornar inteira e a se transformar simplesmente não faz parte do discurso aceitável de nossa sociedade. No entanto, é exatamente isso que Deus nos oferece para aqueles dispostos a se abrir para esse amor e depois a dar os passos necessários a um arrependimento total, a um *tikkun* (cura e transformação) interior de nosso eu mais profundo.

Atonement coletivo

O Yom Kippur também tem o elemento do atonement *coletivo*. Traz consigo a ideia de que "nós pecamos". A liturgia do Yom Kippur gira toda em volta do *"nós* pecamos". O atonement coletivo é algo em que o povo judeu acredita que nós, como povo, devemos fazer, mas também achamos que a ideia deve ser adotada pelo resto do mundo. A visão que lhe serve de base é a seguinte: nós, cada um individualmente e todos juntos, temos responsabilidade coletiva por toda a dor e sofrimento do mundo.

Sim, é claro que os indivíduos devem assumir a responsabilidade por qualquer mal que tenham feito. Mas, por fazermos parte de toda uma comunidade, criamos ou herdamos um mundo que gera sofrimento e distorção. Não fizemos o bastante para transformar esse mundo para que ele não gere mais pessoas que são materialistas, egoístas, insensíveis ou destrutivas para com os outros. Vemos a nós mesmos como seres intrinsecamente ligados uns aos outros e ligados também enquanto comunidades. Portanto, é enquanto comunidade que devemos assumir a responsabilidade por essas distorções, incrustadas como estão nas instituições sociais, econômicas e políticas que, por sua vez, ajudam a dar forma às estruturas de personalidade e de comportamento dos outros. Em lugar de ver as pessoas como seres peculiar ou particularmente maus, nós as vemos como reflexos de um mundo distorcido, o mesmo mundo que também ajudou a nos distorcer. Assumimos a responsabilidade por elas porque, de uma perspectiva espiritual, elas são nós e nós somos elas. Somos todos um.

Por meio da revista *Tikkun* lutamos para que essa consciência se torne uma consciência norte-americana, ou global. Gostaríamos de incentivar todas as pessoas, judeus e não-judeus igualmente, a fazerem os dez dias de arrependimento todo ano, culminando num dia de perdão. Gostaríamos de ver os Estados Unidos tomarem medidas drásticas no sentido de fazer reparações coletivas pelo racismo, pelo tráfico de escravos, pelo genocídio dos nativos e por atos mais recentes, como o genocídio dos vietnamitas e a carnificina que ajudamos a precipitar no Iraque. E pelo sofrimento que a nossa ordem capitalista global gera no mundo inteiro ao manter arranjos econômicos cujo resultado é mais de 2,5 bilhões de pessoas viverem com menos de dois dólares por dia e 1,5 bilhões viverem com menos de um dólar por dia e, segundo estimativas da ONU, em qualquer dia que for considerado, um número que varia entre 10 milhões e 25 milhões de crianças morre todo dia de inanição ou de doenças decorrentes da desnutrição, ou que poderiam ter sido curadas se houvesse um sistema apropriado de tratamento de saúde no lugar onde viveram.

Portanto, nós do Jewish Renewal Movement gostaríamos muito de ver eventos públicos, indenizações públicas, atonement público e processo público que acontecessem todos os anos. Durante esse período, reconheceríamos coletivamente que todos os benefícios de que desfrutamos hoje neste país foram conseguidos à custa de sofrimento, crueldade, escravidão e racismo.

Como judeus, nós também devíamos estar fazendo atos de reparação pelo que fizemos contra o povo palestino. Devíamos criar uma Força de Paz Judaica Internacional para ir até a Margem Ocidental, Gaza e o Líbano e outros lugares onde o poder israelense tem sido usado de forma destrutiva. Devíamos reconstruir estes países economicamente e conectar-nos a eles por meio de um processo de arrependimento e atonement. Para isso, precisamos nos reconectar com a humanidade do povo palestino e com os árabes e muçulmanos de modo geral. Precisamos pedir perdão; e não com palavras somente, pois vamos procurá-los para nos livrar do nosso sofrimento por meio de atos concretos.

Eu gostaria de ver o mesmo tipo de pedido de perdão e atonement nos Estados Unidos. Em primeiro lugar, poderíamos criar um Plano Marshall global. Esse plano global reservaria algo entre 2% e 5% do PIB dos Estados Unidos todo ano durante os próximos 20 anos. Usando esses recursos, poderíamos acabar de uma vez por todas com a pobreza, a falta de moradia, a fome, a educação inadequada e os tratamentos inadequados de saúde do planeta, e também poderíamos recuperar o meio ambiente do mundo inteiro. Mas o nosso plano, que apresentamos em detalhe no nosso endereço virtual http://www.spiritualprogressives.org/GMP, não depende só de dinheiro – requer um coração transformado, de modo que os países industriais avançados do mundo procurem aqueles a quem fizemos mal num espírito de arrependimento e desejo sincero de reconciliação. E a chave é implementar esse projeto com um espírito de generosidade, reconhecendo que a segurança da terra natal tem muito mais probabilidade de ser conseguida por meio da generosidade e da preocupação genuína pelos outros do que por meio da dominação militar e do poder sobre os outros.

Essa forma concreta de atonement vai muito mais fundo do que dizer, "Perdão."

Corrigir o passado

Em maio de 2009, num discurso feito no Cairo, Egito, o Presidente Obama pediu desculpas ao mundo árabe. Mas isso não levou a grande coisa, porque suas palavras não refletiam uma consciência dos Estados Unidos de que o pedido de desculpas de seu presidente era sincero. O discurso de Obama refletia somente a consciência *dele*. Infelizmente, ele não tomou nenhuma medida para ajudar os norte-americanos a entenderem o papel do capitalismo global, mantido por meio da dominação das grandes corporações e da mídia na maior parte do mundo, nem para eles entenderem o papel que os norte-americanos desempenharam na criação do sofrimento que vemos em outros países.

Enquanto isso não acontecer, não haverá arrependimento ou atonement genuínos. Temos um líder com uma consciência avançada que está encenando um pedido de desculpas, em vez de pedir perdão de uma forma que seja um reflexo genuíno do entendimento da sociedade norte-americana como um todo.

Isso tem de acontecer.

E também tem de haver um Plano Marshall que seria um passo para os povos das sociedades industriais avançadas do Ocidente dizerem: "Queremos corrigir as consequências de nosso mau comportamento no passado transformando nossos países. Ou ao menos oferecer a possibilidade de transformar nossos países de tal forma que todas as nações sejam saudáveis economicamente e com uma base sólida."

Esta é uma dimensão do que podemos fazer.

Bem, um dos elementos desse nosso Plano Marshall é mudar as condições do comércio entre os Estados Unidos e o resto do mundo. Infelizmente, nós (não só os Estados Unidos, mas os países ocidentais) conseguimos impor um sistema econômico ao resto do mundo que é uma desvantagem constante para eles e uma vantagem constante para nós.

Precisamos transformar os acordos comerciais e todos os arranjos econômicos. Precisamos que o nosso exército se transforme num corpo de paz monolítico. Em vez de treinar as pessoas para matar, precisamos treinar as pessoas para construir. Precisamos treiná-las para serem amorosas – mais ainda: precisamos envolvê-las na reconstrução da vida política e social do resto do mundo.

Mas temos de fazer isso com um espírito de humildade, com o qual reconhecemos que só por termos mais riqueza material não significa que temos mais riqueza espiritual, ao contrário: os países mais empobrecidos tendem a ser os mais profundos em termos de compreensão espiritual. Temos muitíssimo o que aprender com o resto do mundo.

Para nós dos Estados Unidos, o processo de atonement tem de ser um processo que integre dar o que temos para dar a sermos receptivos e aprendermos com os outros que têm muito o que nos ensinar. Ouvi dizer que o Dalai Lama teria declarado certa vez que os Estados Unidos são um país do terceiro mundo em termos espirituais, e de primeiro mundo em termos materiais. A meu ver, o problema é aqueles que compreendem de fato a necessidade de arrependimento e atonement não enfrentaram a questão da extrema direita, que vê um pedido de perdão por parte dos Estados Unidos como sinal de fraqueza.

Eu adoraria ter visto o Presidente Obama voltar aos Estados Unidos depois do seu discurso no Cairo e explicar ao povo norte-americano que o caminho da força é o caminho do amor, do carinho e da generosidade – e que ele exige um atonement. Ele exige reconhecermos, em primeiro lugar, do que fizemos aos nativos; depois, o que fizemos aos afro-americanos; e, em terceiro lugar, o que fizemos ao participar de um sistema global que oprimiu outros povos.

Não, o atonement *não* é um sinal de fraqueza. É sinal de força termos a capacidade de pedir perdão. Um pedido de desculpas não corrói os Estados Unidos; fortalece-nos diante do mundo. Um pedido de desculpas fortalece *qualquer* relação humana ao reconhecer que você lesou o outro, que você errou. Não corrói a sua capacidade de ser forte numa relação, ao contrário: o pedido de desculpas e o atonement fortalecem a relação, tornando muito mais provável que essa relação seja duradoura, que você supere qualquer fraqueza que tenha em virtude de sua pretensão de estar sempre certo. Essa pretensão é que enfraquece realmente a capacidade das relações serem fortes e duradouras.

phil cousineau

Aqueles que pensam que um pedido de desculpas e atonement são coisas de gente fraca precisam ir a uma igreja, sinagoga, mesquita ou qualquer outro lugar sagrado e descobrir quais são os valores certos – porque estão defendendo os valores errados. Em outras palavras: precisamos desafiá-los a nível dos *valores,* e não deixar passar batido aquele discurso da direita, segundo o qual o arrependimento ou o atonement nos enfraquecem enquanto sociedade.

Nota

Phil Cousineau fez essa entrevista com o Rabino Michael Lerner em Berkeley, Califórnia, no dia 23 de junho de 2009.

12
a grande lei da paz dos iroqueses

Atonement entre os haudenosaunee [povo da casa comunitária]

Douglas M. George-Kanentiio

O homem branco diz que há liberdade e justiça para todos. Tivemos "liberdade e justiça" e é por isso que quase fomos exterminados. Não vamos esquecer disso.
– *Grande Conselho dos Índios Americanos, 1927*

Douglas M. George-Kanentiio, autor da nação akwesasne mohawk, também palestrante e ex-membro da Curadoria do Museu Nacional do Índio Americano, teve, durante toda a sua vida, um grande fascínio pelas vastas diferenças na busca de justiça entre os povos nativos e os ocidentais. Seu ensaio conta a história longa e venerável de atonement entre os mohawk, revelando sua conexão com histórias, cerimônias e rituais antigos que asseguraram o equilíbrio e a harmonia. O destaque que ele dá à ênfase indígena sobre a reconciliação e o atonement faz um contraste enorme com a ênfase ocidental na represália e no castigo e é prova do quanto os povos nativos têm a nos ensinar sobre justiça restaurativa.

No interior do círculo haudenosaunee, a Confederação Iroquesa das Seis Nações do nordeste dos Estados Unidos, o atonement – ou a correção, o restabelecimento do equilíbrio, a restauração da sanidade, o alívio do luto e a retomada da vida – é uma preocupação primordial de nossos membros, famílias, comunidades e nações.

Durante séculos, aqueles que vivem de acordo com a cultura haudenosaunee praticaram vários rituais sofisticados para garantir que a paz e a harmonia fossem restauradas depois do final do conflito. Esses atos e cerimônias, canções e costumes podem ser rastreados até a formação da confederação no século XII, quando um profeta chamado Skennenrahowi ("Aquele que estabelece a paz", ou "O Pacificador") entrou nas terras iroquesas para dar um fim à guerra: criou um sistema de alianças das nações-Estado com base num conjunto de regras conhecido como *Kaiienerekowa*, ou "A Grande Lei da Paz".

Onde reinavam o caos, a violência e os chefes militares, ele criou procedimentos para resolver disputas. Trabalhando junto com seus principais discípulos – Aiionwatha (Hiawatha dos onondagas) e Jikonsaweh (Seneca), ele persuadiu os iroqueses a cessar a luta entre si e a conceder uma autoridade parcial ao Grande Conselho de todas as nações iroquesas: mohawk, oneida, onondaga, cayuga e seneca, às quais se juntaram os tuscaroras depois que estes fugiram da Carolina do Norte em 1715. Esta "Liga dos Iroqueses" tornou-se a mais formidável organização nativa da América do Norte – sua influência se fazia sentir até em regiões bem no interior do continente.

O sistema de justiça dos iroqueses

Quando aconteciam transgressões, os líderes do clã – *roiiane*, termo que significa "gente boa" em mohawk e designava os "chefes" – e *kontiianeshon* – "mães de clã" assumiam o papel de árbitros e juízes. Como o sistema jurídico dos iroqueses baseia-se na reconciliação e no atonement, em contraste com o sistema ocidental, com base no antagonismo e na punição, são feitos todos os esforços para que a parte transgressora reconheça o seu erro e faça reparações à sua vítima para que as coisas voltem a ser inteiras e completas. Afastar o transgressor da comunidade não é uma opção, exceto por crimes graves como estupro e assassinato – nesses casos, pode ser imposta a pena de morte. De acordo com a lei tradicional, uma sentença de morte também é considerada no caso de abuso sexual de crianças. Uma pessoa considerada culpada de um crime menos grave tem de fazer reparações: um pedido de perdão formal diante de uma assembleia pública e depois a realização de uma série de tarefas destinadas a reforçar o bom comportamento, ao mesmo tempo em que dá uma satisfação à pessoa lesada. Todas as vítimas têm o direito de determinar o grau do castigo, mas não podem afastar os transgressores de suas obrigações normais e exige-se delas que restaurem a boa vontade da comunidade para com eles. Tradicionalmente, os transgressores também recebiam ordens de dar búzios, de devolver pertences roubados ou fazer trabalho braçal até as vítimas retornarem à sua condição normal. Os búzios – chamados de *anonkoha* em mohawk – eram usados para fazer cintos e colares e seu alinhamento e os desenhos formados tinham um significado bem específico. Esses búzios eram vitais para a cultura iroquesa e, na América colonial, eram usados como moeda, uma prática muito distinta da intenção original.

Em todos os casos, os iroqueses fazem de tudo para retornar a um estado de clareza mental, emocional e espiritual chamado *kanikenriio* ("a boa mente"). Mas isso só acontece quando a pessoa não está sentindo culpa, nem as compulsões do ódio e da vingança. Na época de Skennenrahowi, os iroqueses estavam consumidos pelas guerras, o que era particularmente difícil por causa de sua herança comum. Depois de um esforço monumental, ele convenceu muitos iroqueses de que havia uma alternativa ao conflito – o uso dos princípios da Grande Lei da Paz –, mas ainda não havia encontrado uma forma de aliviar a angústia pessoal sentida por aqueles que tinham sofrido a perda de familiares e amigos. Foi Aiionwatha quem encontrou a solução, segundo a qual o atonement sem vingança e o perdão sem sacrifício eram possíveis.

As palavras que curam

Skennenrahowi pronunciou as palavras de cura pela primeira vez há 800 anos e, desde então, os iroqueses têm um atonement ininterrupto, com os cantos e procedimentos que o acompanham. Essas palavras foram usadas quando os iroqueses, enquanto grupo, aproximaram-se de Atotaho, que lançava mão de todas as táticas e de todo o poder à sua disposição para derrotá-los, e acabou vencido pelo poder das canções de Skennenrahowi. Foi o último a aceitar a Grande Lei da Paz e, em reconhecimento à sua conversão, recebeu o cargo de presidente da nova confederação. Atotaho teve de admitir seu passado antes de sua psique e seu corpo serem curados. Ele pegou o colar de conchas de búzio trazido por Aiionwatha e depois aceitou o seu destino.

Em vez de mandar executar o feiticeiro, Skennenrahowi converteu seu poder para o mal numa força que impulsionou a formação da liga iroquesa. Skennenrahowi instruiu os iroqueses nos rituais que eles deviam preservar se quisessem viver em paz. Ele criou 50 roiiane e o mesmo número de kontiianehson (mães de clã). A cada um deles deu um assistente chamado *raterontanonha* ("aquele que toma conta da árvore", ou subchefe), uma guardiã da fé chamada *iakoterihonton* e um guardião da fé chamado *roterihonton*. Estes dois deviam aconselhar os roiiane e as kontiianehson em questões espirituais ao mesmo tempo em que garantiam que as atividades cerimoniais fossem realizadas na hora certa e da maneira certa.

O resultado foi que o conselho governante dos mohawks, por exemplo, consistia em 45 indivíduos (roiiane, kontiianehson, iakoterihonton e roterihonton), pois havia nove roiiane, e cada um dos três clãs tinha três líderes masculinos "com títulos". Todo roiiane era obrigado a ter um título ou nome que foi definido na época da formação da confederação. Os nomes eram permanentes e específicos do clã, transferidos depois a um roiiane numa cerimônia chamada de "condolência".

As Condolências

Skenennrahowi criou os procedimentos segundo os quais se faz uma condolência. Depois da morte de um roiiane, a nação enlutada manda colares de búzios para todas as outras nações. A pessoa que leva os colares é chamada de "corredor" e vai convocar as outras nações para substituírem o roiiane morto por outro. Depois que os representantes da confederação estão reunidos, as palavras de Skenennrahowi são pronunciadas num longo cântico, uma espécie de discurso fúnebre. Começam simbolicamente na "orla da floresta", exatamente como Skenennrahowi começou a sair da floresta, em direção à clareira onde estava Atotaho. Essas canções falam do luto e da tristeza sentida por todos com a perda de um líder de clã e depois falam sobre a formação da confederação. São chamadas de músicas Hai Hai e levam horas para serem cantadas. Não expressam somente a tristeza, mas também alegria por saberem que a Grande Lei da Paz perdura.

Para esse evento, a confederação divide-se em duas seções: os "irmãos mais novos" (ou sobrinhos), termo que designa os oneidas, cayugas e tuscoraras, que falam e cantam as palavras de condolências para os "irmãos mais velhos" (ou tios), os mohawks, os onondagas e os senecas. Espera-se uma restauração da psique junto com o alívio do sofrimento. Quando os irmãos mais velhos sofrem a perda de um roiiane, então os mais novos dirigem os rituais de luto, uma situação que se inverte quando foram os mais novos que sofreram a perda.

Os oradores usam a linguagem simbólica, como pele de corça para limpar as lágrimas dos olhos, uma pluma para abrir os canais auditivos e água pura da fonte para remover os bloqueios da garganta. Recitam o processo de formação da liga e os nomes-títulos de cada um dos 50 roiiane. Depois colocam tabaco numa fogueira acesa ao ar livre como parte do ritual; é uma oferenda realizada com a intenção de que suas palavras sejam levadas a todos os povos do universo. O tabaco é usado durante a cerimônia de condolências para convidar todos os seres vivos a prestarem atenção às palavras do orador. Mas é fumado em cachimbos de argila branca pelos roiiane. Dizem que a planta do tabaco foi trazida para a terra lá do mundo celeste e é o meio pelo qual as orações humanas são levadas com mais facilidade, não só para o mundo espiritual, mas também para os seres espirituais que monitoram as atividades humanas.

Quando o tabaco é posto no fogo e se transforma em fumaça, as palavras transformam-se em poder; os pensamentos têm substância física. É considerado um mal abusar deste poder e há repercussões severas para aqueles que o usam para outros fins que não as orações, os agradecimentos ou a clareza mental. O tabaco é um aliado tão íntimo dos seres humanos que é chamado de *oionkwa:onwe* – tem a mesma raiz que o termo que designa "ser humano". Seu nome latino é *Nicotiana rustica*, e é uma planta de sabor muito forte e picante; por isso, aqueles que optam por fumá-lo misturam as folhas com outras espécies de tabaco ou outras ervas mais suaves.

Pensar a paz, agir pela paz

O atonement está no centro do processo de pacificação iroquês porque ajuda a aliviar o sofrimento e a raiva, e é uma função necessária em todas as atividades sociais, cerimoniais e políticas dos iroqueses. Nenhuma sessão importante pode começar sem que sejam recitadas as *ohenten kariwahtekwen*, "as palavras que vêm antes de todas as demais". Trata-se de um "discurso", uma vez que fala diretamente com elementos diferentes do planeta, começando com a terra e passando para a água, os peixes, os insetos, os animais, os pássaros, os ventos, a lua, as estrelas, os seres espirituais e o criador. Expressam gratidão a todas essas entidades e depois essa gratidão se estende à função comunal daquele momento. O discurso também tem por objetivo eliminar todo e qualquer sentimento de hostilidade, uma vez que coloca a experiência humana dentro de um ciclo natural e espiritual mais amplo. Depois que as emoções do momento são varridas e a clareza mental é restaurada, as questões em pauta são discutidas por meio de um pensamento que não está distorcido pelo despeito. Os iroqueses usam esse método de pensar a paz e agir pela paz há muitas gerações. A história tem centenas de listas de eventos marcados pela "faxina da mente" e pelo "cultivo da árvore" entre os iroqueses e seus vizinhos europeus. Começando com o explorador francês Jacques Cartier, em 1534, os iroqueses usaram o poder das imagens, do ritual e da música para instaurar a paz. A diplomacia dos búzios teve início com os holandeses na segunda década do século XVII e a ela se seguiu "o pacto da corrente de prata" entre a Inglaterra e a Confederação Iroquesa em 1677. Em 1653, foi assinado um tratado formal de paz e amizade e, durante o evento, foi plantada uma "árvore de maio" na Quebec colonial, e cintos feitos de búzios foram trocados com os franceses. Embora esse pacto não tenha durado, um tratado permanente, que garantia a paz com os franceses, foi assinado em 1701. Este acordo é respeitado até hoje pela confederação.

Atonement na confederação

Como parte das negociações formais com as nações europeias, a confederação usou atos de atonement antes das discussões dos termos do tratado iminente. Os oradores levantavam-se, expressavam sua dor, faziam um apelo à recuperação e cura e depois davam cintos de búzios de presente como compensação pelas perdas. Os rituais e a linguagem do tratado formal entre os indígenas e os europeus tiveram início com os iroqueses. O emprego de frases como "enquanto a grama crescer" começou no nordeste, bem como o costume de fumar tabaco em "cachimbos da paz". A exigência de que nenhuma terra dos nativos poderia ser transferida sem o consentimento dos governos nacionais nasceu das queixas dos iroqueses à Grã-Bretanha sobre especuladores de terra gananciosos que tinham invadido o seu território e estavam fazendo contratos fraudulentos de venda com indivíduos e depois usando de força para remover os indígenas. Essa insistência num conjunto formal de regras levou à aprovação da Proclamação Real de 1763, que proibia intrusões nas terras indígenas a oeste das Montanhas Allegheny e foi uma das principais causas da Revolução Americana.

Essa guerra, considerada briga de família pela confederação, abriu um grande fosso entre os iroqueses, uma vez que algumas facções dessa liga optaram por lutar a favor e outras contra os americanos rebeldes. Por mais brutal que o conflito tenha sido na fronteira, foi igualmente terrível para os iroqueses, que tiveram dezenas de suas aldeias destruídas, viram centenas morrerem de fome e foram obrigados a mudar populações inteiras para o Canadá Superior (agora Ontário). No entanto, a Confederação Haudenosaunee sobreviveu e teve representatividade suficiente para se reunir com os americanos na região ocidental do estado de Nova York no outono de 1794. Depois dos rituais de condolências e atonement, os iroqueses concordaram em assinar o único acordo válido entre a confederação e os Estados Unidos. O atonement foi essencial, pois demonstrava o desejo iroquês de eliminar a represália como um fator das relações entre as duas nações. Ele reconhecia que a violência havia se instaurado entre eles, mas que os iroqueses estavam de luto e sentiam grande remorso.

Nos anos subsequentes, os iroqueses perderam a maior parte de suas terras e a maior parte de sua população mudou-se para o norte, para os Grandes Lagos ou para o distante Wisconsin. Um grupo de senecas e cayugas fixou-se no nordeste de Oklahoma, enquanto um pequeno bando de mohawks instalou-se nas terras do centro e do norte de Alberta. Sob o estresse destas remoções e perda de boa parte de sua influência política, os iroqueses degeneraram e entraram num caos marcado pelo uso indiscriminado do álcool. Esse comportamento destrutivo acabou sendo controlado graças aos ensinamentos religiosos de Skaniateriio (Lago Bonito), um profeta seneca. A partir de 1799, ele teve uma série de visões que lhe mostraram que os iroqueses poderiam sobreviver num mundo muito diferente.

Skaniateriio enfatizava a necessidade do reconhecimento público das transgressões. Introduziu a prática de segurar um colar de búzios sagrados durante a confissão feita numa das 13 cerimônias lunares que marcam o ano iroquês. Ele dizia que, sem uma purgação da culpa, haveria repercussões graves no mundo espiritual. Antes disso, os iroqueses viam o além-túmulo como um lugar de liberação e consciência. O espírito era liberado do corpo para retornar – por um caminho de estrelas – a um espaço de luz viva, um planeta de verdade no aglomerado das Plêiades. Durante essa viagem, o espírito passaria a conhecer os mistérios do universo e, desse modo, tornava-se iluminado. A punição por atos de maldade – além daqueles sancionados pelo clã – acontecia na hora da morte, quando a iluminação era negada ao espírito. Skaniateriio estendeu-se sobre essa questão, descrevendo com detalhes vívidos uma versão do fogo do inferno e da danação pentecostal, uma versão radical a ponto de se contrapor ao caos moral que ameaçava destruir os costumes ancestrais.

Skaniateriio teve êxito em parte porque não tentou suprimir os princípios de Skennenrahowi, e sim fortalecê-los por meio da ênfase na necessidade de manter os rituais tradicionais. O resultado foi um corpo de ética chamado "Código do Lago Bonito". Todo ano ele é recitado inteiro de cor entre os iroqueses e toda comunidade patrocina o recital graças ao sistema de revezamento.

Os elementos fundamentais da sociedade iroquesa perduraram até o século XXI. A afiliação ao clã é estável, mesmo que a língua iroquesa esteja sofrendo grandes pressões. O ciclo cerimonial é seguido na maior parte de seus territórios. As práticas antigas de atonement estão presentes, mas deixaram de ser cruciais para resolver disputas. Os métodos de justiça do Canadá e dos Estados Unidos suplantaram os costumes antigos. Um cidadão iroquês que transgride a lei tem mais probabilidade de ser preso do que reconciliado com a sociedade. A compensação é algo difícil de acontecer, uma vez que os crimes contra a propriedade tornaram-se lugar-c0mum. Os roiiane e as kontiianehson não atuam mais como árbitros, embora continuem nas suas funções cerimoniais e políticas.

O atonement realizado diante da comunidade é apenas uma sombra do que foi um dia.

13
conversa sobre minha geração:
o novo rosto do atonement

Stephanie N. Van Hook

Ensine a todos esta verdade tríplice: um coração generoso, palavras bondosas e uma vida dedicada ao servir e à compaixão são as coisas que renovam a humanidade.
– O Buda

Durante dois anos, Stephanie N. Van Hook trabalhou no Benin, África Ocidental, como voluntária do Corpo da Paz. Depois fez um curso sobre resolução de conflitos na Portland State University, no Óregon, formando-se em 2009. Atualmente é codiretora do Metta Center for Nonviolence em Berkeley, Califórnia. Seu trabalho gira em torno da necessidade de uma transformação social em todo o globo, e ela usa os fundamentos do atonement, lembrando até mesmo aqueles que estão em conflito que eles têm entre si uma ligação vital. As histórias deste ensaio retratam sucintamente a sua geração como "cidadãos interessados" – pessoas que estão querendo um desenvolvimento sustentável tanto no reino material como no espiritual, com o atonement no centro de sua busca de justiça social. Para ela, Gandhi e Desmond Tutu personificam esse ideal, mesmo que a visão deles seja incompleta porque "ainda estamos esperando que haja paz". Se adotarmos o perdão para nossos inimigos e se tivermos a coragem de ir além do perdão e adotarmos o atonement, diz ela, talvez a gente consiga "criar um legado de atonement para uma humanidade renovada".

phil cousineau

Quando servia no Corpo de Paz do Benin – entre 2005 e 2007 – descobri uma coisa impactante, capaz de mudar a vida de uma pessoa: como se reza numa mesquita. Para isso, aprendi as palavras árabes das orações islâmicas e pus um véu. Este foi o verdadeiro motivo da minha entrada no Corpo de Paz: fazer atonement por opções de política exterior perniciosa e violenta e pela "guerra ao terrorismo" do governo Bush-Cheney através de um compromisso pessoal com a não-violência e a construção de comunidades. Eu queria que a minha comunidade islâmica, em particular, soubesse que muitos dos cidadãos interessados de todas as gerações dos Estados Unidos desejam realmente a preservação de outras línguas, culturas e religiões. Eu queria enfatizar para a minha família católica dos Estados Unidos que uma mudança requer ação e segurança, requer que ninguém faça mal a ninguém. Esses conceitos exigem as nossas mãos, o nosso coração e a nossa inteligência. Graças a meu compromisso com o atonement, conquistei implicitamente o comprometimento e o apoio de outros, no meu país e no exterior, para tornar o mundo um lugar mais seguro. Tendo como arma somente o meu amor, em troca senti-me muito segura, muito bem vinda e muito amada.
Acredito fervorosamente que essa fórmula de amor é a condição necessária para o atonement.
Graças aos frutos do meu trabalho no Benin e às conversas constantes com os meus pares, comecei a pensar em exemplos de danos infligidos pelo governo dos Estados Unidos ao mundo, como a nossa relação com os cidadãos do Iraque, e a compreender a necessidade de nossos filhos, e dos filhos de nossos filhos, terem um legado que seja melhor que a violência. Precisamos construir uma cultura de paz – e nosso papel nesse futuro maior é construir os alicerces necessários ao atonement. Precisamos de uma base para estabelecer a nossa humanidade mútua independentemente de fronteiras, e é uma ideia cuja hora chegou. Por meio de viagens e tecnologia, a minha geração sente que está conectada com os outros exatamente como estamos conectados entre nós no mundo inteiro, e que um país diferente não implica uma diferença de experiência humana.
Em essência, o Corpo de Paz e os meus pares ensinaram-me que, no século XXI, nosso maior desafio para criar as condições para a paz é realizar

nossos atonements.[1] Assim como o Corpo de Paz promove o desenvolvimento material sustentável, o desenvolvimento moral e espiritual que a minha geração quer promover enquanto cidadãos interessados precisa ser igualmente sustentável e duradouro. Uma cultura mundial que disponha do atonement vai levar à paz porque seus meios não são violentos. Aprendemos a não ser violentos com figuras públicas como Gandhi, que nos mostrou um processo moral mais elevado que nos une em coração e inteligência e cultiva os pontos fortes da condição humana. Com o legado de Gandhi estamos aprendendo que a violência está sujeita a uma lei universal. Quando é usada como meio para chegar à paz, a violência só gera mais violência. Cabe a nós reconhecer que essa lei pode nos ajudar a compreender o atonement, bem como a não-violência, pois ambos geram a paz.

O atonement precisa ser a nossa força e o nosso poder para construirmos uma cultura de paz. Enquanto indivíduos, ele nos dá coragem em face da adversidade; realizado coletivamente, evoca a integridade de todos nós para podermos respeitar a espécie humana da melhor maneira possível, isto é, definindo como força cultural a capacidade de despertar o amor, não violência. Para encontrar um exemplo disso na prática, não precisamos de mais nada além da nossa própria vida: é só lembrar aqueles momentos raros e luminosos em que o amor incondicional triunfa sobre o mal que nos fizeram. Este amor nos unifica e redime porque nos eleva acima da violência que nos divide, que nos separa uns dos outros: dos nossos amigos, dos nossos colegas de trabalho, dos nossos vizinhos, e nos torna mais humanos. O potencial de viver um amor incondicional em face do mal é a força de nossa alma. Esta é a verdade do atonement. Seu segredo para um exemplo de paz como Gandhi é simples: os atos inspirados pela alma nunca são para os fracos.

A força da alma

Com a liderança suave de Gandhi, a não-violência derrotou o poder da lei estrangeira na Índia. Desejando uma humanidade unificada, ele procurou alcançar o seu objetivo só por meio do apelo à melhor versão da humanidade de todos os que viviam no país, tanto dos indianos quanto dos ingleses. Ele queria que os cidadãos da Índia encontrassem a verdadeira liberdade por meio da ação. Com isso, ele queria que os britânicos entendessem que os cidadãos da Índia estavam dispostos a redefinir força para serem livres. A força não é decorrência de fazer o mal; a força é decorrência do poder de respeitar a unidade da vida. Não conseguimos entender realmente o significado desta verdade simples de Gandhi sem entender claramente a importância de *ahimsa* e *satyagraha*. Estes dois conceitos estão no âmago de sua vida, no centro de seus experimentos com a não-violência. Em essência, ahimsa é um quadro de referências para se ter perspectiva moral, e satyagraha é o quadro de referências da ação moral. Quando usadas metodicamente, ahimsa e satyagraha transformam-se na caixa de ferramentas de que precisamos para chegarmos a ter um legado de atonement. Ahimsa é um termo sânscrito composto de duas partes: *a-* o simples prefixo negativo, e *himsa*, que se refere ao desejo ou intenção de fazer o mal. Em geral, esta palavra é traduzida como "nao-violência". Mas, na verdade, o conceito de ahimsa é muito mais rico e complexo do que sua tradução; é um conceito ativo, gerador e positivo que lembra mais de perto o "amor incondicional".

Ahimsa é um modelo ético, um compromisso de extinguir nosso desejo e intenção de fazer o mal, que, por sua vez, é um modo de vida que é tanto uma forma de ser quanto um estado psíquico. Esse modelo ético é ativo; é "uma força positiva que apresenta solução para a maioria de nossos grandes problemas pessoais, sociais e globais."[2] Por outro lado, a violência é uma outra maneira de estar no mundo que, ao contrário de ahimsa, é uma força negativa que cria os dilemas de muitos dos nossos grandes problemas pessoais, sociais e globais por ser passiva. A genialidade de Gandhi foi reconhecer a natureza de fórmula da violência enquanto lei científica para chegar a soluções. Ele fez de tudo para personificar ahimsa, pois era um homem pragmático. Queria soluções construtivas e ativas, não destrutivas e passivas. Queria que a razão triunfasse, mas não a expensas de sua consciência.

Ahimsa é o segredo que nos ajuda a chegar ao atonement porque toca o nosso coração. O sistema de Gandhi deixou-nos este legado claro e brilhante. Lesar ou fazer mal a alguém ou a alguma coisa não é só causar danos; significa não amar, porque a violência e o mal só geram mais violência e mal, não amor. Juntos, a violência e o mal são uma força degenerativa que só pode ser derrotada por um estado ativo no indivíduo e na cultura. Ahimsa é uma forma de estar no mundo que vai além de acabar com a violência para a sua recuperação e cura, pois não é só destruição – é amor. Nosso objetivo deve ser reconhecer que só o amor pode neutralizar e curar nossos piores atos de violência individual e coletiva.

Quando vivemos com uma atitude de amor, ou ahimsa, temos condições de obstruir o caminho da violência tomando as medidas certas no presente com vistas a um futuro melhor, e de ficar em paz com nosso passado corrigindo a nossa própria violência. Essa ação obstrutiva – da escala individual à societária – é o que Gandhi chamava de *satyagraha*. Este termo é composto por *saty*, ou "verdade", e a*graha*, "apreensão". Satyagraha é a apreensão da Verdade. Como ahimsa, é ativa. Não se trata de aprender uma ilusão, como é a violência; é aprender algo sentido de maneira mais profunda e literal: a Verdade. Este era um conceito da maior importância para Gandhi, pois ele acreditava que Deus e a Verdade são uma coisa só. Apreender a Verdade – envolver-se com a satyagraha – é despertar uma força poderosa que pode mudar o curso da queda da humanidade no precipício de um futuro violento.

Eliminar o mal é fácil quando estamos armados com o amor e caminhando de mãos dadas com a Verdade – ao menos Gandhi dava essa impressão. Na realidade, pode ser o desafio mais difícil que qualquer um de nós pode vir a enfrentar – em qualquer geração. A não-violência é mais difícil e requer mais força emocional e pessoal que a violência, pois somos chamados a agir, não a ficarmos passivos, a usar as nossas energias humanas; e também somos chamados a pôr nossas emoções para trabalhar em nosso favor, não contra nós. A não-violência quer que perdoemos os nossos inimigos; que abençoemos aqueles que nos amaldiçoam; que controlemos nossos desejos, em vez de tentar satisfazer todos eles; e nos pede o mais importante de tudo – para irmos além do perdão e fazermos reparações por nosso passado. Gandhi chegava a esperar de nós que fizéssemos essas coisas sem medo das consequências. Um desafio e tanto! Estes segredos simples levam-nos a criar as importantes condições da paz. Gandhi nos lembrava que, junta, toda a família humana vai ser livre quando rompermos os grilhões da falsidade e da violência. Ele despertou de novo a percepção que temos de nossas das reservas mais profundas do poder do amor, que continua existindo depois da morte física para replantar as sementes de um futuro melhor.

Em busca da unidade

Além de Gandhi, a minha geração tem outro exemplo com quem aprender: Desmond Tutu. Na luta pela unificação depois do apartheid da África do Sul, Tutu também procurou conduzir seu povo para o caminho da não-violência. Ele, como Gandhi, compreendia que é preciso odiar o pecado, não o pecador. Se tivermos de odiar, que seja a violência – não a pessoa que usou de violência, pois todos somos vítimas da violência. A promessa de violência e a intenção de fazer o mal conseguiram manter as divisões entre negros e brancos da África do Sul durante o apartheid. Eles precisavam se unificar para constituir uma nação; afinal de contas, *apartheid* é o termo africâner para "estar à parte", isto é, separação, segregação. Tendo suportado a violência estrutural e direta – as consequências de separar um povo do outro com base na cultura e na raça – os cidadãos da África do Sul sabiam que não haveria paz, que não haveria uma identidade sul-africana unificada se essa ferida autoinfligida não fosse tratada. Mas as condições ainda não estavam maduras para a paz. Pessoas desaparecidas assombravam os sonhos de mães e pais; vítimas de tortura e humilhações queriam que sua história fosse ouvida. Tutu respondeu a esse desejo coletivo de unificação e de acerto de contas com o apartheid para construir ativamente um futuro, e aproveitou a oportunidade para fazer algo novo para todos nós. Seu princípio era simples: para ficarmos livres do apartheid e para criarmos uma cultura de paz, precisamos da Verdade. Era uma ideia baseada no provérbio que dizia que "A verdade liberta". Tutu foi um dos arquitetos da Comissão da Verdade e Reconciliação de seu país e do que hoje é usado geralmente pela justiça restaurativa de todo o mundo. Mas Tutu tinha mais que uma busca filosófica da verdade a seu favor: ele tinha *ubuntu*.

Ubuntu é um legado sul-africano. Esse conceito muito disseminado afirma que estamos todos interconectados porque vivemos como seres humanos. Estamos interconectados da mesma forma as pedrinhas jogadas num lago criam ondas interconectadas. É um reconhecimento de que eu sou um ser humano porque você faz de mim um ser humano, e você é um ser humano porque eu faço de você um ser humano. Trata-se, portanto, de uma força impactante que vem do âmago do coração e da alma da comunidade. É um conceito que incomoda muita gente porque admite a nossa capacidade de pensar criticamente sobre as consequências de nossos atos violentos e não-violentos: é muito fácil compreender que os atos violentos nos separam e que os atos não-violentos nos aproximam.

Mas, apesar do ubuntu, havia um problema. As pessoas não se recuperariam dos danos causados pelo apartheid sem saber onde estavam enterrados os seus familiares desaparecidos. Outros queriam mostrar que reconheciam o fato de terem cometido atos violentos e integrar-se de novo às suas comunidades e a si mesmos. Outros ainda achavam todo o processo inadequado. Encontrar a verdade, como Tutu, foi imensamente empoderante para o povo sul-africano ao despertar para o maior dos horrores do apartheid: a desumanidade do homem para com o homem. Coube a ele realizar a tarefa aparentemente impossível de reconciliar as pessoas e até hoje persiste uma questão: saber o que poderia ter impulsionado todo o processo.

O trabalho de Tutu não se restringiu às fronteiras da África do Sul. Ele havia se tornado uma das principais vozes do mundo em favor da unidade graças ao modelo sul-africano da Comissão da Verdade e da Reconciliação. Em seu ensaio intitulado "Sem perdão não há futuro", Tutu declara: "De acordo com o nosso entendimento sul-africano, damos grande importância à paz e à harmonia da comunidade. Qualquer coisa que subverta essa harmonia é perniciosa não só para a comunidade, mas para todos nós e, por isso, o perdão é uma necessidade absoluta para a continuidade da existência humana."[3]

Atonement no século XXI

Minha geração não perdeu a capacidade de apreender a essência da natureza jurídica da violência tal como Gandhi e Tutu a apreenderam no século XX. Não perdemos o espírito de mudança, nem a criatividade para realizá-la. Temos consciência de que podemos nos tornar grandes líderes usando ahimsa, satyagraha e ubuntu. Essas ferramentas inspiraram mudanças sociais e ajudaram comunidades da Índia e da África do Sul a despertar para a capacidade do indivíduo optar pela não-violência e ver resultados tangíveis, transformadores, derivados da consciência dessa opção. Mesmo assim, os resultados parecem incompletos – necessariamente – porque ainda estamos esperando o surgimento da paz. Gandhi e Tutu deram novos rostos a conceitos antigos. No século XXI, novos líderes devem procurar conscientemente e dar um novo rosto a um outro conceito antigo: atonement. Cultivado deliberadamente, ele vai nos ajudar a criar uma história melhor do ser humano e, com isso, um futuro melhor para a humanidade. Apesar disso, estamos enfrentando um grande desafio nesse caminho de excelência espiritual e ética: fomos chamados a respeitar o passado e a olhar para a frente.

Como Benedito de Spinoza – filósofo e místico do século XVII – nos diz em *A ética*, "Todas as coisas excelentes são tão difíceis quanto raras."[4] Se a tarefa de assegurar nosso futuro deve incluir o atonement em nossa caixa de ferramentas conceituais, despertar toda a sua força em harmonia com o nosso trabalho em favor da paz talvez seja o desafio mais difícil que qualquer membro da minha geração vai enfrentar. Mas eu sei que essa tarefa pode ser realizada. Tenho fé de que estamos bem equipados e que vamos conseguir criar um legado de atonement para uma nova humanidade.

Notas

1. O Corpo da Paz foi criado em 1961, durante o governo Kennedy, para promover a paz e a amizade mundial. Para obter mais informações sobre seus projetos em todo o globo, visite http://www.peacecorps.gov.

2. Michael N. Nagler, *The Search for a Nonviolent Future: A Promise of Peace for Ourselves, Our Families, and Our Worlds* (San Francisco: Inner Ocean, 2004), pp. 44-45.

3. Desmond Tutu, "Without Forgiveness There Is No Future", em Robert D. Enright e Joanna North (orgs.), *Exploring Forgiveness* (Madison: University of Wisconsin Press, 1998), p. xiii.

4. Benedito de Spinoza, *The Ethic and Other Works*, Edwin Curley, trad. e org. (Princeton, NJ: Princeton University Press, 1994), p. 265.

14
reverências budistas e atonement

Reverendo Heng Sure

De manhã, reverências a todos.
À noite, reverências a todos.
Respeitar os outros é o meu único dever.
– *Ryokan*

O Reverendo Heng Sure, PhD, é um monge budista nascido nos Estados Unidos e dirige o mosteiro budista de Berkeley, onde dá continuidade à obra do Mestre Hsuan Hua de harmonia entre as religiões. Neste ensaio penetrante, ele mostra uma perspectiva budista singular do perdão, do arrependimento e da busca de harmonia interconfessional. Sua exploração é iluminada pela história de sua extraordinária peregrinação de cerca de 1.300 quilômetros, durante a qual fazia uma reverência a cada três passos, com seu companheiro Heng Chau (Dr. Martin Verhoeven), de South Pasadena a Ukiah, Califórnia, EUA. Por meio de práticas monásticas budistas, ativismo comunitário e performances musicais, Heng Sure criou um dos centros espirituais mais ativos da Costa Oeste dos Estados Unidos.

Sou um monge budista norte-americano, ordenado pela tradição mahayana chinesa. No final da década de 1970, fiz uma viagem, uma peregrinação que durou dois anos e meio, pela Pacific Coast Highway, na Califórnia.

Era parte integrante dessa peregrinação eu fazer uma reverência na qual eu me prostrava até o chão a cada três passos e uma oração de arrependimento a cada reverência. Mantive o voto de silêncio durante todo o percurso e concentrava meus pensamentos na conquista de um mundo mais pacífico por meio da prática do arrependimento budista. Afirmo que o esforço de inclinar-se nas reverências e tornar o ego mais humilde, junto com a recitação de um verso de arrependimento, é um ato de atonement. Aqui está a oração que repeti – possivelmente dois milhões de vezes – a cada prostração ao longo dos quase 1.300 quilômetros da viagem:

> *Por todas as coisas ruins que eu fiz com meu corpo, minhas palavras e minha inteligência, por causa de ganância, raiva e estupidez constantes, através de existências inumeráveis e até hoje; delas me arrependo e faço o voto de mudar completamente.*
> – *Avatamsaka Sutra*, capítulo 40

Meu desejo era deixar este verso, recitado pela primeira vez por Samantabhadra, um dos mais proeminentes bodhisattvas (seres despertos) do budismo mahayana, infiltrar-se nas camadas mais profundas da minha psique e lavar a sujeira que resultou de ações desastradas, que levei a cabo por meio de palavras, pensamentos e atitudes. O propósito do voto de silêncio era de dar uma pausa aos meus hábitos de comunicação oral para eu poder ir além das palavras e experienciar mais diretamente os motivos (em geral egoístas) da minha fala.

Na tradição do budismo mahayana, dizemos que você se arrepende ao inclinar o corpo e abaixar a cabeça em sinal de reverência. O que isso quer dizer é que, por si mesmo, o gesto ritual de colocar a cabeça, os joelhos e os cotovelos no chão é um gesto de humildade que leva ao arrependimento. Muitos clássicos espirituais dizem que o orgulho é a fonte do erro humano e, se isso for verdade, então fica mais difícil sentir orgulho quando o seu nariz está encostado no chão durante uma reverência.

É dureza fazer reverências: você tem de se abaixar e o ego sofre uma pequena "morte" a cada inclinação. Posso dizer por experiência própria que o ego resiste a fazer reverências, principalmente em público. Eu não gosto de ficar me abaixando até o chão vezes sem conta. Parecia o

além do perdão

oposto de ir em frente, de lutar para progredir, como os valores culturais ocidentais me ensinaram que eu devia fazer. Abaixar-me até o chão e limpar o armário de minha memória parecia-me ser andar para trás. No entanto, a cada sessão de reverências, eu ficava um pouquinho maior e sentia o coração um pouquinho mais leve.

Além disso, pôr a cabeça e o coração no mesmo plano, perto do ímã vasto e tranquilo que é a terra, parece ajudar o processo de lavar a psique dos erros de toda uma vida. Não consigo me lembrar da quantidade de vezes que me abaixei até o chão recitando o verso do arrependimento e, de repente, do nada, lembrava-me de atos cometidos por mim quando era um jovem egoísta e desorientado. E as imagens que me vinham chegavam com estímulos intactos para todos os sentidos, como se estivesse ligado um "sensorama" de uma videoteca situada em algum lugar dentro de mim. Eu tinha a impressão de que o verso de arrependimento funcionava como um detergente mental que dissolvia um erro enterrado há muito tempo depois de trazê-lo à tona para ser examinado por minha consciência, e deixava tudo limpo de novo. Toda essa experiência apontava para a natureza fotográfica da psique e dos sentidos; pode ser que todos os estímulos sensoriais com que alimentei meus olhos e ouvidos, saudáveis e doentios igualmente, estejam gravados em minha psique com uma clareza meridiana.

> Não posso afirmar com certeza que, arrependendo-me e fazendo reverências enquanto recitava um verso, tenha purificado a minha psique de erros cármicos e neutralizado as dívidas que acumulei, mas posso dizer que a experiência de fazer reverências budistas de arrependimento deu vida à última parte do verso do Sutra de Avatamsaka: "*delas [todas as coisas ruins que fiz] me arrependo e faço o voto de mudar completamente.*"

Uma coisa que descobri foi que quatro atos em particular – matar, roubar, entregar-se à luxúria e mentir – fazem tanto mal a quem os pratica quanto às suas vítimas. Enquanto fazia reverências, vi, por exemplo, uma vez em que menti para a minha mãe a respeito de consumo de tabaco. Eu fumava desde que estava no sexto ano do ensino básico – para ser aceito num grupo de caras mais velhos e durões do meu bairro. Cheguei em casa com o cheiro de cigarro nas roupas, e minha mãe percebeu. Perguntou-me se eu andava fumando e, temendo ser castigado, respondi: "Que isso! Eu??? Fumando? Nem pensar." Na verdade, eu estava escondendo um maço de Camels na mochila. Naquela noite eu fiquei me virando na cama, sem conseguir dormir. Dei-me conta de que mentir deliberadamente para a minha mãe estava me pesando na consciência como uma pedra ou um tronco caído no córrego que represava a água e não a deixava seguir em frente. Este episódio entrou no campo da minha consciência enquanto eu fazia uma reverência. Quando finalmente me confessei para a minha mãe, quase 20 anos depois da peregrinação, ela disse: "Ah, eu sabia; todo o seu corpo estava impregnado pelo cheiro. Seu rosto estava todo vermelho. Eu era um pouco mais sabida do que você achava que eu era, acredite. Eu só queria ver como é que você se viraria com a sua mentirinha."

Não muito bem, até eu me abaixar até o chão nas minhas reverências em busca do arrependimento e recitar o verso do Sutra.

Sentir vergonha ao cometer erros e depois desejar sinceramente mudar os maus hábitos que são as suas raízes significam que você está no caminho certo. O arrependimento implica que a mente tem condições de se transformar e de se livrar da negatividade; em última instância, é possível arrepender-se de todo o carma ruim do passado. Este princípio me dá esperança em relação a um atonement genuíno em relação aos erros passados. Se fazer reverências como forma de chegar ao arrependimento pode recuperar uma psique lesada por erros involuntários, também levanta questões: qual é a possibilidade de chegarmos à perfeição? Quanto do carma é reversível? A que profundidade chega a faxina feita pelo arrependimento? Será que os ensinamentos a respeito do pecado original ainda se aplicam se eu conseguir fazer com que minha psique vomite todo o mal que já causei? O Buda dizia que é possível chegar ao atonement até mesmo depois dos crimes mais terríveis, dos quais há cinco – os "Pecados Capitais" (matar a mãe, matar o pai, matar um *arhat* ou santo, derramar o sangue do Buda e destruir a harmonia da comunidade budista), se a pessoa conseguir transformar a visão equivocada da existência do eu.

além do perdão

A base do atonement budista é o insight do Buda de que o eu, aquele que realiza ações, é uma ficção. Na verdade, o eu não existe – é apenas uma forma habitual, constante, de ver o corpo e a psique. O Buda deixou-nos um método empírico para verificarmos a veracidade dessa afirmação. Recomendou a seus discípulos que examinassem atenta e profundamente a existência de *eu, mim, meu*. A gente não encontra nada de permanente ou substancial. Não consigo encontrar meu *eu* em meus dentes, nas unhas dos meus artelhos ou nas minhas amídalas. Nem um único pensamento da minha cabeça é exclusivamente meu, singular e pertencente unicamente a mim. Quando eu morrer, nada sobrevive além dos resultados dos meus atos. De modo que as perguntas continuam sem resposta: se a criatura que realizou os atos não existe, o que dizer dos atos em si? Onde é que eles existem? É possível arrepender-nos e livrar-nos deles? E os indivíduos que lesei com tudo o que fiz de mau e errado?
Causa e efeito são sempre reais. Uma lei muito justa e que se cumpre até em relação às ofensas mais leves que se puder imaginar. Além disso, somos responsáveis por nossos atos; ninguém consegue transferir seus erros para outra pessoa, e ninguém consegue escapar dos resultados de suas ações. Bem, há uma exceção a esta regra. O arrependimento pode apagar consequências negativas – isto é, o arrependimento supremo que revela a verdadeira natureza do eu.
O Buda afirmava a existência de duas camadas de verdade – a provisória e a definitiva. Nós, pessoas comuns, que ainda temos de despertar para a natureza permanente das criaturas sensíveis e para a identidade última dos fenômenos, ainda vivemos no mundo da dualidade. No mundo da dualidade, o mundo dos acertos e dos erros, dos amores e dos ódios, o eu é o centro de todas as decisões. O eu nos induz a lutar por pequenas vantagens e por pouco nos importar em beneficiar os outros.
Depois de meditar sozinho na floresta durante seis anos, o Buda percebeu que o eu é uma ilusão, que não passa de uma falha da percepção. Quando ele despertou, viu além do eu ilusório e conseguiu abrir mão de seus desejos, aflições e hábitos de autoimportância. Um belo poema do *Dhammapada* sintetiza a alegria de sua liberdade:

> *O desejo é o construtor dessa casa (o ego),*
> *Através de muitos renascimentos, perambulando por Samsara,*
> *Procurei, mas não encontrei, o construtor dessa casa;*
> *Que dor, que sofrimento nascer outra e outra vez ainda.*
> *Ah! Construtor de casas, finalmente o vejo,*
> *Você não vai mais construir nenhuma casa;*
> *Sua viga-mestre desmorona,*
> *Todo o telhado vem abaixo;*
> *Minha consciência percebe aquilo que não nasce,*
> *E o desejo tem fim.*
> – *Dhammapada*, seção 11, versos 153-154

Perceber o vazio total do ego que servimos o dia todo pode levar àquela segunda camada da verdade, a verdade suprema. O Buda disse que qualquer pessoa tem condições de chegar a essa camada da verdade, mas ela exige trabalho duro. Para chegar lá, é preciso transformar o condicionamento que nos diz que somos indivíduos singulares, únicos, especiais.
Claro, a maioria de nós vive no mundo da dualidade. Portanto, se faço algo desastrado quando a minha consciência está firmemente enraizada no mundo da dualidade, esse delito existe ou não no mundo do "eu grande no centro do palco"? Se o Buda enxerga além do ego e percebe a inexistência do eu e dos fenômenos, será que isso ajuda a apagar meu carma quando cometo um grande erro?
A resposta é simultaneamente sim e não.
A verdade da natureza ilusória do ego encontra-se no contexto de causa e efeito, que é uma lei do universo tão básica quanto a lei da gravidade. A lei de causa e efeito diz que, quanto mato alguém, faço uma dívida com a pessoa ou criatura cuja vida eu roubei. Essa dívida vai me acompanhar até eu conseguir pagá-la.
Os atos realizados no mundo da dualidade têm um preço – quando eu mato uma vaca e como a sua carne, faço uma dívida com o animal cujo corpo eu comi. Ao mesmo tempo, há métodos para apagar esse carma: (1) meditar até a sabedoria da pessoa romper os obstáculos para o reino da verdade suprema; e (2) arrependimento e reverências: diminuir o ego e assumir o

além do perdão

trabalho duro de limpar a consciência de desejos egoístas; ver o "construtor desta casa" do desejo que serve de base ao ego e cria visões equivocadas a respeito da importância fundamental do ego. Talvez eu tenha de pagar a dívida feita com a vaca, mas o arrependimento pode arrancar as sementes do ódio e da ignorância que me levaram a atacar essa vaca. Depois que a dívida for paga é que a relação negativa é superada de fato.

Quando terminei a minha peregrinação, fui viver com dois outros monges num sítio minúsculo em Taipei, Taiwan. Um deles era o monge com quem eu fiz a peregrinação e o outro era um jovem ordenado recentemente, pelo qual senti uma antipatia instantânea – e foi um sentimento recíproco. Ele queria me encher de porrada e eu achava que ele era um jovem punk arrogante e convencido. Era um cara de 20 anos que tinha feito o correspondente ao ensino médio num mosteiro e não sabia nada a respeito do mundo.

Nós três ficamos engaiolados juntos em Taiwan, dois de nós brigando feito cão e gato antes das cerimônias, durante as refeições e depois de meditar. O terceiro monge perguntava a toda hora: "O que está acontecendo? O que vocês dois estão fazendo? O que isso tem a ver com qualquer prática budista?"

Quando voltamos para os Estados Unidos, o Mestre Hua perguntou como foi a nossa estadia em Taiwan. Olhou bem para nós dois e disse: "Não é simples assim. Isso aí é obra de vocês dois."

Seis meses depois, com a nossa inimizade cármica cada vez mais feroz, procurei o Mestre Hua e disse:

– Não aguento mais. Por que ele e eu temos essa negatividade? Não sinto nada do gênero por mais ninguém. Por favor, diga-me o que fazer.

– Tudo bem, – respondeu ele. – Você está sendo sincero?

– Estou, — disse eu. – Estou sendo totalmente sincero. Ninguém que faz parte da minha vida me irrita tanto quanto esse cara. Estou muito cansado de conviver com alguém com quem não consigo ficar de bem. Não aguento mais *continuar* desse jeito. Faço qualquer coisa para reparar o que quer que eu tenha feito para criar essa negatividade.

– Era isso que eu estava esperando ouvir, – disse ele. – Até que enfim você está demonstrando uma certa compreensão dos princípios. Um conflito como o de vocês vem de um carma passado. Você e ele já brigaram feio antes. Você sabe fazer reverências. Faça-as com sinceridade. Toda vez que você se abaixar até o chão, diga: "Quero dar fim a toda e qualquer inimizade que criei com essa pessoa e com qualquer outra criatura sensível à qual eu possa ter feito mal. Que todo o mal que eu fiz e que causou negatividade e conflito no presente seja neutralizado e dissolvido. Que todas as situações saudáveis e que todas as afinidades positivas cresçam e floresçam."

– Faça reverências todos os dias, – continuou ele – pelo máximo de tempo que puder. Faça-as todos os dias, regularmente, e faça com sentimento. Faça realmente o voto de transformar os seus hábitos mentais negativos em saudáveis. E depois, todos os dias, enquanto estiver se abaixando nas suas reverências, transfira o mérito a todos os seres, principalmente para aqueles que, como vocês, têm afinidades negativas. Faça com que a medida de sua consciência seja grande. Transfira o mérito para além de você e dele. Diga: "Que todas as afinidades negativas, que todos os carmas de inimizade e que todo ódio que atormenta todos os seres tenham fim. E que as sementes positivas floresçam e cresçam. Que todos os seres vivam em harmonia e em paz." Quero que você transfira o mérito dessa forma, todos os dias, no final das suas reverências.

– Se você for sincero, – acrescentou ele – garanto-lhe que vai ver uma mudança na sua relação com ele. Mas você vai ter mesmo de se tornar uma pessoa diferente. Lembre-se do sofrimento de estar num conflito interminável e pare de brigar consigo mesmo. Depois transfira os benefícios e reparta o mérito com todos.

Minha vida estava um inferno, de modo que concordei imediatamente. Durante um mês, fiz reverências como o Mestre Hua me instruíra todos os dias. O jovem monge foi transferido para Seattle e eu fui mandado para Los Angeles. Eu o vi seis meses depois, quando passava por um corredor, e nem sequer me dei conta de que era ele. Olhei para ele de costas e foi então que ele se virou. Quando vi o seu rosto, achei que parecia apenas um menino. Reparei no quanto ele parecia jovem e inocente.

– Como você está? – perguntou ele.

– Ótimo, – respondi.

além do perdão

– Sem problemas, – comentou ele.
– Sem problemas, – disse eu.
E foi isso.
Tempos depois ele abandonou a vida religiosa e voltou para sua vida laica. Encontrei-me com ele anos depois. Conversamos e nos divertimos à beça. Ele disse:
– Você se lembra de quando a gente brigava como se a nossa vida dependesse do resultado da luta?
– Lembro, sim, era uma coisa estranhíssima, – respondi.
– Será que você me ferrou numa vida passada? – perguntou ele.
– Quem sabe? – respondi. – Mas com certeza estou satisfeito por esse conflito ter acabado.
E foi isso.
O método budista começa com a disposição de fazer alguma coisa que a maioria das pessoas não pensaria em fazer, que é reparar os erros do passado. Começa com o simples fato de reservar tempo para examinar a relação, para assumir a minha metade da negatividade e admitir que não estou aqui nessa terra para brigar interminavelmente com essa pessoa. Pedi para que, fossem quais fossem as coisas ruins que eu tinha feito a ele no passado, viessem à tona, fossem purificadas e transformadas. Depois, do fundo do coração, desejei tudo de bom àquele jovem; falei em voz alta que deixara de lhe querer mal; em vez disso, desejava que ele tivesse paz e felicidade. Depois transferi o mérito do ato de atonement a todos os seres, principalmente àqueles que estavam em situações semelhantes de conflito interpessoal.
Depois que as sementes do conflito entraram no campo da minha consciência, quando dei voz a meu desejo de abençoar a pessoa com quem eu vinha brigando, ele e eu ficamos "at one", quer dizer, em harmonia. Finalmente consegui apagar as fronteiras que havia entre ele e eu, o que produziu o *at-one-ment*. Mas isso só aconteceu depois que eu fiz o meu dever de casa: reverências nas quais eu me abaixava até o chão, recitava o verso e tornava consciente o meu desejo de mudar de atitude. Atonement é mais que um desejo saudável; é trabalho duro.

conclusão
atonement criativo
em épocas de perigo

James O'Dea

Se chegou o momento do fim, e da grande tribulação, então com certeza e sobretudo chegou o momento da Grande Alegria. A escatologia não é fim e castigo, o acerto de contas: é o último começo, o nascimento definitivo numa nova criação.
– *Thomas Merton*, Raids on the Unspeakable [Ataques de surpresa ao inefável]

Ex-presidente do Institute of Noetic Sciences (IONS) e diretor da unidade da Anistia Internacional de Washington, James O'Dea encerra este livro com uma atualização valiosa dos projetos de paz e reconciliação do mundo inteiro. O'Dea viaja muito para participar de projetos de recuperação social nas Américas, no Oriente Médio e na África, o que lhe permite acompanhar o ressurgimento da justiça restaurativa em todo o globo. Mas ele também fala da influência das pesquisas mais recentes sobre a evolução da consciência, que sugere que a cooperação entre as pessoas e os povos é a ordem natural das coisas. Seu ensaio apresenta uma defesa elegante do que ele chama de "atonement criativo", o tipo de reparação que reforça nossa capacidade de transformar um comportamento destrutivo em relação a nossos semelhantes e ao planeta. Juntas, essa pesquisa empolgante e histórias vívidas encorajam todos nós a nos envolvermos criativamente nos movimentos atuais em favor do atonement e da reconciliação, em vez de nos apegarmos aos preconceitos do passado.

phil cousineau

Atonement é uma palavra cujo peso e solenidade evocam imagens de reuniões metodistas da Inglaterra vitoriana. Tem tons sombrios e correntes subterrâneas sinistras. Parece pertencer a uma época em que pessoas muito íntegras e de grande fortaleza moral faziam reparações por seus pecados e aquelas que se recusavam a isso eram aquelas a quem faltava aquele ingrediente essencial da *fibra moral* – uma mercadoria espiritual da qual se supunha haver uma grande reserva entre "os civilizados" e "os eleitos" salvos do inferno.
Podemos recuar ainda mais no tempo, chegando aos arquétipos primordiais da crença ocidental judaico-cristã, onde encontramos o apelo ao atonement com toda a gravidade fulminante e dramática do Velho Testamento. Até quem nunca frequentou a escola dominical tem uma vaga ideia de que as pestes foram enviadas como castigo, que as nuvens se abriram e as pessoas foram carbonizadas ou transformadas em estátuas de sal por sua depravação e recusa em mudar de atitude. Não chegar ao atonement implicava represálias violentas e até hoje se faz acompanhar de mais que uma simples nuvem de enxofre.
A razão pela qual a palavra *atonement* pode ferir os ouvidos com essas insinuações deve-se, em grande medida, às suas reverberações de medo, castigo e danação. No entanto, se a marreta do Todo Poderoso for evitada e um arrependimento sincero se manifestar numa reforma do comportamento, o caminho da redenção é um caminho em que a ameaça de castigo é eliminada e substituída por um transbordamento de "assombrosa graça". Embutida na programação arquetípica da consciência ocidental, há uma frase escrita na areia e uma parte dela é *castigo*, a outra, *recompensa*. O castigo é exemplar e descrito às vezes como uma câmara psicótica de torturas, onde a crueldade e o sofrimento são eternos, ao passo que a recompensa, em geral, é menos dramatizada e apresentada mais vagamente em termos de serenidade e bem-aventurança.
Apesar desse terror, atonement é um conceito que merece a nossa atenção, não para levá-lo a ser uma expressão idiomática mais relevante e contemporânea, e sim porque o seu verdadeiro potencial pode ser compreendido e usado criativamente na realidade do aqui e agora de um mundo que está enfrentando desafios extremos. Num mundo que gira em torno da po-

lítica, da cacofonia da mídia e da propaganda sedutora, atonement pode ser um indicador autêntico e confiável de uma mudança comportamental genuína. Vamos examiná-lo de um novo ponto de vista.

O atonement sob uma outra luz

A noção de "assim é se assim lhe parece" não é nova, mas talvez agora tenhamos mais consciência do quão profundamente nossas *convicções* estruturam nossa experiência da realidade. A convicção funciona como a principal lente condicionadora de nossa consciência e influencia nossa maneira de pensar a respeito de nós mesmos, de perceber os outros e de organizar nossa família, nossa comunidade, nosso país; e está na origem de todos os nossos valores. Quando revisamos nossas convicções, mudamos a nossa maneira de ver o mundo que nos cerca.

Todos nós nos familiarizamos com a palavra *paradigma*, cunhada por Thomas Kuhn: designa o modelo ou categoria que usamos para integrar nossas convicções num conjunto ou quadro de referências coerente. Em inglês, deriva do verbo *to parse*, analisar, que nos permite examinar a gramática ou a estrutura do significado das ideias. Quando nossos paradigmas são alterados, temos a oportunidade de revisar nossa visão de mundo mais ampla. Quando falamos de explorar o atonement sob uma nova luz, não estamos sugerindo um reenquadramento superficial, e sim algo que mergulhe mais profundamente nos alicerces de nosso sistema de crenças. Se quisermos examinar o conceito de atonement sob uma outra luz, temos de chegar às raízes de sua conexão com o papel que o castigo desempenha em nossa visão de mundo.

Vamos começar com a relação do mundo ocidental com o castigo extremo: tortura, pena de morte e punição corporal. Esta última é a versão mais fácil. Castigar os filhos espancando-os ou chicoteando-os hoje é ilegal no mundo ocidental e extremamente criticado pelos psicólogos. Passamos a ter horror ao castigo violento às crianças. Da mesma forma, a maioria esmagadora das pessoas diz ser a favor do direito dos presos a tratamento humano e denuncia a prática da tortura. Depois de um olhar retrospectivo aos poucos milênios do desenvolvimento humano, podemos afirmar que houve um progresso significativo; o castigo passou por uma humanização e um refinamento considerável. Mas a crença na eficácia do castigo ainda é muito forte, principalmente nos Estados Unidos. A população dos Estados Unidos equivale a menos de 5% da população mundial, mas tem cerca de 30% da população carcerária do planeta; sua lei "das três faltas" [para reincidentes] é exclusivamente punitiva e, enquanto a maior parte da Europa já aboliu as execuções, os Estados Unidos continuam um dos maiores líderes mundiais da pena de morte. Apesar da falta de provas de que as execuções impedem o crime violento e apesar da evidência inquestionável representada pelos índices de reincidência de que o sistema penal é incapaz de reabilitar ou reformar uma porcentagem significativa de sua população carcerária, os Estados Unidos estão gastando mais dinheiro na construção de prisões e aumentando o número de detentos dentro de seus muros.

Como o atonement poderia ser solução para essa tragédia? De que maneira redefinir atonement em relação a esse exemplo concreto para que esse termo deixe de ser associado a uma teologia da represália, ou de ser visto como uma defesa da vingança e passe a ser considerado uma abordagem moderna, esclarecida e eficiente dos desafios e problemas sociais reais? Para responder a essas perguntas, temos de descobrir uma saída da falsa dicotomia representada pela polaridade ingênua entre céu e inferno, ou pela alternativa simplista entre danação e redenção. Essa simplificação leva a uma psicologia igualmente grosseira de cenoura na frente do burro, ou chicote no seu traseiro, com predominância do chicote. Vamos encarar os fatos: a ameaça de castigo é um meio primitivo de impor o controle.

O atonement inspirado pelo medo do castigo sugere uma resposta que foi induzida pela coerção ou pela manipulação, não uma resposta que foi derivada de uma avaliação genuína da natureza e das consequências dos atos de alguém. As ações resultantes de autorreflexão e insights profundos, e que nascem de uma nova compreensão, têm mais probabilidade de serem genuínas, espontâneas e criativas. Essa expressão do atonement não vai surgir de um condicionamento, nem de uma bagagem cultural pesada, e sim de uma consciência que vê mais acuradamente a verdade das coisas, e de uma energia que deseja acatar essa verdade.

além do perdão

O atonement que é fruto do medo do castigo a que são submetidos os malfeitores e os pecadores é uma coisa. O atonement que é fruto da tomada de consciência da ignorância, da desorientação e das feridas, é outra. Neste último caso, afastamo-nos dos quadros de referências autoritários e teológicos e nos aproximamos das alternativas terapêuticas e curativas. Somos convidados a experienciar toda a força da verdade. Mas, em vez de saturar a psique de medo, culpa e vergonha, permitimos que a verdade reviva em nossa consciência e impregne a nossa imaginação moral.

Visto sob essa luz, o atonement é algo que brota espontaneamente de dentro das pessoas. E vem cheio da energia de *metanoia* – coração aberto – e de uma vontade revitalizada. Este é o atonement que ferve no caldeirão da experiência do sofrimento, o atonement do despertar para a avaliação honesta dos frutos de suas convicções e comportamentos antigos, o atonement que ativa o envolvimento da imaginação no processo de recuperação e cura do que quer que tenha sido lesado. O atonement torna-se expressão da força vital criadora de uma pessoa e até um marco de mudança e aperfeiçoamento evolutivo. Se a represália devolve uma versão do que foi recebido, o atonement oferece um caminho novo à frente. E mesmo que um atonement imposto pela psicologia ou pela teologia possa dar um certo alívio ao transgressor, o atonement criativo convida o ser amplificado a uma expressão ilimitada. Será que estamos preparados para redefinir atonement para que ele deixe de ser tão estruturado pelo arrependimento ou pela tentativa de remediar o passado e comece a ser uma demonstração do tipo de engenhosidade e compromisso necessários para que um futuro mais luminoso venha a existir?

O atonement criativo

Eu gostaria de contar uma história de atonement criativo. Diz respeito a um soldado, um homem corpulento, grande, robusto, que acorda no meio de uma operação que envolvia civis vivendo sob ocupação militar. Ele estava com seu pelotão e haviam sido atacados, mas não conseguiram "eliminar" ou sequer localizar o seu alvo. Apesar disso, os soldados precisavam mostrar à população civil local que eles seriam punidos se dessem asilo ao inimigo. Às vezes, famílias inteiras recebiam ordens de abandonar sua casa e homens jovens eram levados para interrogatório; quando os soldados suspeitavam que um membro qualquer da família estava envolvido com a resistência à ocupação, saqueavam e às vezes até demoliam a casa. Neste dia eles já tinham arrombado muitas portas, dado muitas batidas, feito muitas prisões. Durante momentos como estes, os soldados estão com a adrenalina saindo pelo ladrão; o coração dispara com um composto bioquímico que desperta o medo e a hostilidade. Suas funções cerebrais estão hipervigilantes, em busca de qualquer sinal de agressão ou qualquer movimento súbito que possa pôr em perigo a vida do próprio soldado ou de seus companheiros.

Eles haviam arrombado uma casa onde encontraram algumas velhas e três crianças. Enquanto os outros faziam a batida, ele apontava a arma para os membros da família amontoados num canto. As mulheres estavam gritando, mas as crianças estavam imóveis, trancadas num silêncio desafiador, os olhos fixos como duas poças de ódio. Parecia que nada se mexia dentro delas; pareciam estátuas. Todas elas estavam congeladas numa representação da inimizade em miniatura. Era uma energia que se apossara inteiramente daquelas três crianças. Nenhuma lágrima, nenhum tremor, nenhum movimento no sentido de se agarrarem à barra da saia das mães em terror, nem de se esconderem, nem qualquer emoção avassaladora que seria de se esperar de crianças que estavam enfrentando a mira de uma metralhadora. Eram as antenas de um campo transpessoal de ódio criado pelos adultos de todos os lados do conflito. Ele sabia que tinha a liberdade de continuar representando o outro lado do ódio e de se comportar de acordo.

O que ele viu nos olhos daquelas crianças tentou se apoderar de sua alma. Era um convite para transformar seu ódio num ódio recíproco mais forte ainda. Mas ele se surpreendeu com um beliscão da própria consciência, que desejava acordá-lo para que deixasse de ser um mercenário pago por uma potência de ocupação. No dia seguinte, pediu baixa do serviço militar.

O resultado dessa decisão foi ele ser obrigado a procurar trabalho como operário da construção civil. Sempre tivera uma queda pela música e consolava-se à noite tocando flauta e outros instrumentos. Foi então que ele se deu conta de que a melhor coisa a fazer com sua vida seria oferecer a música como remédio, em vez de andar por ali com uma metralhadora. Durante alguns meses, descobriu-se trabalhando ao lado de homens que tinham família em muitos dos lugares que ele havia patrulhado. Foi uma experiência de humildade, mas uma experiência que, por estranho que pareça, era uma espécie de resposta. Trabalhar lado a lado com esses homens fez com que ele se aproximasse mais da verdade daquilo que tinha em comum com "o inimigo" do que ele teria considerado possível alguns meses antes.

Hoje, seu website mostra um retrato dele como soldado, com sua metralhadora, e outro que o mostra com seu didjeridu, um instrumento musical dos aborígenes australianos que parece uma trompa bem longa. Trabalha numa loja de música internacional, onde oferece terapia individual que usa a flauta nativa norte-americana e o didjeridu. Ele também toca músicas para crianças em idade escolar.

Talvez essa história pareça a alguns muito leve em termos de culpa, vergonha, violação e transgressão, ou que lhe falte um pedido sincero de perdão, ou indique a necessidade de um arrependimento mais custoso ou sofrido. Mas ela provoca um curto-circuito em muitos desses elementos. O que ela nos pede realmente é para examinarmos a imoralidade da ocupação militar injusta, mas também se concentra na luz que existe na cabeça do soldado e na alternativa que ele escolheu – e que afirma intensamente a vida – em reação àquele despertar.

Também é bom lembrar que esse homem não passou a dedicar sua vida a acabar com a ocupação e sua litania de violações dos direitos humanos. É verdade. Mas também é bom pensar no quanto poderia ser mudado pelos soldados deste mundo – aqueles enviados para realizar missões erradas – se, em lugar de violar os direitos humanos, eles depusessem as armas e fossem tocar música para crianças. Ou se, em vez de impor o ódio e a divisão, eles canalizassem sua energia criadora para compor música global. Afinal de contas, se um soldado tem a imaginação moral para reagir dessa forma, por que outros não a teriam?

Supor que o atonement precisa fazer parte de uma narrativa muito linear e sequencial pode acabar por confiná-lo a respostas mais limitadas e monótonas, e a pedidos de desculpas mecânicos. A perspectiva que convida ao atonement criativo abre a possibilidade de saltos quânticos, de transformação profunda e de toda uma nova ordem de significado, em lugar da física das respostas que requer uma força igual e oposta àquela que violou e transgrediu.

Vamos explorar agora as possibilidades de evolução de um movimento de atonement criativo e de que modo ele pode até servir para desempenhar um papel no processo de mudança evolutiva e transformação global.

Somos responsáveis por um planeta em perigo

Você pode apresentar tantos exemplos de caráter quanto quiser – mesmo assim, está no mesmo banco dos réus que nós. Dirigimos os nossos carros, andamos de avião, vamos aos shopping centers e ruas comerciais, compramos coisas demais, geramos montanhas de lixo, tomamos banho de chuveiro todo dia, consumimos eletricidade demais e temos uma alimentação que seria absolutamente insustentável se o mundo inteiro tentasse comer o que nós comemos. Minhas desculpas a vocês, vegetarianos que vivem fora do esquadro, que vão de bicicleta a todos os lugares, e que nem sequer pensariam em pegar um avião: podem ir embora, se quiserem. E vocês, que constituem a maioria dos cidadãos do mundo e não dirigem carro, nem andam de avião, e moram em residências modestas, vocês não estão no mesmo banco dos réus que nós. Mas o resto de nós – e nem falamos de piscinas, nem de carrões ou modos de vida extravagantes – tem de continuar neste banco. A Mãe Terra não tem condições de sustentar o nosso modo de vida. Ponto.

Desde o primeiro Dia da Terra, em 1970, o comportamento humano resultou no desaparecimento de um terço de todas as espécies deste planeta. Já seria alguma coisa se isso fosse o fim da história e nós estivéssemos despertando coletivamente para a necessidade de fazer reparações a nossos comportamentos coletivos inconscientes: é trágico, mas parece que muitas das economias do mundo estão apenas esquentando os motores para acelerarem suas próprias versões de rápido desenvolvimento insustentável com todo o seu lixo tóxico e degradação ambiental.

além do perdão

Uma espécie que destrói seu próprio habitat, abandonando suas próprias chances de sobrevivência em favor de um excesso temporário ao mesmo tempo em que erradica a maioria das outras espécies, é uma espécie que precisa de algo mais que terapia. Precisa de uma transformação profunda. Numa época de grave colapso financeiro global, de seca generalizada, de safras arruinadas, de destruição de comunidades inteiras, de indicadores aterrorizantes de mudanças climáticas profundas e outros indícios de deterioração significativa, alguns começaram a reconhecer que vamos precisar de intervenções que ultrapassem em muito os ajustes sistêmicos e os remendos cosméticos. A transformação que se faz necessária agora precisa envolver toda uma transição de todo o sistema – uma transição do desenvolvimento insustentável para formas de desenvolvimento sustentável que sejam favoráveis ao meio ambiente, saudáveis, revigorantes economicamente, justas, previdentes e receptivas à diversidade social e cultural.
Para alguns, uma transformação global deste calibre parece uma impossibilidade. Mas as implicações dessa visão são tão sombrias que nem vale a pena falar delas. Sem essa transformação, estamos caminhando para uma perda de vidas de uma magnitude nunca vista antes no planeta Terra. Essa visão é fruto da falta de imaginação e de um colapso da vontade. Para ver o quão profundamente podemos transformar as circunstâncias atuais, primeiro temos de examinar as raízes de nossa crise de hoje. Em resumo: as sementes de nossas tendências invasoras e autodestrutivas, bem como nossa capacidade de resolver problemas e nossa criatividade regenerativa, nascem e vivem do nosso estado de consciência.
Vamos encarar os fatos: simplesmente nos permitimos ficar deslumbrados e distraídos pelas possibilidades aparentemente infinitas do prazer materialista. Há tantas coisas maravilhosas para a gente comprar, lugares para conhecer, coisas a experimentar... Todo dia alguém inventa novas engenhocas para nos distrairmos e novas formas de bater papo a mil por hora. Para piorar as coisas, a mídia nos expõe a mil tentações e seduções da propaganda. Ficamos, como diz o poeta T.S. Eliot, "distraídos da distração pela distração, alimentados com fantasias e desprovidos de sentido". E aqui ele estava se referindo à primeira parte do século XX. Quase um

século depois, estamos alucinando numa "matriz de distração". Estamos com déficit de atenção coletivo e completamente fora da realidade. Mas, como os sábios antigos nos fazem lembrar incessantemente, não devemos confundir a consciência com o seu conteúdo. Você não é o conjunto de experiências que teve no passado, e nem mesmo aquelas que está tendo agora; você é aquele que vê e reflete sobre suas experiências. Se continuar fazendo sua consciência recuar até a sua origem, vai encontrar, na raiz de sua consciência, uma testemunha vibrante, desperta, cheia de vida.

Por mais profundamente que a gente mergulhe na distração, na alienação e na indiferença, podemos acordar do que quer que seja que andou entorpecendo a nossa atenção e obscurecendo a nossa percepção da realidade. Chegar a perceber que você foi ficando cada vez mais insensível ao mesmo tempo em que a mídia tenta desesperadamente diverti-lo com "reality shows", ou que engambela você com seus intelectuais tendenciosos, é o começo do despertar. Sua sensação de náusea talvez aumente quando você começar a se dar conta da natureza onipresente do nosso transe coletivo. É aí que você começa a vociferar contra o sistema e a alimentar a revolta moral com nossa cegueira, insensibilidade e injustiça.

Mas o ativismo do dedo em riste não é a mesma coisa que atonement. Se você acha que não tem absolutamente nada a ver com o problema, e se você aduba a mentalidade do *nós* contra *eles*, é porque ainda não acordou o suficiente para reconhecer o *seu* papel na história da modernidade.

Depois que sua consciência passa da acusação estridente para um testemunho imparcial, algo acontece e você começa a ver formas, não tanto de certo e errado, mas de ferimento e cura. Você começa a ver mais claramente que a agressão muitas vezes tem sua origem em ciclos de violência. Você começa a ver a transmissão de feridas e desvios de uma geração a outra e até começa a examinar o terreno histórico em que a animosidade e o ódio são alimentados e transmitidos.

Quando a capacidade de testemunhar se torna habilidosa e refinada, você vê que até ideias sutis assumem forma e manifestam-se em ideologia competitiva, intolerância religiosa, supremacia cultural ou *hubris* espiritual. E então, por fim, você vê que está apto a representar um "automatismo interrompido", uma nova tendência e mudança de direção que oferece um ponto de partida para abandonar a forma predominante de fazer as coisas. É aí que a sua ação brota da compaixão por si mesmo e pelos outros, porque você chegou a ver com seus próprios olhos que estamos todos emaranhados uns nos outros e conectados uns aos outros na história social. Depois que você toma plena consciência da *fórmula que conecta*, você entra na corrente de ação como agente transformador, alguém que muda os paradigmas, que cura a sociedade – um ativista sagrado – disposto a fazer reparações criativas no campo de nossa cura coletiva e do nosso progresso evolutivo. Você vai ser o arauto de um movimento em favor da consciência, expressa e manifesta como atonement criativo que pode mudar o curso do desenvolvimento humano em grande escala.

Mas, antes de vestir o manto de um propósito tão nobre, talvez seja bom refrescar a sua memória a respeito de insights espirituais e científicos contemporâneos sobre a maneira de catalisar e manter uma mudança profunda e uma transformação mais profunda ainda.

Fomos programados para desafios criativos

Há um motivo pelo qual você pode me dizer com detalhes vívidos onde estava e o que estava fazendo na manhã de 11 de Setembro. O que aconteceu naquela manhã fatídica foi, para a maioria de nós, o que poderia ser considerado uma "reação primária da amídala". O choque e o medo fizeram soar o sistema de alarme do corpo para informá-lo de que os ataques às Torres Gêmeas representavam um grau inusitado de perigo. A reação da amídala ao sinal de alarme fica impressa na memória de longo prazo, como se dissesse: "Este acontecimento não faz parte da rotina e você precisa manter um arquivo em separado para uma referência rápida e fácil no futuro."

Bem, a amídala, como um alarme de incêndio, foi concebida para dar um sinal tão alto que seu aviso é ouvido, sinal que é desligado assim que o perigo passa. Não foi feita para fazer soar o alarme o tempo todo. Se faz, é um indício de que existe um problema do tipo estresse pós-traumático. Nosso sistema psique-corpo tem um projeto sofisticado para ficar alerta e sintonizado com o presente; mas, por ser tão sensível e sutil, ele pode captar impressões difíceis de desalojar e que podem acabar se transformando em medos e fobias. O próprio equipamento que nos sintoniza com os fenômenos também pode bloqueá-los e ficar com pontos cegos.

A neurociência contemporânea permitiu-nos ver com muitos detalhes o modus operandi do nosso cérebro e como ele responde aos diversos estímulos. Produziu a máxima simples de que "coisas ativadas ao mesmo tempo conectam-se umas às outras". As trajetórias neurais do nosso cérebro refletem a maneira pela qual localizamos e processamos uma experiência, a maneira pela qual prestamos atenção a alguma coisa, que partes do nosso cérebro usamos mais que outras e onde a experiência e a carga emocional configuram-se para fazer gravações com entalhes mais profundos.

Todos nós já vivenciamos, em alguma medida, como, depois de uma situação explosiva ou de um encontro emocionalmente desgastante, a cabeça ficar a mil por hora e extremamente repetitiva. Emoções são despertadas em nossa memória como se estivessem acontecendo naquela hora, as palavras são lembradas com ecos que reverberam em nossa cabeça e nosso advogado interior começa a trabalhar na nossa defesa, acusando muitas vezes aqueles que já saíram da sala há muito tempo. É quase como se a ativação neural se transformasse num daqueles ratinhos brancos que ficam girando uma roda e do qual não conseguimos nos livrar.

Quando a essa situação não se sobrepõem outros sinais mais agradáveis ou calmantes, podemos nos surpreender tomando a direção de uma negatividade e de neuroses recorrentes. Podemos nos surpreender ativando toda uma rede neural de associações e conexões até nos encontrarmos literalmente num daqueles sulcos cavados pela roda dos veículos numa estrada de terra, presos em hábitos de pensamento e comportamento que foram condicionados negativamente por nossas experiências passadas. Esses sulcos mostram vividamente onde estamos presos. São aqueles lugares onde as rodas patinam, onde ficamos congelados no tempo, onde nossas atitudes se tornaram mais rígidas e fixas e onde nossa resistência à mudança é maior.

Em geral é desses sulcos que derivam nossos comportamentos menos desejáveis, onde o preconceito fermenta e onde as nossas ideias se tor-

além do perdão

nam toxicamente imunes a qualquer forma de reavaliação ou revisão. Eles também indicam os locais onde a gente se recusa a deixar nossas feridas fecharem, onde as alimentamos em cavernas secretas de autopiedade e onde formulamos aquelas convicções morosas a respeito de nossa condição de vítimas.

O ensaio do atonement nesses lugares da psique reflete pouco mais que um fazer de conta que não estamos mais naqueles sulcos. Presta homenagem à necessidade de mudança sem ressuscitar todo o eu no campo energético da vida nova e do ser ampliado.

E a boa notícia, qual é? Bem, conforme se sabe, há montes delas. A pesquisa científica andou afirmando que, embora tenhamos evoluído com mecanismos de "lutar ou fugir" solidamente arraigados em nosso projeto emergente como espécie, também fomos feitos para o amor, para atividades lúdicas colaborativas e para a cooperação social. Na verdade, alguns estudos sugerem que as pessoas mais amorosas, mais voltadas para as relações afetivas e sociais, altruístas e capazes de perdoar vivem mais tempo e têm mais qualidade de vida. Parece que algo em nosso projeto evolutivo é favorecido por uma psique tranquila, um coração compassivo e capacidade de servir os outros. Até a comparação de imagens obtidas por ressonância magnética de uma pessoa meditando com outra em estado normal é prova da diferença entre coerência e fragmentação.

Aos poucos está surgindo um quadro segundo o qual o nosso sistema corpo-psique é influenciado de maneira profunda e positiva por aquilo que alguns chamam de consciência superior e outros, de espírito.

E tem mais. Assim como desenvolvemos um campo sincronizado no cérebro, o Institute of Heart Math [Instituto da Matemática do Coração] mostrou como criar um campo eletromagnético igualmente coerente no centro do nosso coração. Induzir a energia do coração a se concentrar num amor radiante não altera somente suas frequências eletromagnéticas; gera mudanças positivas na bioquímica do corpo. Com um coração pacificado e uma inteligência clara, temos condições de nos centrar e de aumentar a nossa capacidade de responder aos desafios com consciência e compaixão.

As tradições espirituais do mundo inteiro apresentaram numerosas formas de cultivar a paz e é cada vez mais fácil ter acesso a essas tecnologias psicoespirituais; elas podem ser praticadas sem a necessidade de jurar obediência a princípios e dogmas religiosos restritivos. Só temos a agradecer o fato de a ciência e a espiritualidade fornecerem provas tranquilizadoras. Sugere que o atonement pode acabar sendo realizado da forma mais elevada se garantirmos a saúde e a paz psíquicas necessárias para reprogramar nosso cérebro e afastá-lo do que quer que tenha originado as nossas atitudes, crenças e comportamentos mais destrutivos.

Mas outras evidências ainda sugerem que o universo quer realmente promover o nosso envolvimento criativo com o presente, em vez de nos manter nos circuitos do passado. Os neurocientistas também observaram aquilo que passou a ser designado como "a neuroplasticidade" do cérebro. Em resumo, isso significa que o nosso cérebro vai criar novos circuitos quando nos mobilizamos para enfrentar novos desafios e quando canalizamos a nossa vontade e atenção concentrada para explorar novas possibilidades. O neurocientista Jerry Levy sugere que – talvez mais que qualquer outra coisa – fomos programados para enfrentar desafios. Sim, criamos literalmente novos neurônios e novos circuitos neurais quando olhamos para o mundo com um olhar inocente, o coração aberto e a vontade de expandir as fronteiras do nosso conhecimento e da nossa experiência.

Se você está disposto a reconhecer que este planeta precisa que você acorde e mude a forma com que está vivendo, se você deseja recriar e redesenhar o futuro, pode ser que haja mais ajuda para isso do que você jamais sonhou. Você foi programado para o envolvimento criativo com as possibilidades da vida.

Uma visão pessoal

Lembro muito bem. Eu estava no metrô, e o trem estava se aproximando da estação do Pentágono. Eu estava trabalhando para a Anistia Internacional nessa época, e indo neste dia para o seu escritório em Washington. Estava lendo um texto, "Prometeu: uma meditação", num livro de ensaios de Thomas Merton, intitulado *Raids on the Unspeakable* [Ataques de surpresa ao inefável]. Ali Merton mostra Prometeu como um arquétipo do homem moderno. Vê Prometeu como alguém que teve de escolher um deus inferior, um deus de quem poderia roubar alguma coisa. Você se lembra que Prometeu roubou o fogo dos deuses e que o seu castigo foi ser algemado às rochas, onde um abutre lhe arrancava o fígado. Merton talvez estivesse usando esse mito para deixar uma coisa bem clara: nós nos programamos inconscientemente para o fracasso quando escolhemos algo menor que nosso idealismo e nossa imaginação mais elevados; quando tentamos facilitar as coisas para nós não criando uma relação direta com nossa consciência superior e não agindo em harmonia com ela.

> Sem saber que bastava pedir para o fogo ser seu, um presente do Deus verdadeiro, o Deus Vivo, sem saber que o fogo era algo de que o próprio Deus não carecia, Prometeu sentiu-se obrigado a roubar.

E termina o ensaio com as seguintes palavras:

> Não há absolutamente nada que possamos roubar Dele, porque antes mesmo de pensar em roubar alguma coisa, ela já nos foi dada.

Enquanto as portas do vagão se abriam e as pessoas saíam dele aos magotes, enquanto outras o lotavam de novo, as lágrimas escorriam pelo meu rosto. Não importava o que os outros passageiros estavam pensando: não era possível conter aquelas lágrimas. Para qualquer lado para o qual eu me virasse, eu via, com os olhos da imaginação, seres humanos sendo torturados, assassinados e massacrados em nome de deuses inferiores: deuses de um território, deuses de uma ideologia, deuses dos recursos naturais e do poder material. A tela da história estava apinhada de sofrimento. Era como se a humanidade tivesse posto suas próprias limitações em tronos, altares, torres empresariais e depois mandado todas elas andarem por aí em limusines do governo, armadas com um poder extremamente destrutivo, e tivéssemos feito delas superestrelas. Só assim poderíamos demoli-las no final, pois sabemos que são ídolos falsos. Eu via claramente que Merton estava tentando demolir o falso construto das civilizações que vão ruir se souberem, lá no fundo, que ignoraram sua vocação mais elevada.

Em vez de reconhecer que foi criado para ser *uno* com a Fonte, Prometeu assumiria a condição de vítima sacrificial, de alguém que é punido por seu heroísmo. No viés que Merton introduz no mito, Prometeu é, na verdade, "culpado, frustrado, rebelde e movido pelo medo". Por quê? Porque Merton usa Prometeu para nos mostrar nosso automatismo inconsciente e secreto quando nos recusamos a estar em presença do "Deus Vivo" de nossa própria consciência superior. "É a nossa luz, e não a nossa sombra o que mais nos amedronta", lembra-nos Marianne Williamson. "Perguntamos a nós mesmos: quem sou eu para ser brilhante, espetacular, talentoso, fabuloso?"
De modo que cá estamos à beira do abismo, testemunhas de uma grave deterioração ambiental e de crises sistêmicas que afetam a alimentação, economias sustentáveis e a coexistência pacífica. Temos de nos perguntar: "Não existem ideais humanos que possam servir de referência para a civilização do planeta e ir além da devastação e da ruína que vemos a nosso redor? Entre as muitas possibilidades da nossa própria consciência, será que não conseguimos imaginar algo maior, mais perfeito e que esteja realmente à altura das criaturas que somos?"
A resposta é, seguramente, "Sim!"
Pois, na realidade, o nascimento da espécie humana mais sutil, mais sábia, mais tolerante e mais capaz de perdoar já está em andamento. Não o vemos muito claramente porque temos uma fixação coletiva nas más notícias. Mas lá está ele, indo na direção do próximo movimento em espiral da própria evolução, e convida você a se livrar de todas as coisas que, no fundo, você sabe que precisam acabar, todos os falsos deuses e neuroses que mantêm você na prisão da vítima. Você é convidado a ser delicadamente sutil, engenhoso, a ter olhos e ouvidos amorosos, mãos e pés da consciência universal criando através de você. Sempre que sentir vontade de se recolher àquela versão mais estreita, mais mesquinha e menor de si mesmo, com toda a sua aconchegante idolatria materialista, que o seu atonement seja um ato de criatividade que afirma quem você é realmente. Desafio você a suportar o fogo de sua própria grandeza. E, acredite, este será todo o atonement de que você precisa, ou que qualquer um pode precisar de você.

além do perdão

Seja como for que o realizar, ficar destemidamente sob a própria luz é a essência do atonement criativo. Na verdade, fazer isso exige de nós a superação do medo, das reações condicionadas e talvez até da vergonha. Estes elementos podem nos induzir a nos render ao status quo. O atonement criativo derruba o status quo; entra em contato com um poder que estava reprimido e com uma afirmação do valor que talvez tivesse escondido de si mesmo a sua expressão mais plena e mais bela. Lembre-se: fomos programados para crescer e para a escalada íngreme que se faz necessária quando queremos realizar todo o nosso potencial. E quando chegamos ao lugar mais alto que podemos atingir, sempre há outro mais elevado ainda. É aí que descobrimos que há muitos na nossa frente no caminho que viveram seus ideais mais sublimes.

Quando essa visão para uma parte suficiente da humanidade for realmente de tirar o fôlego e quando pudermos ver que há de fato um terreno mais elevado que todos nós podemos compartilhar, não estaremos mais correndo perigo.

além do perdão

O ORGANIZADOR

Phil Cousineau é um escritor freelance, cineasta independente, fotógrafo, guia de viagens e palestrante internacional. Durante os últimos 20 anos, publicou mais de 25 livros, entre os quais *The Art of Pilgrimage* [A arte da peregrinação], *Stoking the Creative Fires* [O estoque de fogos criativos], *Once and Future Myths* [Mitos do passado e do futuro] e *Wordcatcher: An Odyssey into the World of Weird and Wonderful Words* [O caçador de palavras: uma odisseia no mundo das palavras estranhas e maravilhosas]. Seu livro *The Olympic Odyssey: Rekindling the True Spirit of the Great Games* [A odisseia olímpica: reacendendo o verdadeiro espírito dos grandes jogos] foi selecionado pelo Comitê Olímpico dos Estados Unidos para ser um presente para os atletas norte-americanos dos Jogos de Verão de 2004 em Atenas. Entre seus outros livros, temos: *Deadlines: A Rhapsody on a Theme of Famous Last Words* [Nas últimas: uma rapsódia sobre o tema de últimas palavras célebres] (vencedor do Prêmio Literário Fallot), *The Blue Museum* [O museu azul], *Night Train* [Trem noturno] e *The Way Things Are: Conversations with Huston Smith on the Spiritual Life* [Como são as coisas: conversas com Huston Smith sobre a vida espiritual].

Cousineau também assinou mais de 20 filmes documentários, entre os quais: *The Hero's Journey: The World of Joseph Campbell* [A viagem do herói: o mundo de Joseph Campbell]; *Ecological Design: Inventing the Future* [Projeto Ecológico: a invenção do futuro]; *Forever Activists: Stories from the Abraham Lincoln Brigade* [Ativistas eternos: histórias da Brigada Abraham Lincoln] (indicado para o Prêmio da Academia de 1991); e uma colaboração com Huston Smith e Gary Rhine, *A Seat at the Table: The Struggle for American Indian Religious Freedom* [Um lugar à mesa: a luta pela liberdade religiosa dos nativos norte-americanos]. Atualmente, Cousineau é o apresentador de uma série nacional da televisão dos Estados Unidos intitulada *Global Spirit*, da Link TV. Mora com a família em Telegraph Hill, San Francisco, onde é técnico de beisebol para jovens. Para dispor de mais informações sobre seus livros, filmes, trabalho na TV, palestras e turnês literárias, visite seu website: http://www.philcousineaunet.

phil cousineau

Livros de Phil Cousineau publicados no Brasil:
A arte da peregrinação, Agora Editora, São Paulo, 1999
A jornada do herói, Agora Editora, São Paulo, 2004
O ideal olímpico e o herói de cada dia, Mercuryo, São Paulo, 2004

OS COLABORADORES

Michael Bernard Beckwith é professor e líder mundial da tradição de espiritualidade New Thought-Ancient Wisdom [Pensamento Novo-Tradição Antiga], fundador do Agape International Spiritual Center de Los Angeles e cofundador da Season for Nonviolence [Temporada de Não-Violência]. Também é autor de vários livros, entre os quais *A Manifesto of Peace* [Um manifesto da Paz] e *Spiritual Liberation: Fulfilling Your Soul's Potential* [Liberação espiritual: a realização do potencial da alma].

Kate Dahlstedt é codiretora do Soldier's Heart, um programa de recuperação de veteranos com sede em Troy, Nova York. É psicoterapeuta, coordenadora de grupos e guia de viagens, além de ser escritora. Você pode entrar em contato com ela em kate@soldiersheart.net.

Katharine Dever mora em Londres, onde faz palestras, coordena workshops e é diretora-executiva da Bonny Doon Ltd., uma instituição que se dedica a ajudar as pessoas a descobrirem a sua vocação. É a autora de *Bettermorphosis: A Transformation Handbook for Awakening Women* [Melhormorfose: um manual de transformação para mulheres que estão despertando] e a principal colaboradora da obra *The Indigo Children Ten Years Later* [As crianças anil dez anos depois], organizada por Lee Carroll e Jan Tober.

Arun Gandhi é um dos nove netos sobreviventes de Mohandas e Kastur Gandhi. Durante quase 20 anos, viajou pelo mundo fazendo palestras em universidades e faculdades e dividindo com os jovens as lições que recebeu de seus pais e avós. Presidente do Gandhi Worldwide Education Institute (http://www.gandhiforchildren.org), mora atualmente em Rochester, Nova York.

Douglas M. George-Kanentiio nasceu e cresceu no território mohawk de Akewesasne. Foi editor do jornal *Akewesasne Notes* e é cofundador da

American Journalists Association, que lhe conferiu o Prêmio Wassaja por sua excelência jornalística. Foi membro da junta de curadores do National Museum of the American Indian e é o autor de *Iroquois in Fire: A Voice from the Mohawk Nation* [Um iroquês exaltado: uma voz da nação mohawk], uma narrativa que trata de questões iroquesas contemporâneas. Atualmente é colunista de *News from Indian Country* (http://www.IndianCountryNews.com). Reside em território iroquês com sua mulher, a instrumentista Joanne Shenondoah.

Azim Noordin Khamisa é escritor, ativista, palestrante internacional e presidente da Tariq Khamisa Foundation, com sede no sul da Califórnia (http://www.tkf.org). Ele já fez mais de 400 conferências no mundo inteiro sobre o tema de romper o ciclo trágico da violência juvenil. Entre seus livros, temos: *Azim's Bardo: A Father's Journey from Murder to Forgiveness, From Forgiveness to Fulfillment* [A Jornada de um pai do assassinato ao perdão e do perdão à plenitude] e *The Secrets of the Bulletproof Spirit: How to Bounce Back from Life's Hardest Hits* [Os segredos do espírito à prova de bala: como se recuperar dos golpes mais violentos da vida], com Jillian Quinn. Sua defesa incansável da paz e da reconciliação foi reconhecida através do National Crime Victims Special Community Service Award [Prêmio Nacional do Serviço Comunitário Especial às Vítimas de Crime], do Search for Common Ground Award [Prêmio da Busca de um Terreno Comum], do Crazy Horse Award [Prêmio do Cavalo Doido] e do Freedom Heroes Award [Prêmio aos Heróis da Liberdade].

Michael Lerner é rabino e ativista norte-americano. Editor da revista *Tikkun* (http://tikkun.org), uma revista ecumênica do judaísmo progressista, ele é também o rabino da Beyt Tikkun Synagogue de Berkeley e autor do livro de 2006 considerado best-seller pelo *New York Times*, intitulado *The Left Hand of God: Taking Back Our Country from the Religious Right* [A mão esquerda de Deus: como recuperar nosso país da direita religiosa].

Michael N. Nagler dedicou sua vida à investigação da não-violência como alternativa à guerra. Professor emérito de línguas na University of

California de Berkeley, fundador e ex-diretor do Programa de Estudos sobre a Paz e os Conflitos promovido por esta universidade, Nagler tornou-se um dos intelectuais e ativistas da paz mais respeitados do mundo. É autor de vários livros, entre os quais *America Without Violence* [A América sem violência] e *The Upanishads*. Seu livro *Is There No Other Way? The Search for a Nonviolent Future* [Não há outra forma? Em busca de um futuro não-violento] recebeu o American Book Award [Prêmio do Livro Americano]. Nagler é membro do conselho editorial de *The Acorn: Journal of the Gandhi-King Society* [A Bolota: Revista da Sociedade Gandhi-King] e também do conselho editorial da revista *Tikkun*.

Jacob Needleman é professor de filosofia da San Francisco State University, ex-diretor do Centro de Estudos das Religiões da Graduate Theological Union de Berkeley e professor-convidado de estudos religiosos da Sorbonne de Paris. É autor de muitos livros, entre os quais *The New Religions* [As novas religiões], *The Wisdom of Love* [A sabedoria do amor], *Money and the Meaning of Life* [O dinheiro e o sentido da vida], *Time and the Soul* [O tempo e a alma], *The Essential Marcus Aurelius*, *The American Soul* [A alma americana], *Why Can't We Be Good?* [Por que não conseguimos ser bons?] e *What Is God?* [O que é Deus?] Participou da aclamada série de Bill Moyers, que foi ao ar pela PBS, intitulada *A World of Ideas* [Um mundo de ideias]. O endereço de seu website é: http://jacobneedleman.com.

James O'Dea está envolvido hoje com um trabalho de recuperação social internacional baseado em vários anos de diálogos financiados pelo Fetzer Institute. Também dá cursos de extensão universitária no Institute of Noetic Sciences, do qual já foi presidente. É ex-diretor da unidade da Anistia Internacional em Washington e diretor-executivo da Seva Foundation. É membro do Evolutionary Leaders Group [Grupo de Líderes Evolutivos], fundado por Deepak Chopra e autor de numerosos ensaios publicados. Seu livro mais recente é *Creative Stress: A Path for Evolving Souls Living Through Personal and Planetary Upheaval* [Estresse criador: um caminho para almas em evolução que estão vivendo um turbilhão pessoal e planetário].

Diane Hennacy Powell, formada em medicina, é uma grande defensora dos direitos humanos. Como fundadora do programa psiquiátrico Survivors of Torture, International, San Diego [Sobreviventes da tortura], ela trabalha com vítimas de genocídio, tortura, abuso sexual e depressão pós-parto, bem como refugiados e pessoas que pedem asilo político. Seu consultório fica em Medford, Óregon.

Huston Smith é professor de religião na Thomas J. Watson e eminente professor-adjunto emérito da Syracuse University. Entre seus muitos livros, temos: *Forgotten Truth: The Common Vision of the World's Religions* [A verdade esquecida: a visão comum às religiões do mundo], *Beyond the Post-Modern Mind* [Além da consciência pós-moderna] e *Why Religion Matters: The Fate of the Human Spirit in an Age of Disbelief* [Por que a religião é importante: o destino do espírito humano numa era de descrença], bem como o clássico *The World's Religions* [As religiões do mundo]. Sua descoberta do cântico multifônico dos tibetanos foi considerada "um marco de peso no estudo da música" e seus filmes documentários a respeito do budismo, do budismo tibetano e do sufismo ganharam, todos eles, prêmios internacionais. Seu último livro é *Tales of Wonder, Tales of Delight: Adventures Chasing the Divine* [Histórias de fantasia, histórias de encantamento: aventuras em busca do divino].

Heng Sure é um monge budista norte-americano de Ohio. Foi ordenado pelo falecido mestre chan Hsuan Hua em 1976. Atualmente, o Mestre Dharma Heng Sure é o diretor do Berkeley Buddhist Monastery, Califórnia, onde vive e dá aulas no Institute for World Religions.

Edward Tick é mitólogo, poeta, escritor, educador e psicoterapeuta que aplica seu método inovador de tratamento da síndrome de estresse pós-traumático de veteranos de guerra. Tick é fundador e diretor do Soldier's Heart e autor de um estudo premiado, *War and the Soul* [A guerra e a alma], e também de *The Practice of Dream Healing: Bringing Ancient Greek Mysteries into Modern Medicine* [A prática de curar com os sonhos: a introdução dos antigos mistérios gregos na medicina moderna] e *The Gol-*

den Tortoise: Journeys in Vietnam [A tartaruga de ouro: viagens ao Vietnã]. É possível entrar em contato com ele no seguinte endereço: info@soldiersheart.net.

Stephanie N. Van Hook é uma voluntária do Peace Corps que serviu em Benin e voltou para a sua terra natal. Estudou resolução de conflitos na Portland State University de Óregon, formando-se em 2009 e atualmente é codiretora do Metta Center for Nonviolence de Berkeley, Califórnia. Seu interesse pela não-violência e pelo perdão fez com que ela entrasse em contato com ativistas e professores universitários que trabalham em favor de mudanças sociais não-violentas na comunidade global que luta pela paz e pela justiça.

O PROJETO ALÉM DO PERDÃO

> E se ele me procurar com pecados do tamanho do mundo, eu o receberei com um perdão de mesma magnitude.
> – *Mishkat Al-Masabi*

O Projeto Além do Perdão foi inspirado por Richard Meyer, um empresário do sul da Califórnia que, depois de conhecer Azim Noordin Khamisa por acaso, sentiu-se obrigado a financiar um livro com o tema do atonement. Rich ficou tão comovido com a atitude de Azim, segundo a qual "a paz pode ser restaurada, seja o que for que tenha acontecido", que procurou o escritor e organizador Phil Cousineau para pedir-lhe que coordenasse uma coletânea de ensaios e entrevistas sobre atonement, "o segundo passo da reconciliação". De acordo com a tradição de Azim, o sufismo, o atonement é da maior importância; visto contra o amplo pano de fundo espiritual de Rich e de estudos intensivos, o atonement é uma linha de costura. Mas, para muitos de nossos contemporâneos, o atonement é uma ideia teológica remota e foi para eles que este projeto foi criado.

A missão do Projeto Além do Perdão é explorar e gerar diálogos inspiradores em torno da prática do atonement enquanto passo indispensável ao processo de reconciliação, recuperação e cura. O projeto promove a estruturação de comunidades e contar histórias, e oferece recursos para a ação e a transformação pessoal – inclusive este livro, *Além do perdão*, e o website que é o seu irmão gêmeo: http://www.BeyondForgiveness.org. Este site foi criado para dar à comunidade interativa um canal de expressão – um espaço para aqueles que gostariam de contar suas experiências de perdão e atonement. Como parte do projeto, apresentamos um leque maravilhoso de insights sobre as várias formas pelas quais atos criativos e misericordiosos de atonement podem ajudar indivíduos, famílias, grupos e nações a romper ciclos trágicos de violência e vingança. Ao oferecer uma alternativa às tradicionais posturas retrógradas de represálias e castigos, e um complemento ao movimento florescente em favor do perdão, temos esperanças de inspirar os participantes a contarem suas próprias histórias e tomarem providências em sua vida pessoal e na vida de suas comunidades para irem além do perdão – rumo ao atonement.

Contar histórias cura

Para contribuir com sua história pessoal para o Projeto Além do Perdão, visite o nosso website. Explore este site para saber mais sobre outros que redimiram o passado e restauraram o equilíbrio em sua vida, e no mundo, por meio de práticas de compaixão, perdão e atonement. Conte a sua história e descubra as histórias dos outros – em livros, músicas, filmes, novas reportagens recentes e narrativas sobre a vida de povos do mundo inteiro. Junte-se a nós numa viagem de cura que vai nos levar a educar e inspirar uns aos outros quando contarmos as nossas histórias. É uma viagem que vai promover uma transformação sustentável porque, como nos lembra o velho provérbio norte-americano, "As pessoas não mudam quando veem a luz; mudam quando sentem o coração." Em nosso caso, o fogo da nossa paixão coletiva arde para fundir perdão e atonement.

Por favor, acesse http://www.BeyondForgiveness.org e participe do movimento florescente em favor de uma reconciliação pacífica e duradoura.

AGRADECIMENTOS

Em primeiríssimo lugar, eu queria agradecer a Richard J. Meyer, o coração e a alma inspirados e inspiradores desse projeto de atonement. Sua devoção à causa da reconciliação pacífica não tem limites, e a minha admiração por sua dedicação abnegada a essa causa também não conhece limites. Eu também gostaria de agradecer a todos os que participaram deste livro, que tiveram a bondade de reservar tempo para estes ensaios e entrevistas. São eles: Michael Bernard Beckwith, Kate Dahlstedt, Katharine Dever, Arun Gandhi, Douglas M. George-Kanentiio, Azim Noordin Khamisa, Michael Lerner, Michael Nagler, Jacob Needleman, James O'Dea, Diane Hennacy Powell, Heng Sure, Ed Tick e Stephanie N. Von Hook. Muitíssimos agradecimentos a Huston Smith, meu amigo, mentor espiritual e padrinho honorário do meu filho, que não só enriqueceu este volume com um Prefácio maravilhoso, como também me encorajou a sondar as profundezas do que ele acredita ser "um assunto da maior importância".

A todos da Jossey-Bass eu gostaria de expressar a minha gratidão e admiração por terem assumido este projeto com tanto entusiasmo, principalmente Sheryl Fullerton, minha editora que tudo perdoa e que reconheceu instantaneamente o nicho numinoso que o nosso livro pode ocupar. Meus agradecimentos também a Jeffrey Wyneken, meu revisor meticuloso; a Jeff Puda, por sua magnífica ilustração de capa; a Paula Goldstein, por sua diagramação elegante; a Joanne Clapp Fullagar, por sua fabulosa administração do processo de produção do livro; a Sandy Siegle, por sua competência em marketing; e a Alison Knowles, por sua ajuda valiosa em todas as questões relativas a este livro.

Agradeço também a todos os membros da equipe do website BeyondForgiveness.org, como Jo Beaton e Shannon Wills, pela coprodução deste site incrível, que serve para esclarecer dúvidas e divulgar histórias do mundo inteiro; a Michael Yap por sua bela proposta de design; e a Ann Oyama por sua excelência em programação.

Eu também queria agradecer a Amy Rennert, minha agente brilhante, que reconheceu desde o início o potencial desse projeto e encontrou para ele o melhor lar possível. E meus agradecimentos sinceros a Jo Beaton e a Jack Cousineau, minha família, que tiveram a bondade de receber bem as minhas tentativas de atonement por minhas longas ausências e batalhas para tecer os fios desse tapete de reflexões e transformá-lo num livro que, assim espero, faça uma contribuição vital para os projetos de paz e reconciliação que estão proliferando no mundo inteiro.

Comentários da mídia sobre Além do perdão

"Não o largue – deixe este livro abrir seu coração, essa é que é a melhor de todas as transformações. Trabalho duro, sem dúvida, mas vale muito a pena. As histórias belas e corajosas contadas aqui – como a das lágrimas do monge na cabeça de um adolescente soturno (que abre este livro), assim como as lágrimas de James O'Dea no metrô, quando lia Thomas Merton (que o fecha) – vão lhe dar coragem, força para o salto, para o telefonema, para a comunhão."
– Coleman Barks, autor de *Rumi: The Big Red Book* e *The Essential Rumi*

"Você não vai conseguir ler este livro sem aceitar um desafio espiritual – o desafio é ver até a mais horrível atrocidade cometida contra nós num contexto mais amplo, mais transparente, mais perene. Este livro está cheio de histórias de coragem e transcendência espiritual que vão além de todas as fronteiras culturais e religiosas para nos mostrar a universalidade daquilo que é verdadeiramente espiritual na espécie humana. Phil Cousineau tem um instinto infalível para tópicos que pulsam com o ritmo penoso, mas vital, de nosso tempo."
- Stephen Larsen, PhD, autor de *The Fundamentalist Mind: How Polarized Thinking Imperils Us All* e coauthor de *A Fire in the Mind: The Life of Joseph Campbell*

"Quando alimentamos pensamentos de violência ou ódio, ou queremos uma vingança ou retaliação, contribuímos para lesar o mundo; quando transformamos esses pensamentos em perdão e compaixão, e depois vamos além deles para fazer de fato correções ou reparações, contribuímos para redimir o mundo. Este livro Phil Cousineau é muito oportuno, impactante e compassivo, e nos mostra um caminho para a redenção."
– Deepak Chopra, autor de *The Book of Secrets* e *The Path to Love*

"Nada vai nos ajudar mais a sobreviver à era contemporânea do que entender que precisamos acabar com os ciclos de violência; quando nossa alma anseia pela cura, um simples perdão acaba sendo muitas vezes uma solução imperfeita para uma reconciliação mais duradoura. Há muito tempo acreditamos que mais um passo é necessário para a nossa transformação, um passo que Phil Cousineau revela aqui como o outro lado do perdão no antigo ritual de *atonement*. Acredito que este livro é o próximo passo vital para a construção de um mito moderno sólido de reconciliação profunda. É um livro extraordinariamente importante e eu lhe dou as minhas bênçãos."
– Robert A. Johnson, autor de *He, She, Transformation* e *A Slender Thread*

"*Além do perdão: reflexões sobre o significado de atonement* é um livro inspirador, prático e cativante, pertinente para a nossa época. Cousineau escreveu um livro profundo e impactante que nos faz pensar sobre o que precisamos perdoar em nós e nos outros; e a considerar o *atonement* e o que ele desperta no espírito humano."
– Angeles Arrien, PhD, autor de *The Second Half of Life*